長谷昭範の楽しい競艇

ボートレース

スポーツ報知西部本社編

海鳥社

ボートレースは楽しい

スポーツ報知西部本社代表取締役社長　岸本隆三

競艇は見ているだけでも楽しい。水辺にいるだけで、浮き浮きするのに、エンジン音を響かせ、ボートが疾駆し、白波を上げてターンする。自分が推理した展開になり、高配当の舟券でも当たった時は、楽しさを通り越して興奮を覚える。

公営競技とはほぼ無縁の生活を送ってきた。約3年前、小紙に出向となり、重賞レースでの招待やあいさつで、場に伺う機会ができた。嫌いではないから、舟券を買う。小紙の予想通り買っていたが、人の予想だけでは納得できない。さらに、場内アナウンスは「チルトマイナス0・5」「3対3、カドは○○」。訳が分からない。小紙に目をやれば、潮の干満から風向、風力まで掲載されている。

第1ターンマークで見ているとベテランファンが「まくると思っていたんだが」「前づけしたぞ」とかなんとかしゃべっている。意味が分からない。データはどのようにレースに影響するのか、「まくる」とはどうすることか、などなど。疑問と興味は尽きない。長谷記者に質問すると、スラスラ何でも答えるではないか。

長谷記者の十数年に及ぶ競艇取材の蓄積を生かさない手はない。これから競艇を始める人には入門の手引きとして、ベテランファンには、納得して舟券購入の参考にと2010年1月1日から、週3回の連載を始めた。初心者にも分かるような原稿をと、デスクは私が務めた。連載は賞金王決定戦の12月23日まで、15

1回を数えた。

連載だけではもったいないとの声もあり、加筆修正して出版することになった。

連載デスクをしながら、公私にわたり場に通った。競艇記事もアナウンスの意味も理由も、ベテランファンのつぶやきも分かるようになり、格段におもしろくなった。もっと良いことは、舟券予想が、小紙を参考に、自分で検討、納得してできるようになったことだ。もっとも時間がかかりすぎるが。しかし、これがまた、楽しい。成績は言わぬが花だろう。

この本を読めば、一夜にしてベテランの域に達し、一段と楽しくなることだけは言える。

２０１１年３月

長谷昭範の楽しい競艇

目次

ボートレースの舞台裏

全国発売のSG・GⅠレース

ボートレース場へ行こう

文中イラスト＝眞鍋一明、住本孝太

興奮、感動、迫力の水しぶき

初めて買った舟券は……。覚えていない。でも、初めて舟券が当たった選手は、今でも忘れない。八幡恵美（引退）という女子選手だった。500円が1万円になったはずだ。

目の前で見たボートレースは新鮮なことばかりだった。選手は男子だけでなく、女子もいる。それも男子と女子が一緒にレースをする。青空の下、エンジン音がとどろいた。なんだか胸がドキドキした。見ていたのは、1マークと呼ばれるところだった。もちろん、1マークという言葉は後から知った。

ボートレースは最初のコーナーで、1位になる選手がほとんど決まる。ほかの公営競技と比べると、決着が付くのがずいぶん早い。統計によると、その確率は9割近くだという。となれば、最初のコーナーで選手たちは、パワーとテクニックをぶつけなければならない。大げさかもしれないが、己のすべて、人生をもかけた真剣勝負が行われる。

エンジン音がだんだん大きくなってきた。スタートした6艇が、一目散にターンマークを目指す。そのスピードで曲がれるのかと心配になるほどの勢いだったが、6人は一斉にターンをした。左旋回で180度の方向転換。と同時に、天高くまで、水しぶきが舞い上がった。すごい迫力だった。

水の抵抗、風圧、そして自分以外の5人の敵との戦いに勝った一人が、集団からするりと抜け出してきた。

その瞬間、周りにいた人たちが大きな声で叫んだ。喜んでいるのか、怒っているのか。私も大声で叫んでいた。その歓声で鳥肌が立った。なぜ、大人はこんなに熱狂するのだろうか。そのあとのレースでも、同じ光景が繰り返された。

ただ呆然とレースを見ているだけだったが、それだけで楽しかったことを、今でも鮮明に覚えている。

＊

ボートレースを初めて見たのは今から18年前、20歳のころ。ある新聞社でアルバイトをしたのがきっかけだった。友人を誘って福岡ボートレース場へ。人の多さに驚いた。スポーツ新聞を買ってみたが、何を書いているやらチンプンカンプン。でも、走っているボートを見るだけで面白かった。社会人になってからは舟券も買った。当たったときは、もっと面白かった。そして、植木通彦（42歳、福岡）との出会いが、私の人生を変えた。

植木はデビュー3年目に、レース中の事故で顔を75針も縫う大けが。後続艇が乗り上げ、刃物のような鋭いプロペラで切り刻まれた。だが、半年後、不死鳥のごとくよみがえった。お尻を高く突き上げ、前傾姿勢で急旋回するモンキーターンを武器に、24歳で最高峰のＳＧ《スペシャル・グレード》レースを制覇。39歳で引退するまでの20年間でＳＧ優勝10回。記録とともに記憶に残る活躍で、〝艇王〟と呼ばれた。

そんな植木の走りでもっとも印象的なのが、ＳＧ「第10回賞金王決定戦」。１９９５年12月24日、舞台は住之江ボートレース場。27歳だった植木に、「世代交代」は待ったとばかりにボートレース界一のテクニシャンと呼ばれた46歳の中道善博（徳島）が牙をむいた。

最初の１マークは中道が先行。２マークで植木が逆転。ところが2周1マークで中道が再逆転。周回ごとに順位が入れ替わる。植木のスピード、中道の技の応酬に、一瞬たりとも目が離せなかった。ほぼ同時にゴールしたが、わずか数十センチの差で植木が勝った。今でもボートレース史に残る名勝負と語り継がれている。

「ボートレースにかかわる仕事がしたい」。そのレースから2年後、スポーツ報知のボートレース担当になった。14年目を迎え、これまで3万を超えるレースを見てきたが、１００人に１００通りの人生があるように、同じ内容のレースは一度たりともない。新たな出会いを探して、きょうもレースを待つ。

［選手名の後の（）内は、２０１１年1月1日現在の年齢と出身地を表す］

はじめての ボートレース

68 湯川
1
92 今村豊

まず舟券を買ってみよう！

　ボートレースを覚える早道は、舟券《ふなけん》を買うこと。私も新人のころ、先輩から「レースを見て習うより、舟券を買って慣れろ」と教えられた。苦い経験、うれしい経験が肥やしになる。それが最初の一歩。宝くじとは違って、ボートレースは推理する楽しみがある。難しいが、うんちくが言えるぐらいになると、的中率が上がる。

　ボートレース場があるのは、北は群馬県みどり市の桐生ボートレース場から南は長崎県大村市の大村ボートレース場まで、全国に24か所。なぜ北限は群馬県なのか？　寒いと水面が凍ってしまうから。昔は水面に張った氷をボートから網ですくっていたこともあるという。地球温暖化が叫ばれている今では、想像できないエピソードだ。

　ボートレースを含む公営競技（競輪、オートレース、地方競馬）、中央競馬は100円から券が買える。競馬は馬券だが、ボートレースは舟券。文字通りワンコインで遊べるから、100円ショップ感覚で気軽に楽しめる。

自動発払機も増えている

　舟券の種類はいろいろあるので、初めて舟券を買う人は迷うかもしれない。代表的なのが着順通りに当てる連勝単式で、上位二つを当てる「2連勝単式（通称2連単）」、1、2、3着を当てる「3連勝単式（同3連単）」がある。2連単が30通りなのに対して、3連単は4倍の120通り。平均配当（2009年）は、2連単が約2000円、3連単は約8000円と確率通りに4倍。

もっと当たる確率を求めるのなら、順不同の連勝複式がお勧めだ。上位二つを当てる「2連勝複式（通称2連複）」は15通り、上位三つを当てる「3連勝複式（同3連複）」は20通り。ちなみに3連単の最高配当（2010年12月31日現在）は、2003年12月10日に若松ボートレース場で出た53万7990円。もちろん、場内はドッと沸いた。

6人で走るボートレースは、ほかの公営競技と比べ、当てやすいと言われる。オートレースは8車、競輪は9車。中央競馬は最多18頭で競うからだ。ボートレースでは点数の多い3連単でも120通り。競輪は504通り。最大18頭立ての中央競馬は4896通りもある。確率からみてもボートレースが一番当てやすいことが分かる。

中央競馬は基本的に週末の土、日曜日に2日間連続でレースが行われるが、ボートレースは一つの開催（一節《いっせつ》）が4－7日とまちまち。曜日は関係なく、平日にもレースは行われている。一つのボートレース場で年間180日ほど開催され、全国的に見ると開催のない日はない。いつでも、日本のどこかでボートレースのエンジン音が響き渡っている。もちろん、きょうもどこかで。

1日に行われるのは全部で12レース。昼間の開催なら、午前11時前後から始まり、午後5時には終わる。また、若松ボートレース場をはじめ、全国でのナイター施設を持つ5か所では、最終レースは午後8時半ごろ。カクテル光線に照らされた水面はキラキラと輝いて美しい。アフター5でも楽しめ、売り上げも軒並み好調だ。

最近は若い女性ファンが増え、ビッグレースなどでは甲高い声援があちこちで飛ぶようになった。アイドル並みの若手イケメンレーサーの出現が、ボートレース界を活性化させている。ボートレース場によっては芸能人や子供向けのキャラクターショーなども行われ、芦屋ボートレース場では、遊具を常設、ファミリーで楽しめるよう心を砕いている。ボートレース場の入場料は100円。殺伐とした雰囲気は薄らいでいる。

勝負のカギはエンジンにあり

ボートレースのエンジン（モーター）とボートは、ヤマト発動機株式会社（本社・群馬県太田市）で製造されたものだけが使用される。購入するのはレースを主催する施行者。選手たちは前検日（レース開催前日）に抽選を行って、一節間に使用するものが振り分けられる。

　ボートレース用エンジンの排気量は、約400cc。ピストンが2個の水冷2サイクル、32馬力だ。ヤマト発動機の担当者は、「ボートレースが誕生した当初はエンジンが10種類ほどあって、7・5－22馬力とパワーにも差があった。その後、モデルチェンジを繰り返して1970年には30、32馬力の2種類に。85年からは、現在のような32馬力に統一された」と言う。

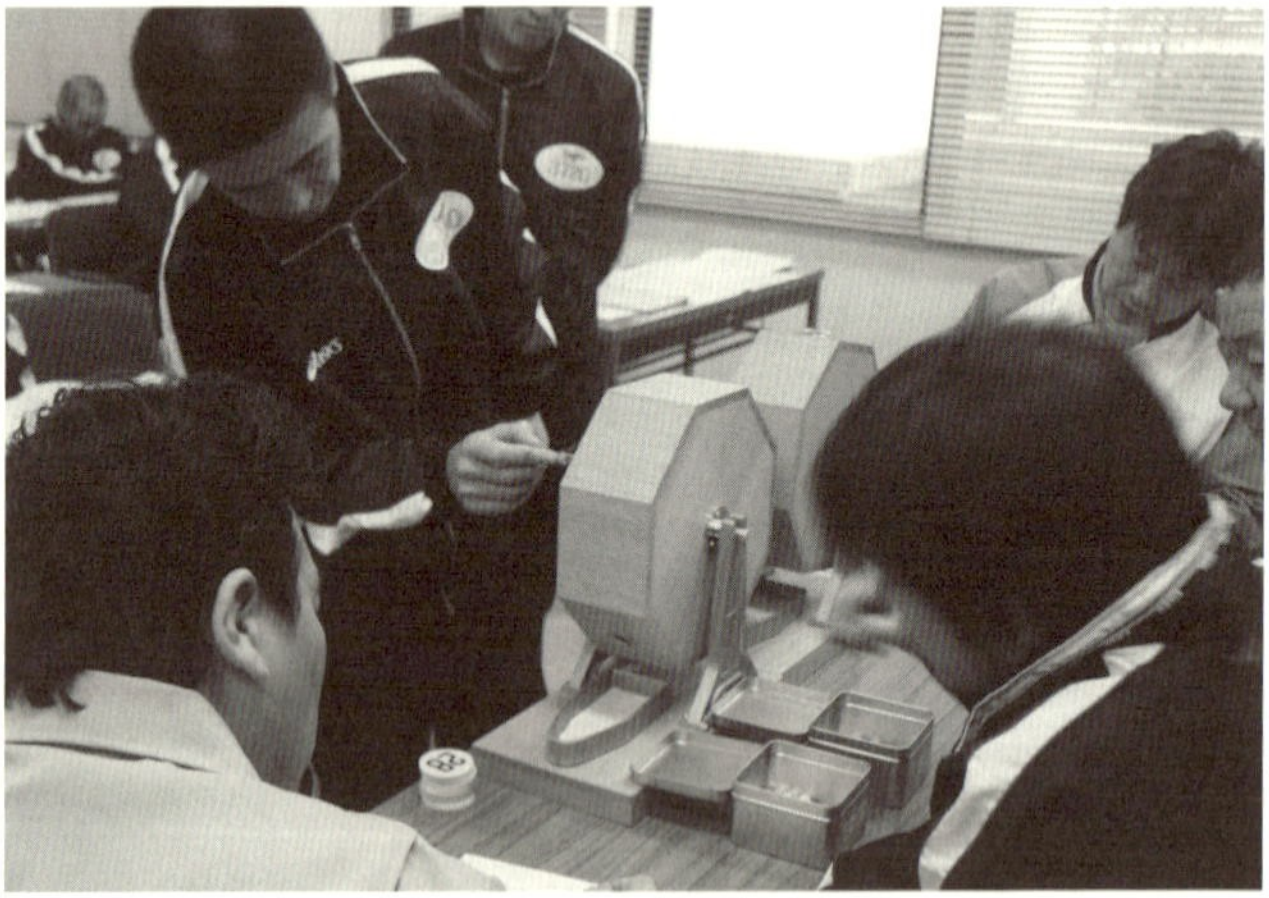
エンジンと艇は抽選で決まる

　現在使用されているエンジンは300型と呼ばれるもの。以前は減音型（301型）と標準型（302型）の二つの形式に分けられていたが、現在は減音型に統一。減音型は騒音に配慮し、排気音を抑えている。構造上、出足性能が少し弱くなると言われている。平和島ボートレース場のバックストレッチ側はマンションが立ち並ぶ。好きな人は自宅から観戦できていいなと思うが、興味のない人には騒音。都市部やナイターレースが開催されるボートレース場で使用され広まった。

　エンジン1基、ボート1隻の値段は、「ともに60万円ぐらい」（日本モーターボート競走会広報課）。エンジンとボートは性能差をなくすために1年で更新され、一つのボートレース場でエンジンはおよそ60－70基ほど購入している。選手が個人的に持って来ることができるのは、3枚のプロペラだけだ。

　1年ごとに更新されるエンジンには、1番や50番といった番号が付けられている。昔は関東のボートレース場やびわこボートレース場では、数字ではなく、旧国名や地域などの名前が付けられていた。「能登」や「雄琴」といった具合に。ファンの間では、「能登がいいエンジンだから、このレーサーから買おうか」というような会話が飛び交っていたそうだ。しかし、全国での場

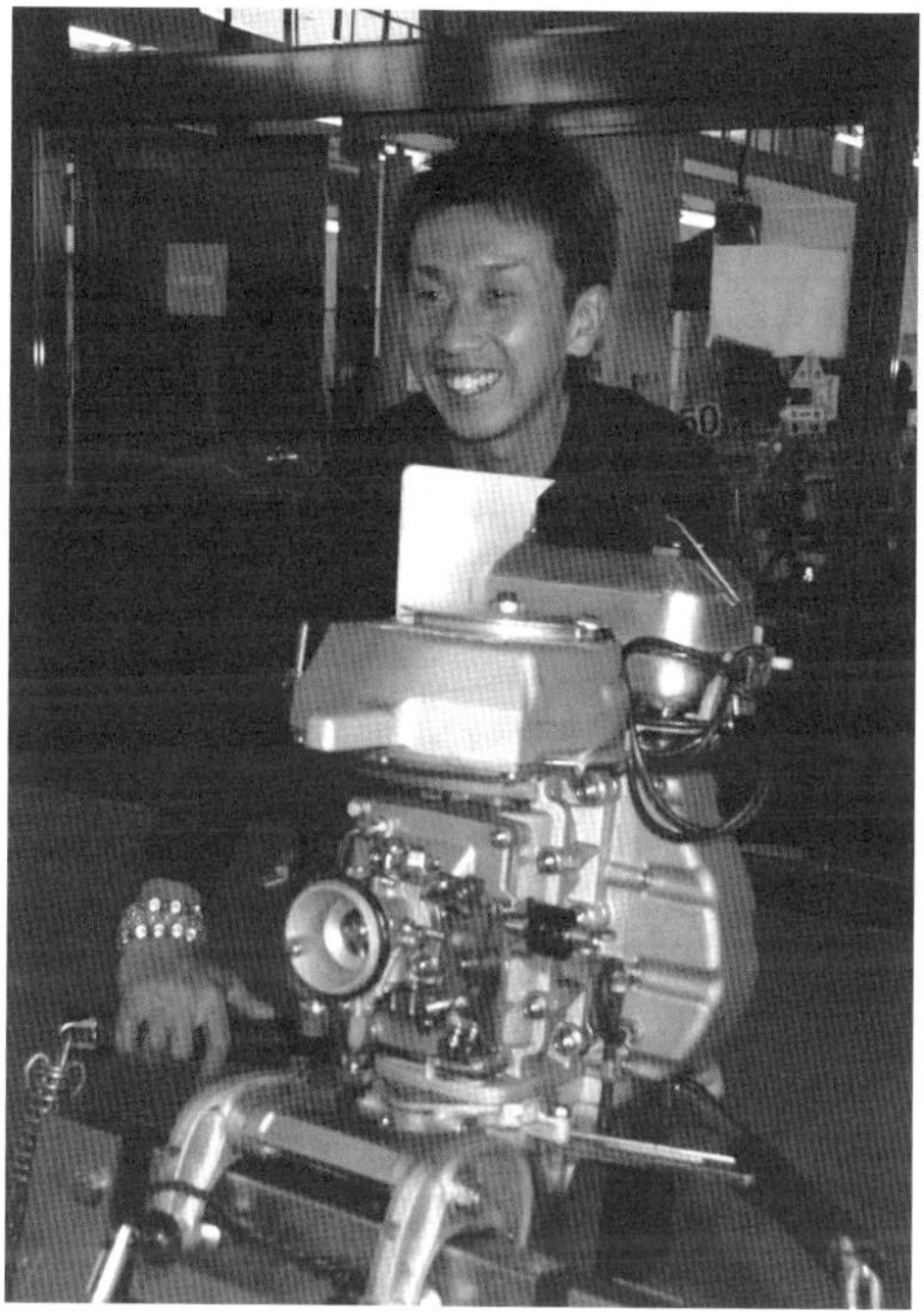
抽選で当たったエンジンを前に
大神康司（38歳、福岡）

外発売の普及や、スポーツ新聞などでの紙面扱いが拡大され、全国で分かるようにと番号制へと統一された。

ちなみに、鳴門ボートレース場では40番台が欠番。住之江ボートレース場では41－49番が存在しない。ほかのボートレース場でも、「42」がないところも多い。「4」は〝死〟を連想させるということで、敬遠されているようだ。レースは激しく、選手たちとケガは切っても切り離せない。最近では、２０１０年5月1日、レース中に他艇と激しく接触して落水、水を大量にのみ込み、低酸素脳症で死亡した。だからこそ、少しでも事故がないようにと切に願う気持ちからだ。

エンジンは同じように作られているが、不思議なことに性能差がだんだん現れてくる。簡単に言えば、パワーの差だ。誰が乗っても出るエンジンは「エース機」と呼ばれ、前検日のエンジン抽選で射止めると、周りから大きな歓声が上がる。

ボートレースは1周６００メートルのコースを3周して、順位を争う競技。水面に浮かぶターンマーク間が直線距離で３００メートルだから、1周を６００メートルと表記しているが、周回するため、それ以上の距離を走っている。

直線だけなら、グングン伸びていくようなエンジンに仕上げればいい。しかし、レースは合計6回ターンする。旋回半径をいかに小さく、波に負けず、スムーズに回るかも重要だ。選手の操縦能力はもちろんだが、それ以上に、エンジンを仕上げることが勝利への近道となる。最高速度80キロまで達するエンジンをどう生かすか――。マシンスポーツと言われるゆえんだ。

ボートレース独特の表現方法として、エンジンの動きを「機力」とか「舟足」と呼ぶ。この「舟足」から派生して、グイッと前に押すローの動きを「出足」、ターンするときの動きを「回り足」。そして、直線の動きを「伸び」と表す。選手たちは、ターンをしてグイッと押す出足、流れない回り足、そして、300メートル先の次のターンマークまでの伸びを求め、プロペラをたたいて調整する。

スポーツ紙には記者が取材した「出足はいいけど、伸びがない」とか、「伸びはいいけど、回り足が悪い」というようなコメントが載っている。最近はもっと細かく表現する選手が増えてきた。出足と伸びの間を「行き足」「二の足」や「中間速」と言ったりもする。

言葉のニュアンスから、舟足の仕上がりがくみ取れる。舟足評価を頼りに舟券を買うファンも少なくない。それだけに、「出足」「伸び」を的確に判断することは、ボートレース担当記者にとっては腕の見せどころだ。

基本的には「◎」が良い、「○」が普通、「△」が悪いの3段階評価。たまに出てくる「◉」はすごく良い、「×」は全然だめ。伸び評価の右のアルファベットはエンジンを格付けしたものだ。

エンジンの使用期間は、性能差をなくすため1年と決められている。出走表にある「率」とはエンジンの2連対率（その右の機番はエンジン番号）で、1、2着になる確率のこと。2連対率が50％なら1、2着になるのが2回に1回。数字は信頼できるデータだが、それだけでは計り知れない部分がある。ボートレースは奥が深い。

例えば、強いA1《エー・ワン》級ばかりが乗っているエンジンと、弱いB1級ばかりが乗っているエンジンを比較すると、2連対率が高いのは前者の方だ。しかし、A1級の選手は操縦能力が高いので、数字が高いのは当たり前。裏を返せば、A1級が多く乗っているにもかかわらず、2連対率が低いのは「悪い」と判断できる。

数字だけでは分からないエンジンの良しあしを表しているのが、「スポーツ報知（西部版）」独自のエンジン評価。一番いいエース機と呼ばれるのを「S」として、「A、B、C、D、E」と6段階で表している。ただし、心臓部のシリンダーケースを交換したときは特例として「変」と表記している。

選手にとって、いいエンジンを引くか、悪いエンジンを引くかで成績が大きく変わってくる。2009年5月に福岡ボートレース場で行われたSG「笹川賞」で、魚谷智之（34歳、兵庫）はDランクのエンジンを

◆第12選抜一八〇〇トメル
（締切・16時20分）

	1	2	3	4	5	6
目谷 穴長	◯ ◎	◎	▲ ◯	△	▲	△
連番	1	②	3	④	⑤	6
歳 県 体 艇評	29 福岡 54 ❹ ◎	43 長崎 50 ❾ △	38 兵庫 52 ㊿60 ◎	35 愛知 52 ㉙ △	31 佐賀 48 ⑳ ◯	23 福岡 54 ❸ ◯
選手名	川上 剛	吉田 一郎	向所 浩二	佐藤 大介	中尾 誠	篠崎 仁志
①②③外 優勝	28 26 22 51 2 — 0	40 13 18 21 6 — ❷	31 26 14 44 7 — ❷	26 25 16 34 0 — 0	28 21 24 23 6 — 0	30 26 19 54 2 — 0
番評 機伸 率出	43 B ◎ 48% ◯	12 A ◎ 43% ◯	61 A ◯ 44% ◎	55 B ◯ 34% ◯	59 B ◎ 33% ◯	49 B ◯ 31% ◎
全国率	6・62	7・33	6・73	6・59	7・24	5・88
当複率	51%	42%	60%	66%	75%	46%
平均S	0・16	0・16	0・16	0・19	0・18	0・14
前場所成績	常滑36 33133 1	Fのため30日間欠場	桐生12 44146 2❸	戸田転4 14222 5	戸田13 3114❺	若松26 転21223 1615
展示T	6秒72	6・75	6・87	6・88	6・74	6・71
機前回 ①②③外	田中健△ 1108	萩原秀◎ 3331 優❷	山本光◎ 5015	田中豪△ 0124	難波茂◎ 0334	楠原正◯ 1234

1↔**3**−**6** **5**
1−**5**−**6** **3**
1−**6**−**5** **3**

▽進入123456

【本命率60%】川上が気合の逃げ。向所か中尾が襲いかかる。外でも篠崎に警戒が必要

引いて予選落ちと大苦戦。「評価通りに悪かった」と振り返ったが、同11月のGI周年ではAランクのエンジンで優勝。「力強さがあって、笹川賞のときとは全く違いました」。最近は選手の方から、「このエンジンのランクは？」と聞いてくることが多くなった。

勝率で選手のランク

ボートレーサーは、2011年1月1日現在で1529人。うち女子は165人。女子だけのレースはあるものの、基本的には男女が同じレースで競い合う。

選手は成績によって、四つのランクに分けられる。最高ランクがA1級で、その割合は全体の20%。その次がA2級（20%）、続いてB1級（50%）、B2級。賞金の高いSGレースや、GIレースには、基本的にA1級しか走ることができない（一部、級別を問わないレースもある）。それより、A1級はトップレーサーとしての誇りでもある。

級別は、定められた期間に稼いだ勝率によって決まる。一般的に勝率と聞けば、1着になる確率だと思われがちだが、1着が10点、2着が8点、3着が6点、

4着が4点、5着が2点、6着が1点（SGレースは各2点増し、GⅠ・Ⅱレースは各1点増し）で得点の合計を出走回数で割ったものを勝率と呼ぶ。

これまでの最高勝率は、1976年5－10月に記録した〝モンスター〟と呼ばれた野中和夫（67歳、大阪）の9・53。当時はSG、GⅠの点増しの制度がなかっただけに、この数字は驚異的だ。2着で8点なので、ほとんどが1着だったということだ。当時の野中はとにかく強く、「俺から舟券を買っとけばいい」と豪語していたという。その年は獲得賞金6000万円を超え、当時巨人の王貞治の年俸を上回り、プロスポーツ界トップに君臨した。

A1級のボーダーは変動するが、だいたい6・20－30が目安。選手がどのレースに出場できるかは、日本モーターボート競走会が決める。A級とB級だとあっせんされる日数（簡単に言えば、労働日数）に差が出るので、収入に直結する。

「スポーツ報知」の出走表に掲載している勝率は、直近6か月のデータで、毎日更新している。この数字を見るだけで、どの選手が強いか一目で分かる。

プロペラは選手の私物

現在のボートレースで、エンジンと同じぐらいに、いや、もっと重要と言われているのがプロペラ（以下、「ペラ」と略）だ。ペラは抽選で振り分けられるエンジンと違って、選手個人が持ち込める私物。3枚という制限があるので、レース前に準備して、厳選した物を持ってくる。

昔はオーナーペラ制といって、エンジンとセットでボートレース場が所有していた。しかし、1989年から、選手が所有する「持ちペラ制」に変わった。ここから「ペラ戦争」が始まったと言っても過言ではない。

ボートレース用のペラは、エンジンとボートも製造している「ヤマト発動機株式会社」と、「ナカシマプロペラ株式会社」（本社・岡山市）の2社製しか使用できない。かつてはペラの先端は刃物のように鋭かったが、事故防止のために、2005年5月から、厚みのある新基準ペラになった。

規定では重量370－390グラム、外径164－

188ミリ。そして、先端から0・3ミリ以内の位置で0・7ミリ以上の厚さがあることが条件。この範囲なら、どんな形でも構わない。材質はニッケル・アルミニウム青銅。耐磨耗性、耐腐食性、耐疲労性に優れていて、1枚あたり2万2000円ほどだ。

ただ、購入したペラをそのまま使う選手はいない。レースのない日は、グループや個人で所有するペラ小屋や工場と呼ばれるところで、鉄ハンマーや木づちで伸ばしたり、たたいたりして加工する。ペラは同じように作っても、なかなか同じような動きにならないという。

買ったペラには当たり外れがあるようだ。勢い良いペラを求めて「ペラ代だけで、年間60－70万円かかります」という中堅選手も。

レース場では自分のペラしかたたくことができない。他人のペラをたたくと、出場停止処分などの罰則が待っている。

プロペラの良しあしで収入が変わる

スタートは1秒の間に

陸上競技では選手が横一線に並んでスタートするが、水の上では「位置について、ヨーイドン」というわけにはいかない。風や潮流の影響を受け、同じ場所に静止ができないからだ。ではどうするのか。ボートレースでは決められた時間内にスタート地点を通過する「フライングスタート方式」を採用している。

決められた時間内といっても、わずか1秒。1回りで12秒の「大時計」の針が0から1を指す間にスタートラインを通過しなければならない。同じ水上競技のヨットもフライングスタート方式だが、決められた時間以降に通過すればよく、少し異なる。

ボートレースは100－300メートルの助走距離があり、最高時速80キロに達するボートを操らなければならないので難しい。その上、スタートは勝敗の鍵を握る重要な要素。先行すれば、1マークを最初に回る可能性が高くなり、有利な展開になるからだ。だが、ボートの舳先《へさき》がコンマ01秒でも早く通過するとフライング（「F」と略す）、1秒の間に通過できないと出遅れ（L＝レイト）となり失格。この失格は「欠場」と言われる。欠場選手に関係した舟券は全額返還される。主催者にとってはその分売り上げが減ることになり、選手にはあっせん停止や事故点などのペナルティーが科せられる。

スタートが正常かどうかの判定には、スリット写真を用いる。そして、フライングかどうかは、審判長が肉眼で判断する決まりになっている。

現在のボートレース界でスタートが一番早いのは、菊地孝平（32歳、静岡）。2010年5－10月に123走した平均タイミングは0・10だった。2009年8月の世界陸上男子100メートルで、9秒58の世界新記録を更新したウサイン・ボルト（ジャマイカ）のスタートは0秒146。単純比較はできないものの、菊地のタイミングは金メダリストをも上回っている。

スタートはスリット写真で判定

ハンドルとレバーで艇操作

ボートレースのボートには、アクセルの役目を果たすスロットルレバーはあるが、ブレーキはない。スロットルレバーを握ると回転が上がって前に進み、離すと回転が落ちるのでエンジンブレーキがかかり、スピードが低下する仕組みだ。

スロットルレバーは左手で操作し、右手でハンドルを回す。一般の船でいう舵《かじ》はない。ハンドルに2本のワイヤが巻かれ、それがエンジンのステアリングバーへとつながっている。ハンドルを左右に回すことでエンジン本体の向きが変わる。すなわちペラの向きが変わるので、進路を変えることができる。だから「カジを切る」ではなく「ハンドルを切る」と言う。

自動車にあるパワーステアリングはないのでハンドルは重い。選手たちはワイヤの張り具合を調整して自分好みにセッティングする。固いハンドルの方が安定して乗りやすいという。ボートレース界で一番ハンドルが固いと言われているのが、今村豊（49歳、山口）だ。一度、ハンドルを握らせてもらった。片手どころか、両手で回すのも大変だった。それを瞬時に回すのだから、選手ってすごい。

ハンドルの固さは
選手の好みで

また、回したハンドルは、自動では戻ってこない。回した分を戻さなければならない。ターンをするときには左へおよそ1回転半させるが、右に1回転半戻さないとボートは真っすぐに進まない。ハンドルの切り方は千差万別。小刻みに回す「送りハンドル」が基本だが、一気にグイッと回す方法もある。スロットルレバーを握ったままハンドルを一気に切ると、スピードが落ちずにグイッと回れる。これを「全速ターン」と呼び、水面できれいな弧を描く。スピード化に突入したボートレース界では、全速ターンができないと生き残れない。

常識を変えたモンキーターン

写真①基本姿勢は正座

スロットルレバーを握ればボートは前に進み、ハンドルを切ってターンをする。それでは、選手はボートの中でどのような姿勢をとっているのか。

ボートは全長2・895メートル、全幅1・336メートル。選手が乗り込む部分は狭く、いすはない。

基本姿勢は、厚いゴムマットが敷いてある上に正座（写真①）。両足をボートの内側に押し当てて、体をしっかり固定して安定させる。

写真②お尻を高く上げてモンキーターン

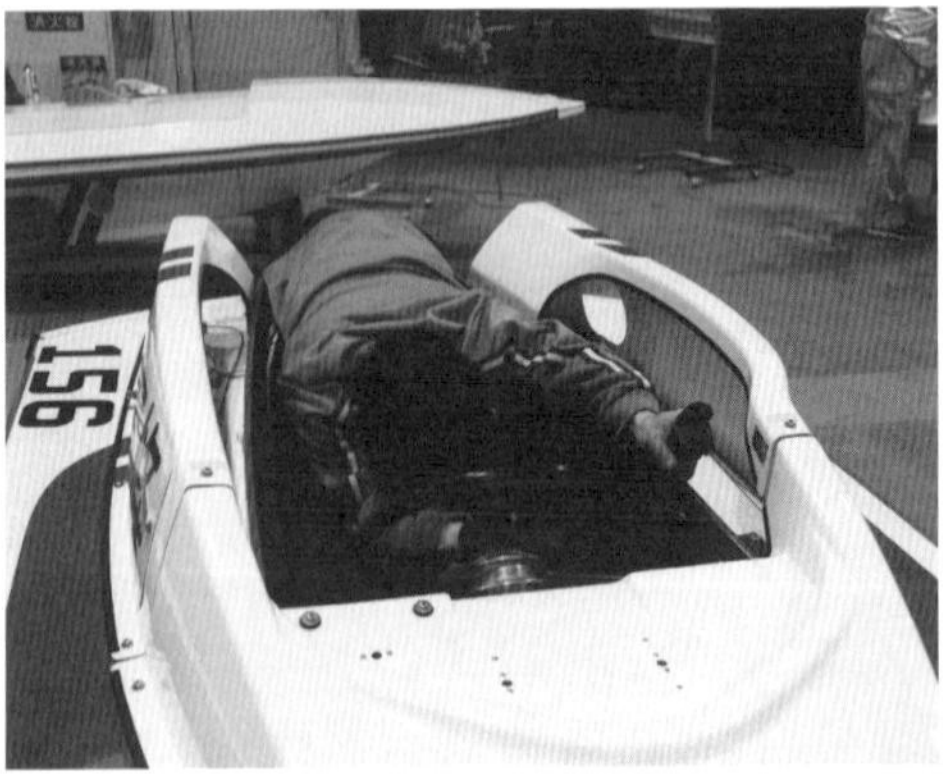

写真③直線では体を伏せる
モデルは下条雄太郎（24歳、長崎）

そしてターンをするときは、レバー操作をしながらハンドルを左に切る。このとき、お尻を高く上げて体重移動をするのを「モンキーターン」と言う（写真②）。以前のターンは正座状態のまま行っていたが、1980年ごろ飯田加一（61歳、東京）が、競馬のモンキー乗りをヒントに編み出した。

モンキー乗りとは騎手が鞍《くら》に腰を下ろさず、腰を浮かせた前傾姿勢でバランスを取りながら騎乗する方法。当時はボートの上で立ち上がるなんて常識外で、「危ない」という声が多かった。しかし、飯田が各地でコースレコードを更新。「速い」と知れ渡ると、多くの選手がまねを始めた。今ではベテランでもモンキーターンを駆使する。できないと活躍できなくなった。モンキーターンが、ボートレースの常識を変えた。

直線では空気抵抗を減らすために、ボートに隠れるように体を伏せる（写真③）。そのときは重心を後ろに移動して、舳先を浮かせる。これは水の抵抗を小さくするためだ。ボートを速く走らせようと、選手は知恵を絞っている。

展示タイムは聞き逃すな

大相撲なら、横綱が十両力士に負けるなんてことはほとんどないだろう。けいこでコテンパンに負けて、横綱との力の差を実感する。しかし、ボートレースでは弱い選手が格上の選手に勝つことは珍しくない。マシンスポーツだからだ。勝率の低い選手でも、機力で勝れば格上を破ることができる。

どの選手のエンジンがいいのか判断するのは、経験を積まないと分かりづらい。もちろん、スポーツ紙にはエンジン評価が載っているので参考にしてほしいが、誰でも良しあしを判断できる情報がある。「展示タイム」と呼ばれるものだ。

本番レース前に6人が進入の駆け引きとスタート勘をつかむ「スタート展示」→選手が単独で2周する「周回展示」→「本番レース」という流れで進行する。展示タイムは周回展示のときに測定される。場によって異なることもあるが、おおむね2周目のバックストレッチ150メートルで計測。タイムが速い選手がエンジンが出ていると判断できる。特に福岡県内の3場（若松、芦屋、福岡）はレーザーによる自動計

ボートレース福岡ではバックストレッチ走行のときに計測

測なので、タイムを気にする選手は多い。

ただ、展示タイムは直線で計測するので、出足よりも伸びの判断に向いている。出足が良くても伸びが普通ぐらいの選手はタイムが速くない場合があるし、タイムが良くても伸びばかりで出足がイマイチということもあるので注意したい。だが、極端にタイムの遅い選手は、エンジンが出ていないことが多い。初心者でも、展示タイムを参考にすれば舟券的中へとつながるはずだ。にぎやかなボートレース場でも、展示タイムのアナウンスが流れるときは、静かになる。それだけ、展示タイムが重要ということだ。

チルト使って出足、伸びを調整

展示タイムと同様に、初心者が何？と疑問に思うのが、「チルト」だろう。チルトは英語で「tilt＝傾斜」。水面に対するエンジンの角度を調整する部品のことだ。

チルト角度はマイナス0・5－プラス3・0の範囲で0・5刻み。日本一水面の狭い戸田ボートレース場ではマイナス0・5、0、プラス0・5の3種類だが、水面の広い浜名湖ボートレース場ではマイナス0・5－3・0まで8種類。下限はマイナス0・5で統一されているものの、上限は3度というだけでボートレース場によって異なる。九州・山口地区では、下関ボートレース場、芦屋ボートレース場、からつボートレース場で3度が使える。

基本となる「0度」はエンジンがボートの船底に対して直角。プロペラは水面と水平の状態だ。チルトを0やマイナス0・5にすると、ボートの接水面積が大きくなる。前に進むときには抵抗が大きくなるので加速はしにくいが、ターンが安定する。反対にチルトをプラスにする（跳ねる）と、ボートの舳先が浮くので接水面積が小さくな

五角形のチルトアジャスター

る。スピードは出るが、コーナーで膨らんだりして不安定になる。直線だけの勝負なら、チルトを跳ねた方がいいに決まっている。しかし、ボートレースは合計6回のターンがある。先頭を走る選手以外は、前の艇が出す波を乗り越えなければならない。コーナー重視で、チルトは0かマイナス0・5がほとんどだ。

チルトを跳ねるのは「一撃狙い」。出足や回り足は捨てて、伸び重視で、スタートしてから1マークまでに勝負をつける選手が使用する。阿波勝哉（37歳、東京）が代表格。最も不利な6コースから、チルトを最大限に跳ねて一撃狙いの勝負。ニックネームは〝ミスターチルト3度〟。彼のレースを見て、ボートレースファンになったという人は多い。

出走表には役立つ情報満載

ボートレース場に行くと、まず最初に出場メンバーが載っている出走表を手に入れよう。

番号	色別	登録番号	級別・期別	選手名	年齢	現住所	体重	全国 勝率	全国 2・3連対率	現在 勝率	現在 2・3連対率	福岡 勝率	福岡 2・3連対率	着別回数 出走回数	1着	2着	3着	得意コース	全国コース別成績 一（上段…進入回数／下段…1・2着数）	二	三	四	五	六	平均スタート	モーターの成績 番号	勝率	2連対率	選手名／前回着順	艇の成績 番号	勝率	2連対率
1 H1,800m				予選（2011オープニング！）				締切予定時刻 10：48						スタート展示／進入コース																【3連単 → → 【3連複		
1	白	4314	A2 95	青木幸太郎	26	福岡	51	5.47	40/53	5.19	28/45	5.90	44/60	123	26	22	20	全	24/13	19/11	23/8	20/9	24/5	13/2	15	26	5.47	35	今村　暢孝／1221欠316323	115	5.68	39
2	黒	2843	B1 42	友永　明夫	53	福岡	54	4.21	23/38	4.41	25/40	4.14	15/40	85	4	14	11	全	12/1	16/6	9/2	12/1	26/6	10/2	22	49	4.96	33	木下　大將／6635155114	167	5.33	38
3	赤	3317	B1 61	♡大山　博美	44	福岡	45	4.91	28/47	4.18	18/33	4.52	23/38	90	9	13	16	中	13/5	22/9	17/4	13/1	17/2	8/1	20	27	5.91	42	藤田　竜弘／6541423	152	6.06	44
4	青	4393	B1 98	田中　孝明	24	福岡	55	4.28	17/40	4.17	27/27	5.22	30/47	112	11	13	20	全	14/8	21/6	12/2	17/5	25/2	23/1	21	35	5.50	38	伊藤　雄二／16421541	104	5.35	40
5	黄	4250	B1 93	藤川　利文	28	福岡	54	3.37	14/26	3.50	15/30	4.11	19/30	70	2	5	12	全	11/2	9/1	10/1	6/1	17/2	17/0	20	65	4.98	33	角井　義則／454456	154	6.18	47
6	緑	4614	B2 107	石倉　洋行	30	福岡	53	−	—/—	2.31	0/7	初出走	—/—	13	0	0	1	外	0/0	0/0	0/0	0/0	0/0	13/0	19	50	4.41	23	関　裕也／34562563	164	5.03	31

出走表は基本データが満載（表はボートレース福岡）

入り口に置いてある。出走表には数字がたくさん並んでいる。一見すると難しそうだが、内容は単純明快。舟券を予想する上で、データは欠かせない大事な材料だ。もっと詳しいデータや予想を掲載しているスポーツ紙を加えれば、初心者でも万全だ。

ボートレース場によって内容は異なるが、一番左にある数字は艇番。上から順に1−6号艇となる。色別は艇の色を表し、1号艇＝白、2号艇＝黒、3号艇＝赤、4号艇＝青、5号艇＝黄、6号艇＝緑。この色は、競馬、競輪、オートレースも同じ。出場する選手は艇番と同じ色のカポック（救命具の上に着る勝負服）を着てレースに出場、ボートの先端にも同じ色の旗が装着される。6人を識別するためで、離れたところからでも「何号艇」が走っているかが分かる。ただ、ヘルメットは1997年7月から事故防止のため選手所有のフルフェース型になったので、色で見分けることはできない。

その右隣が登録番号。選手は競艇学校卒

業時に、番号が与えられる。その登録番号の上に「F」が付いている選手は、一定期間にフライングしたという意味。F持ちはスタートで無理ができず、チェックが必要。その右は選手のランクと同校の卒業期。選手名、年齢、現住所、体重と続く。

体重は軽い方が負荷が少なく有利。健康管理も考えて最低体重制を取っており、男子は50キロ以上、女子は47キロ以上と決められている。仮に男子で50キロに満たない場合は、重りを積んで50キロになるよう調整する。SGレースなどの大きな大会になると、ほとんどの選手が最低体重に近づけるようにと減量している。そのレースにかける意気込みと判断していいだろう。60キロの選手より、50キロの選手の方が圧倒的に速い。

勝率や2連対率は、数字が高いほど強い選手と理解できる。全国勝率では好調度が分かるし、当地勝率を見れば得意水面か、苦手水面なのかを知ることができる。強い選手でも当地勝率が低いと信頼度は下がり、弱い選手でも当地勝率が高ければ一発大逆転があるかもしれない。

平均スタートは、数字が小さいほど早くて的確な選手。日本一スタートが早いのは菊地孝平（32歳、静岡）の０・１０だが、早いと言われるのは０・１５以内の選手。０・２０台の選手はスタートで後手を踏んで、勝負どころの1マークでは行く手を阻まれることが多い。ボートレースにおいてのスタートは大事な要素の一つ。スタートで主導権を握ることができれば、1マークを有利な隊形で迎えられるので勝つ確率が高いからだ。大村ボートレース場では２００９年9月、スタートの早い選手を集めたスポーツ報知杯「第４回スタート野郎決定戦」を開催したりしている。

エンジン（モーター）やボートの成績も見逃せない。勝率、2連対率はもちろん重要だが、前回乗った選手の成績も参考にしたい。成績の白抜き丸数字は優勝戦に乗ったという意味。優出（優勝戦に出場）したエンジンは、前回動きが良かったものが多いので、チェックしておきたい。2日目からは出場選手の今回成績が掲載される。着順、スタートタイミング、発進したコースが載っているので、成績の良しあし、スタートの決まり具合をしっかりと見極めたい。

舟券の予想をする上で、大事な要素は3つ。①選手の実力、②スタート力、③エンジンの調子（機力）。この3要素をランク付けして、総合力トップの選手が上位着に食い込む可能性が高い。勝つ確率の高い選手を見つけることが、舟券予想の第一歩。

最低体重制度　男子50キロ女子47キロ

ボートレーサーは約1500人いるが、うち1割は女子。女子だけが出場する「女子リーグ戦」や「オール女子戦」と呼ばれるものはあるが、ほかのレースは男子選手と一緒に走る。エンジンやボート、ペラなどは同じ物を使用。一般的に体重の軽い女子は有利だ。

ボートへの積載量が軽ければ軽いほど、ボートは速く走る。エンジンに負担がかからないからだ。体重制限がなかった昔は、減量合戦がすごかった。文字通り、飲まず食わずの過酷な減量。ビッグレースの後は、立っているのもままならない選手が多かったという。

健康面から考えて危険なので、1987年11月から「最低体重制度」が導入された。男子は50キロ、女子は45キロ。その基準に満たない場合は、重量調整のベストや、ボートに重りを敷いて最低体重になるように調整する。選手は毎朝ボートレース場に来ると体重測定がある。48キロの男子選手なら、2キロを積み込む仕組みだ。その後、2003年からは男子はそのままで、女子の最低体重が47キロに引き上げられた。舟足で負ける男子選手から苦情が出ていたこともあった。

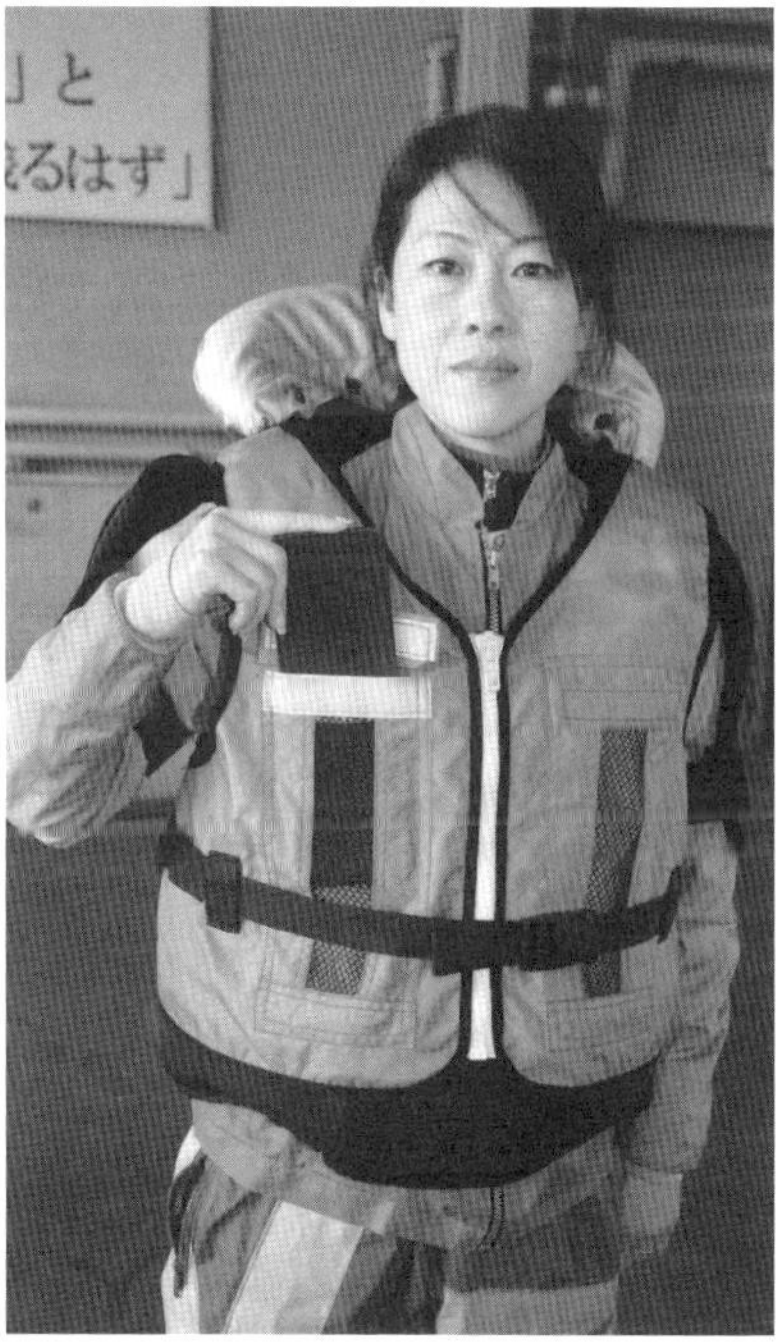

最低体重に足りない選手は調整ベストを着用する
写真は寺田千恵（岡山）

最低体重制度が始まってから、昔ほどの減量合戦は行われていない。だが、ビッグレースに出場するトップレーサーになると、50キロになるように普段から節制している。2009年12月に住之江ボートレース場で行われた、日本のプロスポーツ最高の賞金1億円を懸けた「賞金王決定戦」では、出場した12人全員が50キロギリギリだった。

もう引退したが、身長1メートル71、体重55キロ前後とボートレース界では体の大きかった古川文雄（61歳、佐賀）も減量と戦っていた選手。SG1勝、GI11勝の古川は現役時代にしみじみ語っていた。「高額の賞金をもらえても、おいしいものを腹いっぱい食べることができない。これほど悲しいことはない」

思惑秘め駆け引き、コース取り

ボートレースは1日12レース制で、選手の出番は1回もしくは2回。施行者（主催者）やレースの運営を委託された日本モーターボート競走会の番組編成委員が、枠番や出場レースを決める。ただし、優勝戦や準優勝戦などは、成績で決まる。枠番などは前日に決まり、それをもとに予想する。

予想で最初に考えるのが進入。「コース取り」と呼ばれるものだ。与えられた枠番通りのコースに6人が入る「枠なり進入」が多いが、ルールの範囲内なら、枠番に関係なく好きなコースに入ることができる。

ターンマーク（ブイ）に一番近い内側が1コースでイン、一番遠いのがアウトの6コース。選手は十人十色で、イン好きがいれば、アウト専門もいる。選手の

ピットを離れた瞬間から駆け引きが始まる

個性がコース取りから見てとれる。

コース取りの大まかな流れは次の通り。ボートが係留されているピットから、発走合図と同時に6人が離れていく。スタートまでは1分40−50秒。待機行動と呼ばれるこの間に駆け引きが行われる。コースが確定するのは、ボートの舳先がスタート地点に向けられたとき。1コースから順番に確定する。

ボートのスピードを出すにはある程度の助走距離が必要。インは短く、アウトは長くなる。インの選手は少しでも長い助走距離が欲しいが、アウトの選手はそうはさせない。インを追い込んで（スタートラインに近づけて）助走距離を短くし、なおかつ自分の助走距離を長くしようとする。勝つためには「自分を有利に、相手を不利に」。進入の駆け引きが行われる。

進入を推理するのは難しいが、これもボートレースの魅力。本番ではその通りになるとは限らないが、スタート展示で、ある程度の並びが予想できる。

決まり手の代表格「逃げ」

デビューしたばかりの新人や外専門の選手は、枠番

に関係なくアウト（5、6コース）からレースをする。と思えば、内専門で〝インの鬼〟と恐れられる個性派もいる。大嶋一也（52歳、愛知）、西島義則（49歳、広島）、上滝和則（42歳、佐賀）らが有名だ。2009年に年間最多勝利（120勝）のタイトルに輝いた大嶋は、269走のうち159回が1コース。そこで101勝した。

　ボートレースには6種類の決まり手がある。代表格が「逃げ」。1コースの選手が最初のターンマークを先行し、抜かれずにゴールすること。「イン逃げ」「イン速攻」とも呼ばれ、1コース限定の決まり手。経験を積んだ選手が入ることが多い。

　逃げを決めるためには、スタートで遅れないことが重要。一流選手は同じ位置から出発すれば、スタート地点を通過するタイミングがほとんど狂わない。ところが、インはコース取りの状況によって出発する位置がバラバラ。インが好きな選手が複数いるとスタートラインにボートを向けるタイミングが早くなり、どんどん前に進む。つまり助走距離が短く、スタート地点を通過するときにスピードが出ない。助走距離が100メートル以下のときを「深イン」といい、逃げが決まりづらい。コース取りが穏やかで、助走距離が100メートル以上あるときが「楽イン」。逃げが決まりやすい。

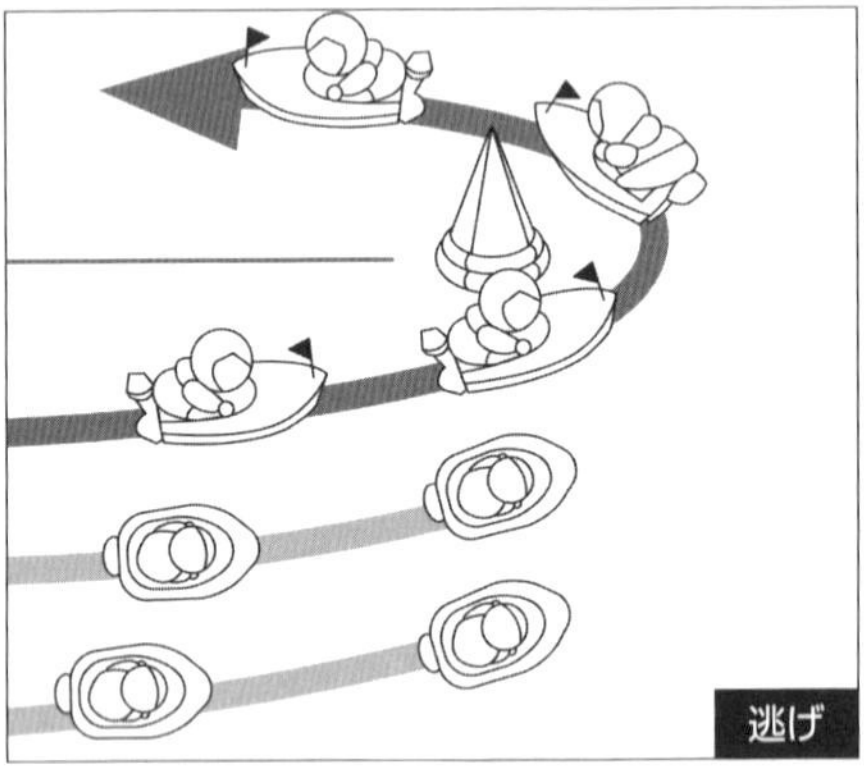

　大嶋は深インを想定して、スピード負けしないペラを開発。スタートも早かった。インは最短距離を走るのでポールポジションとも呼ばれるが、スタートがとても難しい。経験の浅い若手がインに入らないのは、それが大きな理由だ。逃げるためには回ってグイっと押す出足、伸び負けない舟足が必要になる。

豪快な決まり手「まくり」

今村豊（49歳、山口）が全速ターンを開発して、レース内容が変わった。そして、さらにスピードが出るモンキーターンが出現して、スピード化に拍車がかかった。スロットルレバーを握ったまま、スピードを落とさずにボートが駆け抜けていく。外側の選手が、自分より内にいる選手を抑え込むような形で、外からターンマークを回る戦法を「まくり」と呼ぶ。内にいる選手の進路を抑えつつ、なおかつ自分の作った航跡（引き波）に相手を落とし込む（沈没するわけではないが、沈めると言われる）豪快な戦法。逃げは1コース限定だが、まくりは2－6コースの決まり手だ。

かつて、まくりと言えば、〝モンスター〟と呼ばれた野中和夫（67歳、大阪）、〝黒い弾丸〟と恐れられた黒明良光（63歳、岡山）の代名詞だった。二人の共通点は、スタートが早く、ターンが豪快だったこと。まくりはスタートを決めて1マークで先行しないといけないので伸びていく舟足が必要。なおかつ、内にいる相手の外から回って（握って）勝つ戦法なので、ターンスピードが早くないと決まらない。

現在のボートレース界でまくりの代表格は、今垣光太郎（41歳、石川）、6コース専門の阿波勝哉（37歳、東京）。最高峰のSGを8回優勝している今垣は、「今使っているペラがたまたま伸び型だから、まくりが増えているだけ。でも、実力者がそろうSGやGIレースでまくりを決めるのは難しくなっています」と語る。

事実としてまくりは、スタートが早く、実力で大差のないSG、GIでは決まりにくい。だが、実力差、機力差、スタートの差が大きい一般戦では、まくりが多く見られる。豪快ターンのまくりにほれてボートレースに魅了された人は多い。

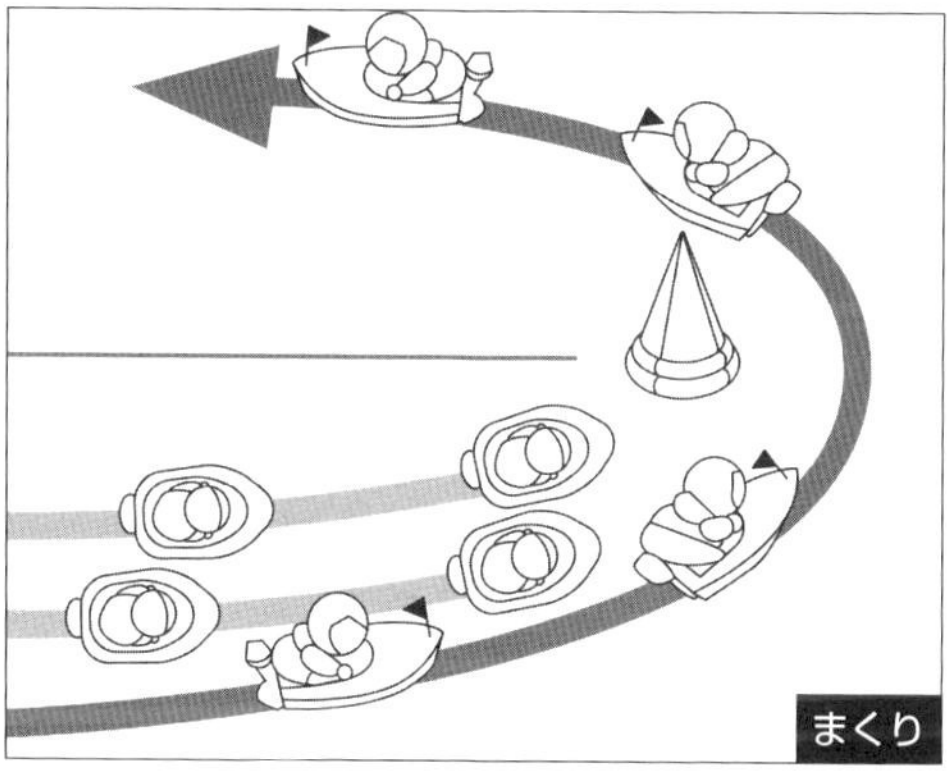
まくり

波越える出足必要「差し」

内にいる選手を外から外へと回って追い抜くのが「まくり」。それに対して、相手を内から抜くのが「差し」だ。内にいる選手（複数の場合もある）の通った後の引き波を必ず乗り越えなくてはならないので、波に負けない出足が必要になってくる。また、白力勝負のまくりと違って、差しは対戦相手の動きに左右されるので難しい。

差しが得意な選手は、テクニック上位の選手。1995年の賞金王決定戦で、植木通彦（42歳、福岡）と艇史に残る名勝負を演じた中道善博（61歳、徳島）、しぶといレースで〝マムシ〟の異名を持った福永達夫（62歳、山口）は、切れ味鋭い差しで最高峰のSGレースで活躍した。

差しはまくりと同様に、2－6コースの決まり手。オーソドックスなのが、2コースからの差し。インの選手を先に回して、内側を角度よく差す。このときは1コースが2着に残るケースが多い。ただ、2コースなら乗り越える引き波は1本だけだが、外のコースになれば引き波の数は増えていくので舟足の裏付けがないと決まらない。

現在、〝王者〟と呼ばれ、2009年の賞金王に輝いた松井繁（41歳、大阪）は、技術もナンバーワン。差しは外にいる選手にまくられないように気をつけながら、と同時に内にいる相手の動きを判断して対応しなければならない。

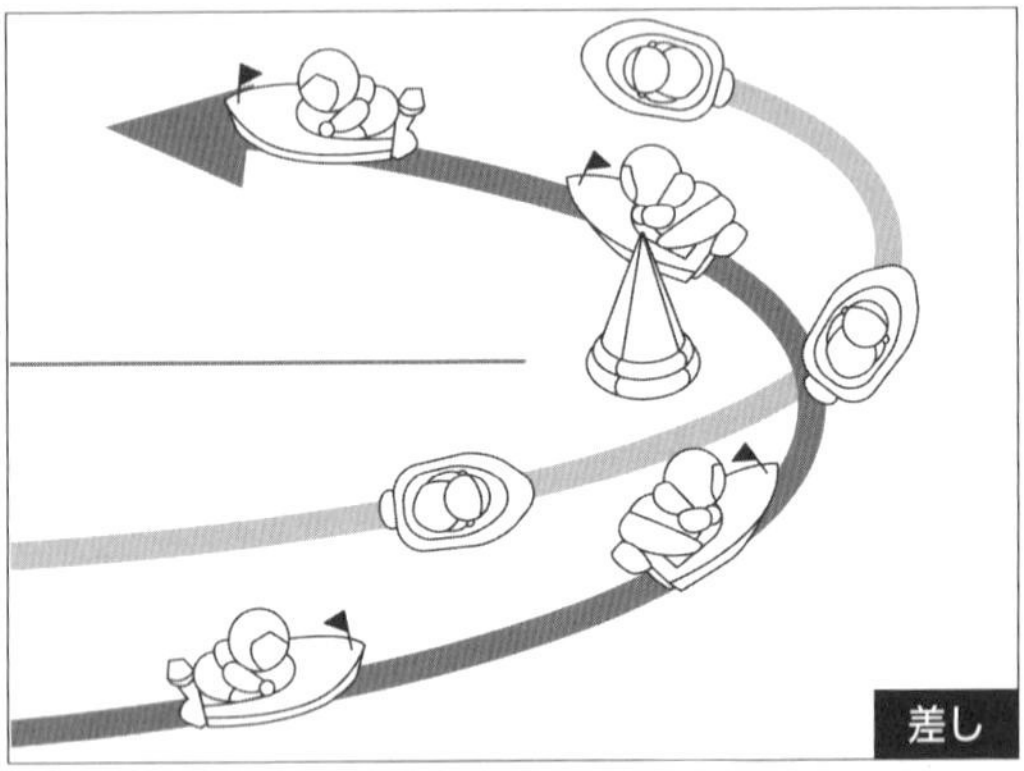

差しにも種類があって、スロットルレバーを握りっぱなしの「全速差し」、相手の懐に素早く入っていく「早差し」、まくり選手の横から差す「マーク差し」、ターンマークに一番近いところを差す「最内差し」など多彩だ。

ボートの華「まくり差し」

プロ野球のバッターは、ピッチャーの手からボールが離れた瞬間に球種を判断してバットを振る。一瞬のうちに、だ。ボートレーサーも、1マークの展開を一瞬のうちに判断しなければならない。まくるべきか、差すべきか。それとも……。対戦相手を横目にチラチラ見ながら、高速走行するボートを操らなければならない。最初からまくりや差しと決めておけば体は反応しやすいが、これから紹介する「まくり差し」は高度なハンドルさばきと判断力が必要となる。

簡単に言えば、「まくり」と「差し」の合体技。内側にいる選手をまくりながら、なおかつその内にいる艇を差して抜け出す。ボートレースならではの戦法だ。まくり差しは3―6コースの決まり手。〝ボートレースの華〟とも呼ばれている。

現在のボートレース界で、飛びっきりまくり差しがうまいのは井口佳典（33歳、三重）。2008年5月、平和島ボートレース場でのSG「第35回笹川賞」。5コースからのまくり差しを決めてSG初優勝を飾った。1マークからするりと抜け出したときには、場内のファンから大きな歓声が上がった。井口に聞いてみよう。

「まくり差しといえば井口？」「よくご存じですね（笑い）。確かに好きな戦法だし、決まったときはめちゃくちゃうれしい。ただ、まくり差しは展開に左右されるし、エンジンが出ていないと決まりません。相手との呼吸が合わないと、うまく間に入っていけません。難しいからこそ、決めたいと思う」

だからこそ、決まったときは、なんとも言えない爽快感が選手にも、ファンにもあるのだろう。ぜひともボートレース場で、まくり差しを見てほしい。

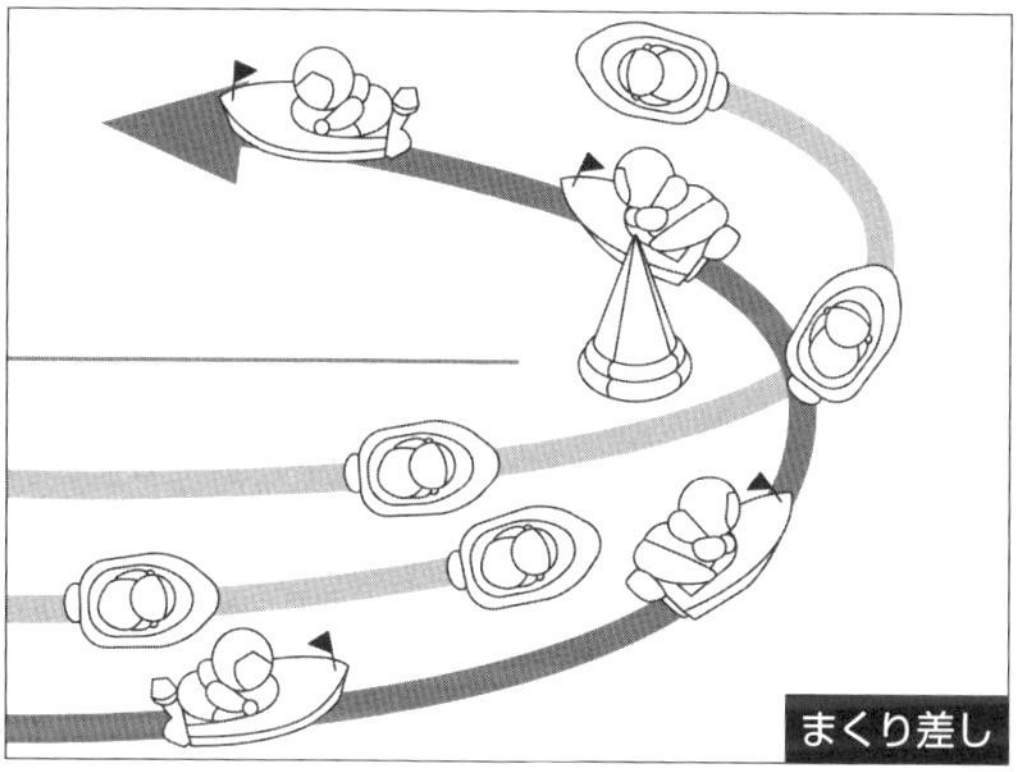

逆転劇「抜き」、先行失格「恵まれ」

ボートレースの1着は、1周1マークで決まることが多い。その確率は9割近くにも上る。「逃げ」「まくり」「差し」「まくり差し」はすべて、1周1マークを回った時点で判明する決まり手だ。しかし、3周回っている間に1着が逆転することも当然ある。1周2マーク以降に、先頭の順位が入れ替わることを「抜き」と呼ぶ。コースは関係ない。単純明快に、追い上げて逆転することだ。

1周1マークで後方なら、先頭に立つことは難しい。このボートレースの常識を覆したのが、〝艇王〟と呼ばれた植木通彦（42歳、福岡）だ。

「1周1マークは6番手でも、ゴールするときは先頭で駆け抜けたい。それが自分の目指す究極のレーススタイル。周りから非常識だと言われても、それが植木通彦の走りですから」と現役時代に話していたのが印象深い。その言葉通り、植木のレースはゴールするまで目を離すことができなかった。ターンマークを回るたびに、一人抜き、また一人抜く。その走りにファンの多くは興奮し、植木人気の原動力となった。

最近では、同じ福岡県出身の瓜生正義（34歳）が植木の走りを継いでいるように思える。最後まであきらめない根性。いや、相手のミスを見逃さず、スキあらばと後方から襲い掛かる。名レースと呼ばれるものには、逆転劇が多いのも特徴だ。

そして、まれにあるのが「恵まれ」と呼ばれる決まり手。先行していた選手がフライングをして（切って）いたり、転覆や妨害などの事故によって脱落して1着が繰り上がること。選手自らが手に入れた勝ちではなく、偶然に回ってきた副産物と言えるだろう。

半世紀超える女子の活躍

日本女子プロ野球機構が2010年4月、発足した。女子競輪が復活へというニュースも紙面をにぎわせた。ボートレースは誕生当時から今日まで、女子が途絶え

逆転もあり、レースは最後まで目が離せない

ることなく男子と同じ舞台でレースをしている。

競輪は1948年の11月20日に小倉競輪場（北九州市）、オートレースは50年10月29日に船橋オートレース場（千葉県船橋市）で初開催。ボートレースは52年4月6日の大村ボートレース場（長崎県大村市）で産声を上げた。後発だったこともあり、選手募集には性別、国籍を問わず、門戸を広げた結果、50年代には3人の女子選手が周年記念（現在のGIレース）で優勝した。

女子の活躍がクローズアップされてボートレースも競輪も女子戦は人気を集めた。しかし、男子と比べると技量、迫力不足は否めず、人気は下降線をたどった。女子競輪は廃止、ボートレースも一時期は4人まで激減した。廃止にならなかったのは、当時、全国モーターボート競走会連合会（現在日本モーターボート競走会）会長笹川良一の言葉がきっかけだったと伝えられている。

山梨県富士河口湖町の本栖湖には、1966年から2001年まで選手を養成する本栖研修所があった。そこで笹川がエンジン整備をしていた訓練生の鈴木（旧姓田中）弓子（50歳、愛知、46期）を見て、「女子でもやれるじゃないか。養成に力を入れてみないか。女子の特別枠を設けるのはどうだろうか」と関係者に語った。

48期生の募集には100人を超える応募があり、12人の女子レーサーが誕生した。現在でも活躍している鵜飼菜穂子（51歳、愛知）もその一人。そして、1981年の会議で「オール女子戦の早期実現を図るために83年3月までに女子選手を65人以上養成する」ことが決まった。

女子選手は増え、83年8月には住之江ボートレース場で23年ぶりのオール女子戦が復活。87年12月には浜名湖ボートレース場で女子ナンバーワンを決める「女子王座決定戦」が始まった。第1回の女王に輝いたのは、笹川が本栖研修所で見た鈴木弓子だった。

20007年4月にボートレース殿堂入りしてインタビューに答える鈴木弓子（ボートレース大村提供）

知るほど楽しいボートレース

Arai

2連単から3連単の時代へ

舟券7種類、マークカードで購入

20世紀のボートレースは、1、2着の艇を着順通りに当てる2連勝単式（2連単）と、1、2着の艇を当てる2連勝複式（2連複）が中心だった。舟券も6レースまでが2連複のみ、7レース以降は2連単だけを発売。モーターボート競走法の改正で、1995年から1－3レースが2連複、4レース以降が2連単に変更された。そして、2000年1月のからつボートレース場から2連単と2連複の全レース同時発売が始まり、同年10月の住之江ボートレース場から公営競技初の1、2、3着の艇を着順通りに当てる3連勝単式（3連単）がスタートした。21世紀のボートレースは3連単の時代になった。

3連単と同時に3連勝複式（1、2、3着の艇を当てる）、拡大連勝複式（1－3着までに入る2艇を当てる）も加わり、1着の艇を当てる単勝、2着までに入る艇を当てる複勝も含めて舟券の賭け式は全部で7種類となった。しかし6艇の競走とあって、単勝、複勝はほとんど投票がない。

ボートレース場や「ボートピア」と呼ばれる場外舟券発売場での舟券投票は、すべてマークカードで行っている。

かつては、機械化は進んでいなかった。ファンは自分が買いたい舟券と同じ札が掛かった窓口に並んで、購入していた。「1－2」を買いたいのなら1枠の窓口へ、「5－3」なら5枠の窓口にといった具合に。

古くからのファンの一人は「1枠の窓口が右端にあったら、6枠の窓口は左端というように離れていた。1枠と6枠絡みの舟券を買うときは、移動する距離があるから大変。人が多いときは買えないこともあった」と振り返る。

さらに「オッズ表示もなく、配当金はレースが終わってからでないと分からなかった。でも、施行者はどの組み合わせが人気になるのかを的確に読んでいたようで、人気になる窓口の数を増やして対応していた。千円単位の窓口と百円単位の窓口があったので、千円

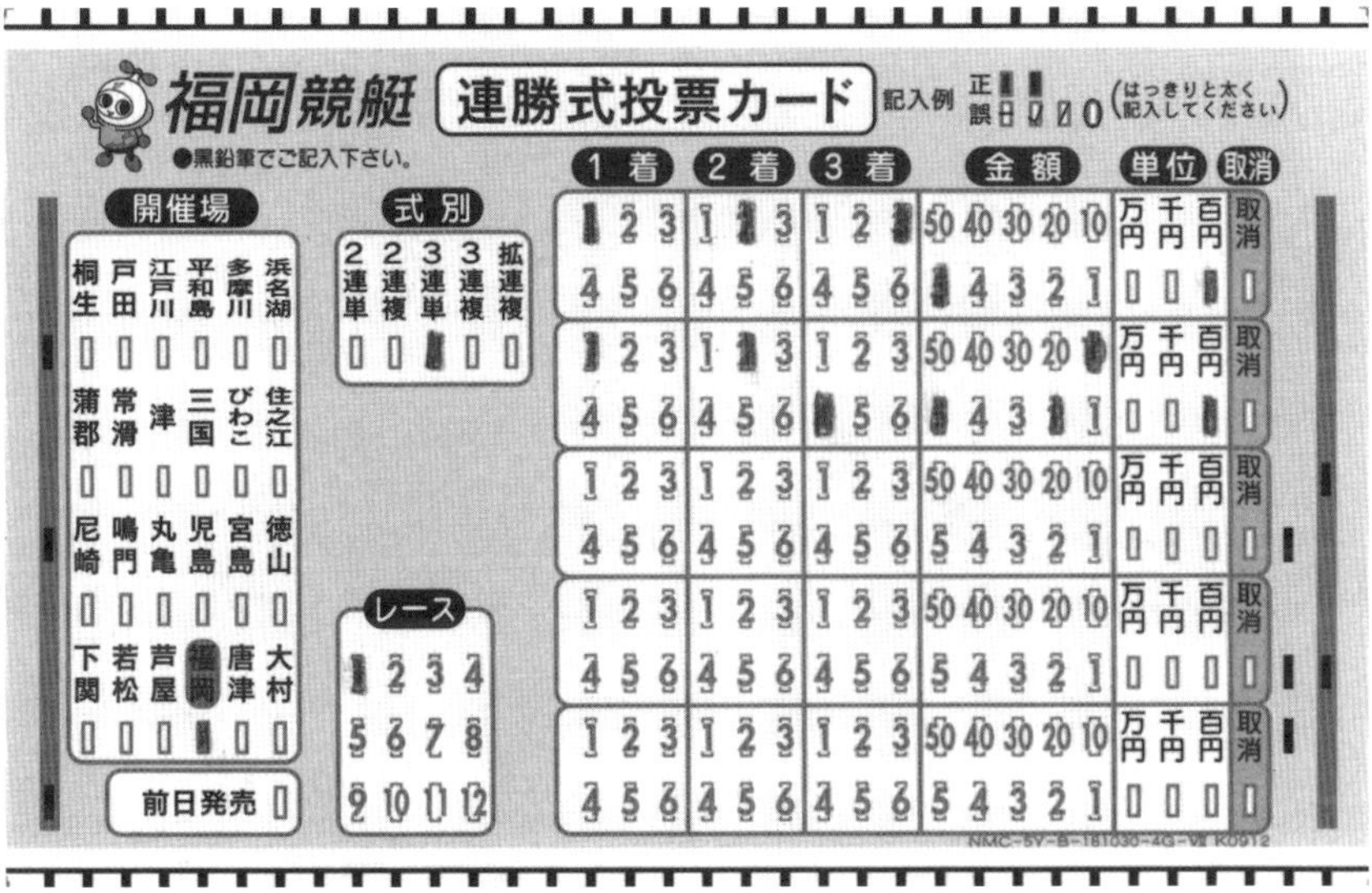

舟券購入にマークカードは欠かせない

窓口に並んでいる人数を見て、オッズを推測していた」と懐かしそうに話す。

現在は便利になった。刻々変わるオッズも分かるし、舟券はマークカードで何種類も、簡単かつ迅速に買える。

3連単は発売当時から人気を集め、ほかの公営競技も追随した。ファンも2連単や2連複から、高配当を求めて3連単へと流れていった。2009年の売り上げでは3連単は88%、2連単は9%を占めている。

3連単が導入されてから、舟券の賭け式は4種類から7種類に増えた。これに対応するように、マークカードも改良された。一部の場では単勝と複勝専用もあるが、2連単、2連複、3連単、3連複、拡連複用のマークカードは2種類。まず、通常のマークカードの記入方法を紹介しよう（マークカードの表記は場によって異なるが、内容は同じ）。

①開催場を選択。福岡ボートレース場の舟券を買う場合は福岡をマークするのを忘れずに。本場と場外の併用発売を行っている場合は特に注意したい。

②式別で購入したい舟券を選択。3連単なら3連単のところをチェック。

③買いたいレースを選択。当該レースだけでなく、前売り（当該レース以降）も買える。
④1、2、3着のところは3連単なら1、2、3着までを記入。2連単なら1、2着までを記入して、3着のところは書き込まない。
⑤金額は間違えないように。500円なら「金額で5、単位は百円」を塗りつぶす（1段目参照）。もしくは、「金額で2と3、単位を百円」でも可能。1700円の場合は同じ横列の「金額で10と5と2、単位を百円」（2段目参照）と塗りつぶせば良い。間違えたら、「取消」を塗りつぶす。

通常のマークカードなら5通りまで舟券が買える。ただし、1枚のマークカードで同じレース、同じ式別の舟券しか買えないので、2連単と3連単を買うようなら、2枚に分けなくてはならない。書き方が分からなくても窓口で購入すれば、足りない点や間違い個所を教えてくれ、購入者同意の上で、販売してくれる。

便利！ ながし・ボックスカード

「スポーツ報知（西部版）」ボートレース欄の売りになっている各記者のコラム。取材した情報を元に、その日のお勧めレース、自信のあるレースを推奨している。そこに「④⑤流し」や「③④⑤のボックス」と表記していることがある。前者の「④⑤流し」の場合は、「④⑤①、④⑤②、④⑤③、④⑤⑥」の4種類。後者のボックスなら「③④⑤、③⑤④、④③⑤、④⑤③、⑤③④、⑤④③」の6種類を表している。それを通常マークカードに書き込んでもいいが、「ながし・ボックスカード」なら記入する手間が減り、漏れがなくなるから重宝する。

①開催場、②式別、③レース番号は通常のマークカードと記入方法は同じ。続いて、ながし投票か、ボックス投票のどちらかに記入する。ながしとボックスは同時に買うことはできないので注意を。

まずは「ながし投票」から。3連単で多くの点数を買うときに利用する。最初に買いたい選手を決めよう。1着を4、2着を5として、3着は相手を決められずにすべて買いたい場合は、1着を4、2着は5のところを塗りつぶす。3着で全通りをマークすれば④⑤①、④⑤②、④⑤③、④⑤⑥の舟券が買えることになる。1着を4、3着を6と決めて、2着をすべて買いたい場合は、2着で全通りを塗りつぶせば良い。

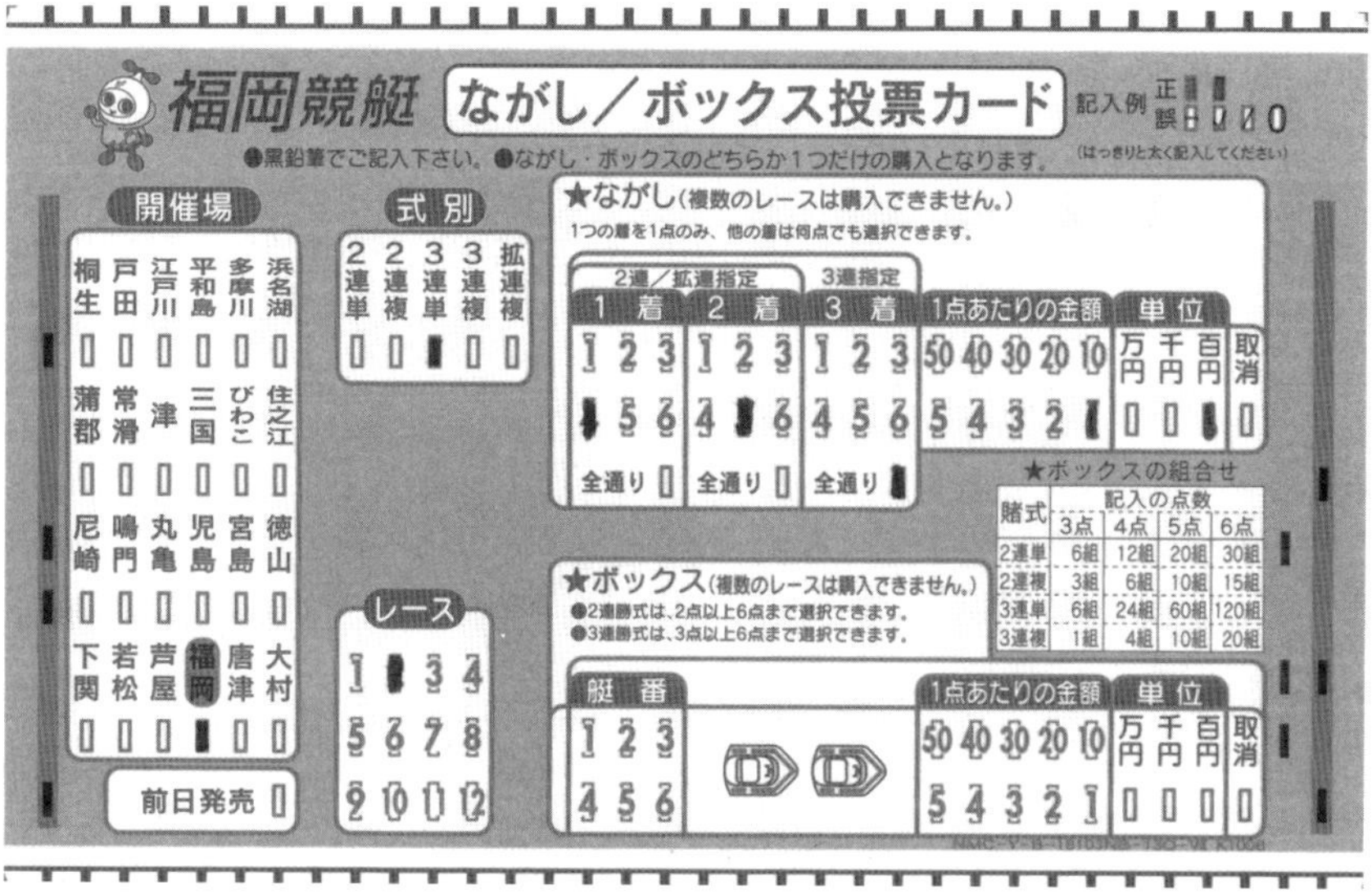

点数を多く買うときに便利な、ながし・ボックスカード

応用編として、オッズの高い選手、仮に5号艇の選手を1着に決めて2、3着はすべての選手を買う場合は、1着の欄で5をチェックして、2、3着は全通りにする。すると、5号艇の1着から20通りすべて買うことができる。また、3か所とも全通りを塗りつぶせば、3連単の120通りすべてを買うこともできる(対応していないマークカード、発券機もある)。

ボックスの場合、3連単で3点を選べば6通り、4点なら24通り、5点なら60通り、6点では120通りが買える。

ながし、ボックスのマークカードに共通するのは購入するのが同じ金額であること。金額にメリハリをつけるのであれば、面倒でも通常のマークカードを利用するしかない。ただ、ながし舟券を買っていると、時折人気のない選手が絡んで高配当を手にすることがある。これが穴のパターンの一つだ。それもボートレースの面白いところだ。

場外売り場、電話投票でも買える

ボートレースを楽しめるのは、全国24のボートレース場だけではない。ボートピアでもモニターでレースが見られて、舟券が買える。ボートピアは、「ボート」と埠頭《ふとう》を表す「ピア」との造語。第1号は、1986年に香川県・丸亀ボートレース場の専用場外としてオープンした「ボートピアまるがめ」だ。場外舟券発売場は発売窓口の多いものから順に「ボートピア」「ミニボートピア」「オラレ」と呼ばれ、「前売り専用場外」を含めると、全国に46か所を数える（2011年1月1日現在）。

九州・山口には、ボートピアが、勝山（福岡県みやこ町）、三日月（佐賀県小城市）、みやき（同県みやき町）、金峰（鹿児島県南さつま市）、高城（宮崎県都城市）の5か所。ミニボートピアは、北九州メディアドーム（北九州市）、長洲（熊本県長洲町）、長崎五島（長崎県五島市）、長崎時津（同県時津町）、長崎波佐見（同県波佐見町）、天文館（鹿児島市）、日向（宮崎県日向市）、さつま川内（鹿児島県薩摩川内市）の8か所。

北九州メディアドームは、小倉競輪の開催場所。競輪場にボートレースの場外発売場があるのは、若松ボートレース場と小倉競輪場の施行者が同じ北九州市だから。若松ボートレース場にも競輪の場外発売場があり、ボートレースを見ながら車券が買えて好評だ。

また、電話やインターネット（パソコンや携帯電話）の会員になると、自宅でも外出先でも舟券が買える。最近は一般戦の入場者や売り上げが減っており、いかに電話投票利用者を取り込むかが大きな課題となっている。これに成功したのが大村ボートレース場。早くから電話、インターネット投票のファン開拓に取り組んできた。全国のボートレース場との差別化を図ろうと1レースに人気選手を登場させる「めざまし戦」や、枠順通りのスタートとなる「進入固定レース」を実施した。業界初の試みとして、電話、インターネット投票で大村の舟券を購入するとマイル（ポイント）がたまり、景品や現金と交換できる制度を始めた。売り上げは伸び、赤字から黒字に転換した。

3連単導入で3着争い激化

「日本初、夢の舟券」のキャッチコピーで3連単が始まったのは、2000年10月13日の住之江ボートレース場から。ほかの公営競技に先駆けての3連単発売だったが、全国24ボートレース場で一斉開始とはならなかった。コンピューター機器などの準備に、時間と費用がかかったからだ。しかし、一丸となって、宣伝した。ポスターのメーンビジュアルにはアントニオ猪木を起用。「1・2・3・ダァーッ!」のフレーズが3連単を連想させ、ファンの心を躍らせた。

注目の1日目は、2万9750円の配当を最高に、3本の万舟券《まんしゅうけん》が飛び出した。6日間で36億5177万8800円を売り上げ、そのうち住之江本場だけで27億7550万5200円。前年同時期比では、1日平均で売り上げが4000万円、利用者は3300人増と順調なスタートを切った。

その後、3連単の人気は不動となった。全場で発売が整った2002年は3連単が70%、2連単27%だったが、その差は年々拡大。2009年は3連単88%、2連単9%と3連単の売り上げは2連単の10倍にまでなった。

2連単や2連複が主だった時代は、2着までが舟券の対象だった。3連単は3着までとあって選手の意識も変わった。売り出し中の若手、前田将太(22、福岡)も「もちろん1着を狙っていますが、最低でも3着に入って舟券に絡みたいという気持ちで走っています」と頼もしい。ボートレースは決着がつくのが早い

3連単が始まり3着争いにも目が離せなくなった(福岡ボートレース場、第2ターンマーク)

競技と言われていたが、最近は違う。1、2着争いだけでなく、3着を巡る争いが激しく、逆転も増え、ゴールまで目が離せなくなった。

3連単が始まって、舟券の買い方も変わった。1、2着を決めての3着流し（すべて買うという意味で、この場合なら4点買い）や、1着を決めて、2、3着を流す（同20点）という買い方もある。もっとレースに詳しくなると、1着と3着を決めて、2着を流す（4点）という方法も。

当てやすい2連単、2連複

3連単が始まって、すっかり影が薄くなってしまった2連単だが、まだまだ根強い人気がある。3連単は確かに高配当が魅力だが、ついつい買う点数が増えてしまう。また、3着に買っていない選手が来て、外れるケースも少なくない。このときは本当に悔しい。

2連単の魅力は、当たりやすいこと。全部で30通りなので、買う点数も多くはならない。

2連単オッズが表示されている対岸のオッズ盤（からつボートレース場）

かつてはアタッシェケースの中に札束をびっしり詰め込んで、ボートレース場に来る人がいたという。いわゆる大口買いで、特に「銀行レース」と言われる堅いレースを好んだ。諸説あるが、銀行に預けて利子を増やすよりも、確実でもっとお金が増えるであろう「鉄板レース」のことを指す。配当が安くても、当たる確率が高ければ元金は増える。2倍や3倍でも減るよりはましだ。当たって元金が増えれば、また買うの繰り返し。発売窓口で係員が札束を数えるのに時間がかかり、出走時間が遅れるようなこともあったという。

大口勝負の人にとって、強い選手は何よりも頼もしかった。モンスターと呼ばれ、2009年に引退した野中和夫（67歳、大阪）は「命の次に大事なお金を賭けたファンのために、自分は命を懸けて走ってきた。ファンの『野中頼むぞ。オマエにすべて懸けているんだ』という声も聞こえたりしましたから」と懐かしそうに振り返っていた。
ボートレースは当たらなければ面白くない。高配当を期待するのなら3連単だが、当てたいのなら2連単か2連複。初めて舟券を買う人にもお勧めだ。

オッズで分かる払い戻し金額

古くからのファンは、「最近はいいなあ。刻々と変わるオッズを見て検討できるから」と思っているかもしれない。オッズ（odds）を広辞苑（岩波書店、第六版）で調べてみると「競馬などで、レース前に発表する概算払い戻し率」とある。これから買う券が、当たると何倍になるかが一目で分かるものだ。大型映像装置やモニターで、締め切り直前まで表示される。ところが昔は、オッズが公表されず、オッズを正確に知る方法がなかった。レースが終わって、配当金が発表されて、何倍になったか分かった。

左が3連単、右が2連単のオッズ（福岡ボートレース場。2010年3月）

ボートレースの払戻金は、投票した売り上げの75％を的中枚数で割ったものだ。残りの25％は、日本財団への交付金2・6％、財団法人日本モーターボート競走会への交付金1・2％、公営企業金融公庫への納付金1・1％、残りが選手賞金などの開催経費と施行者の収益に割り振られる。払戻金が330円ならオッズは3・3倍、1万2300円の払戻金ならオッズは123倍と表示される。ボートレースでは100倍（1万円）以上の払戻金を万舟券と呼ぶ。的中したときの快感は、当たった者でないと分からない。

今でこそ、オッズは締め切り直前まで表示されているが、約10年前は締め切り5分前までがオッズで、以降は投票数に変わっていた。締め切り直前までオッズとにらめっこしていて、買い漏れを防ぐ意味もあった。締め切りの直前の窓口が混雑するからだ。しかし、ファンからの要望が多く、直前までの表示となった。

オッズは選手も見ている。1番人気に推されている選手なら期待に応えなくてはと気合が入るし、オッズが高い（人気がない）場合は「なにくそ、見ておれ」と燃える選手もいる。野中和夫（67歳、大阪）や植木通彦（42歳、福岡）が全盛期のころ、「野中オッズ」「植木オッズ」と呼ばれるものがあった。彼らが出場するレースは、枠番に関係なく、ほかの選手と比べてオッズが極端に低かった。スター選手とは、SG優勝戦で圧倒的な人気を集めて勝つ選手だと思う。オッズが低いのは、人気を集めている証しだ。

公正なレースのために

公営競技界で初めて2億円を突破（2億1615万7000円）。2002年には2億8418万4000円の歴代最高賞金を記録した。また、2009年の賞金1位は2億5120万4000円の松井繁（41歳、大阪）。2億2479万1000円で競輪界トップの海老根恵太（33歳、千葉）とは約2600万円の開きがあった。

ファンが命の次に大事なお金を賭ける公営競技は、公正なレースを行うことが第一の条件だ。八百長はあってはならないし、疑いをもたれてもいけない。そのため、選手はボートレース場に一度足を踏み入れると開催の最終日に管理解除となるまで、外部との接触が

開催中は外部との接触禁止

プロ野球で有名な話に「グラウンドには金が落ちている」というのがあった。活躍すれば、年俸が上がっていくという意味だ。ボートレースなら、「水面には金が浮いている」だろうか。ただ、プロ野球と違って、ボートレースは賞金制。勝てば勝つほど収入はどんどん増えるが、成績が悪かったり、ケガなどでレースに出場できないと、収入は減るかなくなる。優勝劣敗がはっきりしている。

公営競技の賞金は軒並み高額だが、その中でもボートレースは高い。2008年の平均獲得賞金額は約1680万円。1996年に植木通彦（42歳、福岡）が

一切絶たれる。レースの開催が始まる前日の前検日《ぜんけんび》には携帯電話を預けるので、ボートレース場や宿舎から家にすら電話を掛けることはできない。

開催中に選手と接触できるのは施行者、競走会職員や、許可を得た取材記者に限られている。選手とファンが接触できるのは、SGやGIレースなどで行われる開会式や、優出インタビューなど限られた場合のみだ。レース開催中はボートレース場と宿舎の往復のみ。宿舎はボートレース場に併設している場合は歩いて、離れていればバスで移動する。

高額賞金を得る代償に、自由は奪われる。すべては、公正なレースを行うためだ。

勝負は前検日から

選手は前検日に、ボートレース場に入らなければならない。昼間のレースなら正午まで、ナイターレースなら午後4時までと決まっている。1分たりとも遅れることは許されず、遅刻は出場停止などの罰則が待っている。免許証にあたる「選手登録票」を忘れるとレースに参加できないうえ、さらに厳しい罰則が科せられる。うっかりミスは許されない。

選手の持ち物は厳しくチェックされる

着替え、ヘルメット、靴などは宅配便でボートレース場に送る選手も多いが、プロペラは必ず選手持参。万が一届かないと大変だ。プロペラは「武士の刀」と同じぐらい大事なものだからだ。

飛行機を利用して移動する場合も心配は無用。ボートレース用のプロペラは、手荷物検査を通過して機内に持ち込める。

ボートレース場に入ると持ち物検査、身体測定、プロペラ検査を受ける。新型インフルエンザなどを予防するため、体調不良の選手は前検不合格で欠場となる場合もある。通信機器、ゲームなども持ち込めない。

正午になると、選手が集まって確認

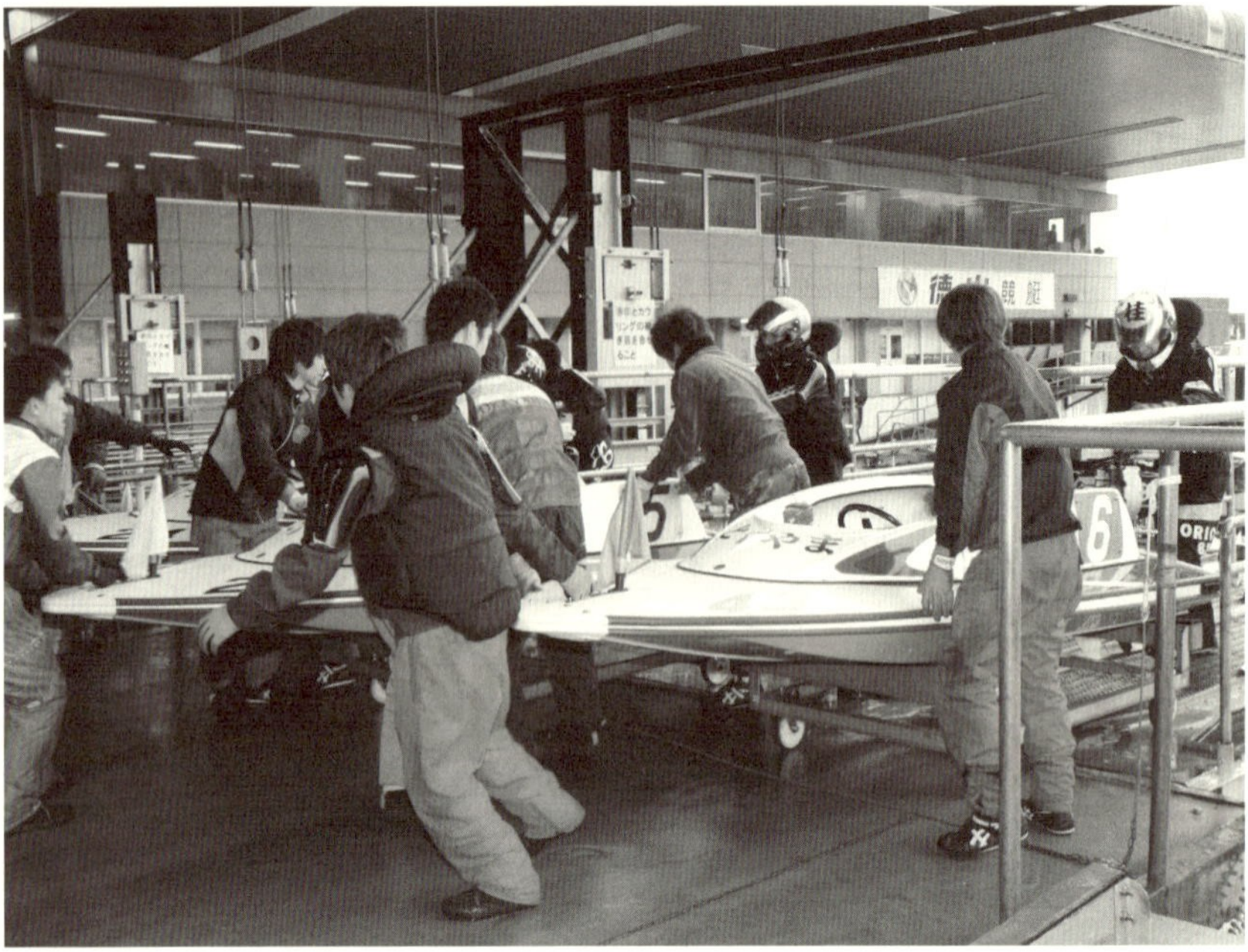

前検日にスタート特訓を終え、ボートを引き揚げる選手（徳山ボートレース場）

事項の説明やエンジンとボートの抽選が始まる。エンジンとボートの引き渡しが終わると、エンジンの調整を終えた選手から順に水面に出ていく。エンジンの調子を見極めるために単独で走る選手もいれば、2、3艇で一緒に走って、比較する「足合わせ」の選手と様々だ。

一定時間になると、スタート特訓が始まる。登録番号の古い選手から順に6人ずつの班に分けられ、スタート勘をつかむ（登録番号の若い班は5人や4人になる場合もある）。続いて、一人ずつ旋回してタイム計測が行われる。前検タイムと呼ばれるもので、一番速かった選手が「前検一番時計」だ。

タイム計測が終わると、宿舎に戻るまでの限られた時間内でエンジン整備やプロペラの調整を行い、その間に記者の取材を受ける。手応えの良かった選手は笑顔がこぼれ、悪かった選手は翌日からのレースを見据えて整備に追われる。勝負は前検日からすでに始まっている。

開催中は自分で整備

1986年から選手間の整備協力が禁止となり、自分で整備することになった。操縦の技術だけでなく、整備力も問われる。

　整備巧者として有名なのが赤岩善生（34歳、愛知）だ。2010年1月に大村ボートレース場で行われた「スポーツ報知杯ゴールデンレース」では、低調機（調子の悪いエンジン）を持ち前の整備力で見事に変身させた。優勝戦では、2009年の賞金王・松井繁（41歳、大阪）や、吉川元浩（38歳、兵庫）、池田浩二（32歳、愛知）らを相手に、4コースまくりで勝った。

ギアケースを整備している小坂尚哉（24歳、兵庫）

　また、現在のボートレースでは、プロペラの調整能力も重要になっている。ボートレース場以外では他人のプロペラを調整してもいいが、開催中は自分のプロペラ以外は禁止。情報交換やアドバイスは可能で、プロペラ調整のスペースはいつもにぎわっている。

　ボートレース場内で、ダラダラと過ごしている選手は少ない。出場するレースが終わっても、翌日のレースまでに上積みを目指して調整を繰り返す。勝っていくらのプロの世界。楽をして稼げるような甘い世界ではない。一流選手ほど、有効に時間を使う。

　1日の開催が終わると宿舎へ移動。夕食を済ませると、就寝までは自由時間だ。だが、アルコールは厳禁。「テレビでビールのCMが流れると、すごくおいしそうに見えます」と中島友和（31歳、佐賀）は苦笑いする。多くの選手が、読書やテレビを見たり、DVDで映画を観賞したりして時間を過ごすという。

　最近の宿舎は個室が増えてきたが、3、4人部屋というのもまだ多い。同支部の選手が一緒の部屋になるのが基本で、「先輩からレースやプロペラのアドバイスをもらって勉強しています」と乙藤智史（25歳、福岡）。どこにいても、レースが頭から離れない。

レースに影響を与えるもの

全24場で異なる水面

野球のピッチャーズマウンドからホームベースまでは60フィート6インチ（18・44メートル）、塁間90フィート（27・432メートル）は全世界で共通している。しかし、両翼や中堅までの距離、フェンスの高さは球場によって様々だ。同じようなことがボートレースにも当てはまる。1周600メートルは決まっていても、水面の広さ、幅は24場すべて違う。

広い水面の代表格は、浜名湖ボートレース場や蒲郡ボートレース場。浜名湖は競走コースの幅（スタンドから対岸まで）が168・7メートル、蒲郡は少し変形で第1ターンマーク付近は対岸まで198メートル、第2ターンマーク付近は152メートルと広い。

九州・山口では、芦屋ボートレース場、からつボートレース場、下関ボートレース場が広い水面だ。下関は第1ターンマークから対岸まで123メートル。芦屋は幅だけではなく、奥行きもあるからスピード戦が展開される。からつはボートが発走するピットから第2ターンマークまでが178メートル。全国一の長さで、コース争いも見逃せない。

水面が広い方が走りやすい。ボートが走り去った後にできる「引き波」も残りにくいので、水面は穏やかだ。スタートをするのは第2ターンマーク付近。ここが広いと、外からスタートする選手は十分な助走距離が取れる。伸びが強力になるチルト3度が使えるのは、広い水面を持つボートレース場に限られる。

対照的に東京オリンピックでボート競技の会場になった戸田ボートレース場は、コースの幅が107・5メートルと全国で最も狭い。全国一の浜名湖と比較すると、約61メートルもの差がある。戸田ではチルトがマイナス0・5、0、0・5の3種類だけだ。

福岡ボートレース場は2マークの奥が短く、十分な助走距離が取れないことでも知られる。しかし、ボートレース場によって違うのは広さだけではない。立地も異なり、レースに影響する。

重要な立地、干満、風向き

日本は海に囲まれているので、昔から海になじみがある。ボートレース発祥の地、大村ボートレース場は風光明媚な大村湾内にある。ボートレース場の水質は、海水、汽水、淡水の三つに分けられ、海水と淡水が各10か所、汽水が4か所だ。

　九州・山口では、徳山、下関、若松、大村が海水で、福岡が汽水。芦屋、からつは淡水プール。昔は遠賀川や松浦川でレースをしていたが、現在の場所に移転して久しい。

　予想をする上で、気象状況は重要なファクターだ。風向きや気温、湿度といったものだが、海水や汽水のボートレース場では潮の干満も加味しなくてはならない。例えば瀬戸内海にある徳山ボートレース場では、大潮のとき干満の差が3メートルにもなる。一般的に満潮時には水面がざわつくのでインが有利で、まくりは不利。干潮時は水面が穏やかなので、まくりの出番と言われる。

　1マークが那珂川の河口にある福岡ボートレース場は、全国屈指の難水面だ。川の流れと潮がぶつかり、時折、大きなうねりが発生する。ス

広い水面のからつボートレース場

瀬戸内海の徳山ボートレース場は干満の差が大きい

ピードを出して回ると失速、スピンすることも。難水面は走り慣れた者に強みがあり、「博多ん大将」と呼ばれる藤丸光一（43歳、福岡）はこう話す。「うねりはもちろん好きじゃない。でも、自分は数多く走っている強みがある。転覆した経験も多い。どこまで行けば転覆するかが体にたたき込まれているから、遠征陣よりは有利でしょう」

淡水のボートレース場でレースに大きく影響を与えるのは、風向きだ。向かい風なら、第1ターンマークを回るときに風がブレーキの役目をしてくれるのでターンをしてボートが戻ってきやすい。その結果、スピードを落とさずにターンをする「逃げ」や「まくり」が決まりやすい。追い風なら、ターンが流れてしまうので「差し」の決まり手が多くなる。

厳格なスタートのルール

ボートレース場で違うピットの場所

マシンスポーツの最高峰、F1レースを見ていると、コースを走っていたレーシングカーが給油やタイヤ交換、修理のために立ち寄る場所がある。「ピット」と呼ばれる。

ボートレースでは、給油施設、選手控室、選手食堂、エンジンやプロペラを調整する整備室など全体をピットと言っている。取材もここですることから、「スポーツ報知」のコメント欄のタイトルは「ピット直撃」としている。狭義には、展示航走や本番レースの前に、ボートを係留している場所を指す。

ピットの位置は、ボートレース場の立地によって異なる。第1ターンマークと第2ターンマークを直線で結んだ後方（第2マークの後ろ）が多い。スタンドからレースを観戦すると左側。ボートレースは左回りだから、それは自然な流れと言える。しかし、全国で唯一、河川を利用した江戸川ボートレース場ではスタンド側に設置している。理由は簡単。同場のコースとなっている中川は、一般の船舶も通り、川の中にピットを造れないため。琵琶湖の中にあるびわこボートレース場も江戸川同様にピットがスタンドと横並びにある。津ボートレース場、宮島ボートレース場、大村ボートレース場のピットは少し変形的だ。スタンドから第2ターンマークを見て、左斜め後方にある。その中でも大村ボートレース場は、ピットから第2ターンマークまでが80メートル。全国24場の中で、距離が一番短い。

福岡ボートレース場は、もっとも変則的だ。第2ターンマーク付近が狭いので全国で唯一、対岸のバックストレッチ側にピットがある。

ボートレースはフライングスタート制を採用しているが、ボートを係留しているピットでは横一線。6選手が一斉に飛び出す。ピットから離れていくことを、「ピット離れ」と呼んでいる。

ボートはロックがかかった状態で係留されており、発走合図と同時にロックが解除される。そのタイミングに合わせ、スロットルレバーを操作する。そのときにエンジンの回転が上がっていれば勢いよく飛び出せるが、回転が落ちていると出遅れる。この差が、ピット離れの良しあしだ。その上手、下手はコース取りに大きく影響する。

コース取りの基本は、枠番通りに入る「枠なり」。しかし、それはピット離れの差がなく、同じように飛

福岡ボートレース場のピットは全国で唯一、対岸にある

び出したときに限られる。ピット離れがいい選手は、与えられた枠番より内のコースに入ることができる。反対に悪い選手は、枠よりも外のコースに出されてしまう。

２０１０年3月に平和島ボートレース場で行われたSG「第45回総理大臣杯」の優勝戦。1号艇だった岡崎恭裕（23歳、福岡）はピット離れで遅れて、2号艇の山口剛（28歳、広島）にインを奪われて優勝を逃してしまった。もし、ピット離れが互角でインを取っていたら、違った結果になっていたかもしれない。

一時期、佐賀支部の選手が、ピットを離れるときに回転がすごく上がるプロペラを開発。ブッシュンペラと呼ばれた。現在も活躍している上滝和則（42歳、佐賀）も、その一人だった。ピット離れ戦争と騒がれ、コース取りを推理するのが難しくはあったが、楽しかった。現在は全体にレベルが上がって、ピット離れで飛び出す選手は少なくなった。とはいえ、コース取りを推理する上で、ピット離れの良しあしは欠かせない要素だ。

厳しい進入のルール

出走の合図と同時にピットから飛び出す選手（福岡ボートレース場）

レースの流れは「スタート展示→周回展示→本番レース」。周回展示後、選手は、本番ピットにボートを係留して待機。締め切り時間になるとボートに乗り込み、「始動」の合図でエンジンをかける。続いて、音声と表示でカウントダウンが始まり、「出走」の合図と同時にピットから出ていく。

最初に目指すのは、第2ターンマークの横にある「小回り防止ブイ」。色から「オレンジブイ」とも呼ばれる。そこで減速しながら、第2ターンマークへと進む。コースは第2ターンマークを回って、スタートラインにボートの舳先《へさき》が向いたときに確定する。

左回りのボートレースは、インが有利。誰もがインに入りたいと思っているが、大げさに言えば「インを取るだけ」なら誰でもできる。ピットを出てから減速せず、スタートラインに艇を向ければいい。だが、そうするとエンジンがかかっているため、

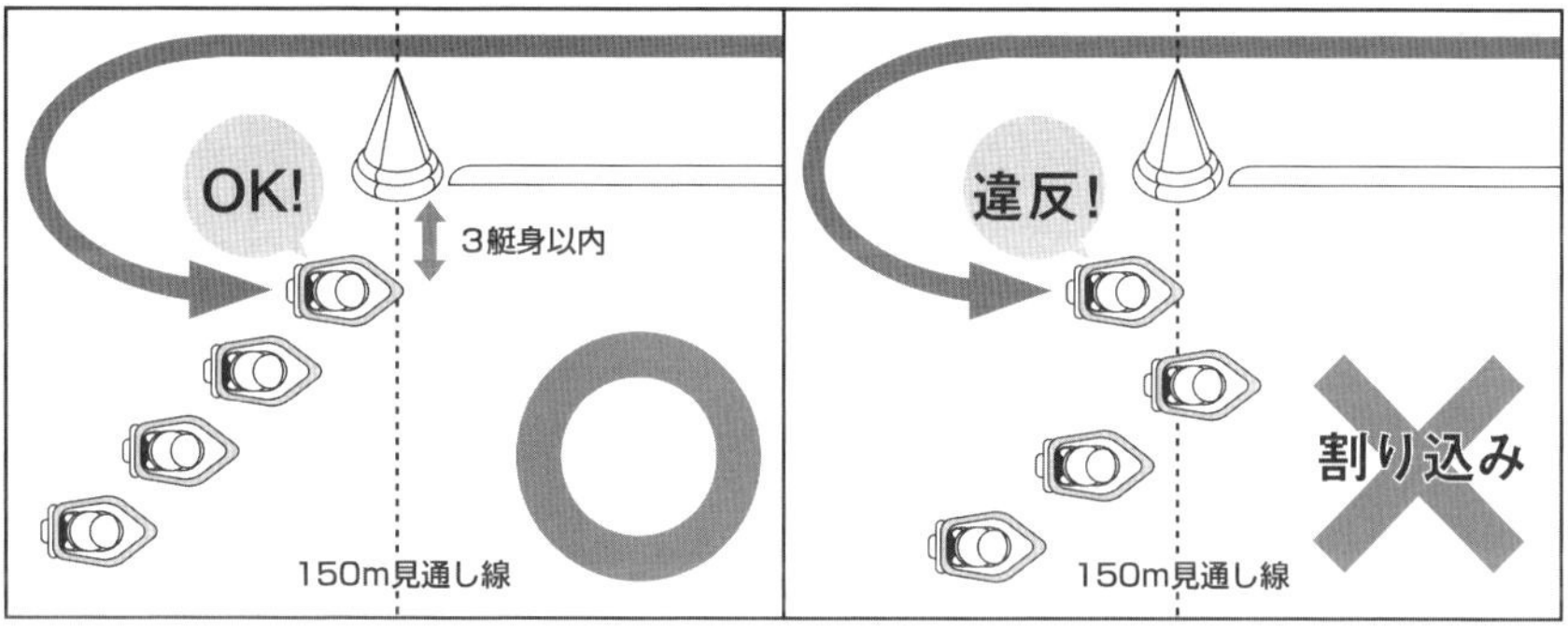

ボートは前進。早く入れば入るほど、助走距離が短くなる。勢いが付かず、外の選手に伸びられて敗退する。趣味のようにインだけを取りに行く行動は意味がない。

ピットを出てからスタートまでを「待機行動」と言うが、その間のルールはインに厳しい。艇をスタートラインに向けてインに入るときは、ターンマークとの間が3艇身（約4メートル）以内。それ以上だと開けすぎで待機行動違反。2009年5月からは、次の2点が変更された。

①小回り防止ブイから第2ターンマークに到達するときの低速航走時にハンドルを右に切って蛇行させる右転舵《うてんだ》の禁止。

②第2ターンマークとスタンド側にある150メートル標識を結んだ直線に到達した艇からコースの優先権を得る。

①は時間稼ぎと見られる進入の阻止だ。これまでは2回までの転舵は許され、3回以上で違反となっていた。②はコース判定の明確化。後から入ると割り込みと見なさ

れて違反。誰が見ても分かり、きれいな進入を目指している。そのために、進入のルールは厳しい。

波乱呼ぶ「前づけ」

レースで与えられた枠番よりも内のコースに入る手っ取り早い方法は、ピット離れで飛び出すこと。ピットから第2ターンマークまでの距離が長ければ長いほど、ピット離れの良しあしが重要になる。その距離が178メートルと全国で一番長いからつボートレース場は、その代表格だろう。

　一つでも内のコースを取りたいと思っても、ピット離れが互角だったり、遅れた場合はどうするのか。あきらめてジッとしている選手もいれば、果敢に動く選手もいる。通常ならピットから出ると、小回り防止ブイから2マークを回ってスタートラインに舳先を向けるまでは減速する。ところが、減速せず、勢いそのままに、内のコースを狙うのを「前《まえ》づけ」と呼ぶ。舟を前に付けるという意味のボートレース独特の用語だ。反意語として後から入る「後《あと》づけ」があるが、現在、後づけは禁止となっている。

前づけ選手がいると、進入は乱れる

　前づけに動けばコースは主張できる反面、助走距離が短くなるリスクが生じる。最近は1号艇ならインは譲らないという選手が増えた。好枠（1、2号艇）に枠主張タイプがいて、不利枠（5、6号艇）に前づけ選手がいるときは、間違いなく枠なり進入にはならない。コースを奪い合うのでインの助走距離は100メートルより短い「深イン」になる可能性が高く、複数の艇が流れ込んだ深い進入（助走距離が短いことを「深い」と呼ぶ）になってしまう。

　そのようなときは、流れを横目に見ながら、自身は十分な助走距離をとって外から攻める選手が有利だ。一つでも内が有利であるのは間違っていないが、勝つために一つでも外に出る勇気や潔さもときには必要だ。

誰もが、自分が有利な進入をしたいと考える。待機行動の間に駆け引きが繰り広げられるが、強い選手はコース取りが柔軟だ。あるときは強引に、またあるときは流れに身を任せて、といった感じに。

スローかダッシュを選択

スタート（コース）は枠番通りの枠なり全盛だ。しかし、選手によっては、インが好きだったり、アウトが好きだったりする。自分が一番勝てる位置でレースをするのが大前提だが、別の意味もある。

　スタートの際、第2ターンマークより前にいるグループを「スロー」、後ろを「ダッシュ」と呼ぶ。よく見るのは、イン側のスロー3人、アウト側のダッシュ3人。これを「3対3」の進入と言い、基本形だ。スローが4人、ダッシュが2人なら「4対2」だ。コースが確定し、いざスタートラインへ向けて始動することを「起こし」と呼ぶ。助走距離の異なるスローとダッシュでは、当然のことながら「起こし」のタイミング、目標とする大時計の見え方が違ってくる。後方から起こすダッシュの方が早く、その数秒後にスローは動き出す。

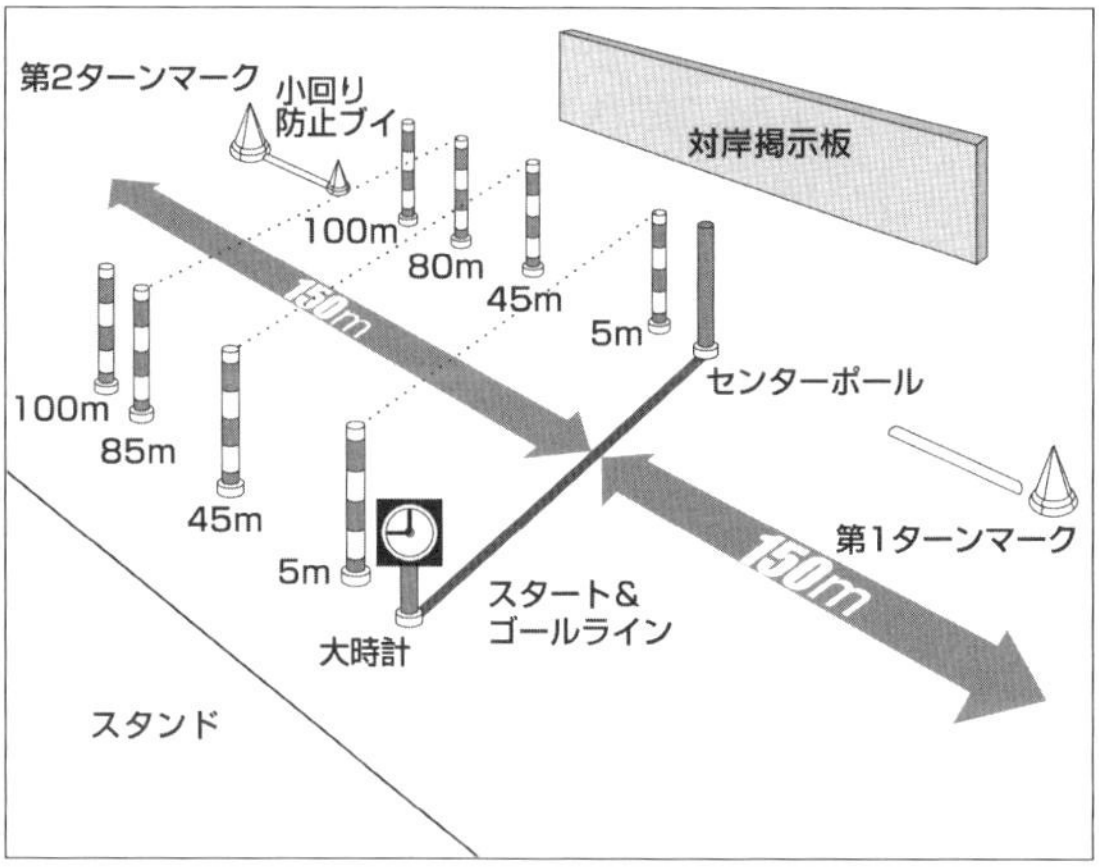

　一般的に、スローの方がスタートは難しいと言われる。コース取りの状況によって、スタートラインから、100メートルだったり、130メートルだったりとまちまちとなり、「起こし」の位置が一定しないからだ。一方、コース取りでもつれることが少ないダッシュは、ある程度同じところから「起こし」ができる。さらに、ダッシュは大時計が正面近くに見え、タイミングを合わせやすいという声もある。

　セオリー通りにいかないのがボートレース。若いころはダッシュ専門だった今村豊（49歳、山口）も、今ではすっかりスロー専門。徹底していて、6コースでもスロー起こしだ。「ダッシュの位置からだとスタートタイミングが全く分からなくなった。だから、6

コースだろうと自分はスローから行くんです」。この場合だと、進入形態は6人全員がスローとなる。この形態だとインと助走距離の差がない6コースは不利だが、それでも今村は1着になることがある。やっぱりすごい選手だ。

コース選択は、その選手が勝てるコース、「起こし」が分かる場所という二つの意味を持っている。

「目標物」決めてスタート

勝負の決め手はいろいろあるが、まず第一に、スタートが決まらないと話にならない。いくらエンジンの仕上がりが良くても、スタートで後手を踏んでしまうと生かすことができない。宝の持ち腐れだ。スタートは難しい。水の上でボートを操り、1秒の間にスタート地点を通過しなければならないからだ。

スタートは、選手になるために訓練する「やまと学校」でも徹底的に鍛えられる。何度も繰り返して、体にたたき込ませるしかない。

スタートに大時計は欠かせない

だが、スタートにはコツがある。それは目標物を決めることだ。代表的なものは大時計、45、80、100メートルの各ポール、そして、選手が通過する上空に設置された（旗の付いている）空中線。「150メートルの標識を残り7秒、85メートルの空中線を4・2秒、45秒の空中線を2秒で通過するのが目安だ」と伊藤宏（34歳、福岡）。

それ以外の目標物を決めている選手もいる。少し笑い話になるが、あるボートレース場でのこと。スタートラインから180メートル付近に自転車が置いてあったという。その自転車を目印として「起こし」のタイミングをつかんだが、「いざ本番となったときに自転車が移動していてタイミングが分からなくなった」と苦笑い。観客席の窓を目標にしていた選手は、数年後やってきたらスタンドが壊されて窓はなくなっていたとのエピソードも。

スタートは天性のものと言われるが、走り慣れた地元ほどスタートは決めやすい。ボートレース界の格言に「初日は地元を狙え」というのがある。それは、地元勢はスタート勘をつかんでいるので、慣れていない遠征陣より有利という意味だ。勘のいい選手は開催が進行するごとにつかんでくるから、地元有利は薄れていく。中盤から終盤にかけてインが強くなるのも、スタート勘をつかんでくるからだ。

イン脅かすカドまくり

スタートをするときの隊形は、スローとダッシュのグループに分かれる。スローの一番内側にいる1コースは「イン」、ダッシュの一番内は「カド」と呼ばれる。進入スタイルはスロー3、ダッシュ3（3対3と呼ばれる）が基本で、このときは4コースがカド。カ

進入の基本は３対３のスタイル

ド位置とも表現される。スロー4、ダッシュ2の4対2なら5コースがカドだ。ただ、5対1のときに6コースはカドとは言わない。後方から勢いをつけるダッシュは「カマシ（す）」と言われるので、この場合は「単騎カマシ」と呼ぶ。

予想をする上でまず考えるのは、最初に迎える第1ターンマークの隊形。どの選手が最初に到達して、ターンをするのか。逃げるか、まくるか、差すか、まくり差しか——。誰もが1着を狙って、ターンマークに迫るので見応えがある。ボートレースを見るなら、第1ターンマーク付近と言われる理由だ。

スタートで差がなければ内有利だが、スタート次第では外が有利になる。その鍵を握っているのが「カド」。カドはスローの選手よりも助走距離が長い。スタートが全速で決

まれば、第1ターンマークまでスロー勢よりも伸びていく。思い切ってスタートを決めれば、スロー集団の進路を阻んで、一気にまくることができる。「カドまくり」と呼ばれる戦法で、豪快な勝ち方だ。カドからのまくりが決まると、アウト（5、6コース）の選手が2、3着に続くケースが多い。

かつて、小畑建策（62歳、福岡）は伸びを強力に仕上げ、展示タイムから他を圧倒。カドからグイッと伸びて一気にまくって、「オバケンターボー」と呼ばれて人気を集めた。ファンは小畑から外の選手を2着に絞って舟券を買っていた。カドにスタートが早く、エンジンが出ている選手がいると、インの選手にはプレッシャーもかかる。

「カド」は囲碁用語の「角」が語源。勝負の要となる四隅を表すものだ。ボートレースでも「カド」は勝負の要。カドの選手がインよりスタートが早いか、遅いかでレースの帰趨《きすう》が大きく変わる。

新人はアウトから

デビュー2、3年の若手でさえ、「1号艇なのでインから」という選手が増えている。中には「勉強なの

デビュー半年の村岡賢人（21歳、鳥取）は2号艇でも外からレースをする
（福岡ボートレース場）

で」と話す若手も。だが昔は、経験を積んだベテランや実力上位の選手が内（スロー）。若手は外（ダッシュでも5、6コース）という図式ができていた。若手がインを狙っていくと、「10年早い！　経験を積んでこい」とベテランに一喝されていた。

インは最も有利なコースだが、難しいコースでもある。コース取りの流れによって「起こし」の位置が一定せず、その上スタートは、先行しないと外からまくられ、行く手を阻まれるので大敗につながる。スタートが遅いと勝てない。さらに、ターンは、第1ターンマークとの間が狭いので旋回が難しい。オーバーターンになると外から数艇に差されてしまう。

未熟だと失速して（振り込んで）外の選手に迷惑をかけ、事故にもつながりかねない。

デビューしたばかりの新人は、6コースからレースを覚える。不利なところから勝てるようになって、ようやく初心者マークが外れて一人前になる。最高峰のSGレースで活躍している選手のほとんどが、新人のころ6コースでも勝率が高かった。

水摩敦（24歳、福岡）もSGで2回優勝している師匠の田頭実（43歳）から「A級に上がるまで6コース。外からレースを覚えて強くならないとSGやGIレースで通用する選手になれない」と教えられた。

ベテランの金子良昭（46歳、静岡）は言う。「今でこそ自分も内からのレースが多いけど、若いころは6コース専門。水面が悪くてもレバーを握ったままのターンで、先輩に勝ちたかった。年をとっても頑張っているベテランの多くは、過去にアウトから戦っていた選手。基礎がしっかりしているからですよ」

頭の痛いフライング

F返還最高は24億円(1レース)

ボートレースは「フライングスタート方式」を採用しているので、注意してもフライング（F）がどうしても出てしまう。2009年度には、全国で1399件を数えた。選手責任の失格で、欠場扱いとなり、関係した舟券は全額返還される。返還の対象はFのほかに、出遅れ（L＝レイト）、負傷や病気などで出場できなくなった欠場の三つ。同年度の返還額は約135億円にものぼるが、ほとんどがFによるものだ。

2010年4月12日に大村ボートレース場で行われたGI「海の王者決定戦」の優勝戦で、1号艇魚谷智之（35歳、兵庫）がプラスコンマ01、3号艇だった中野次郎（29歳、東京）が同03のF。売り上げ4億1773万9300円のうち、2人に関係する3億9270万7000円を返還、返還率は94％にも及んだ。

売り上げの多いグレードレースになるほど、返還額は大きくなる。全国場外発売を行うSGレース優勝戦でのFは、主催者に大きなダメージを与える。

史上最高の返還額は2002年、宮島ボートレース場でのSG「第12回グランドチャンピオン決定戦」。優勝戦で1号艇西島義則（49歳、広島）、2号艇熊谷直樹（45歳、北海道）の2艇Fで、24億3513万3800円（返還率92・8％）。次は1989年、下関ボートレース場でのSG「第16回笹川賞」。優勝戦で1号艇西田靖（49歳、神奈川）、2号艇荘林幸輝（55歳、熊本）の2艇F。19億3514万3500円（同69・4％）。このF以降、罰則が強化された。

単独のFでは2001年、住之江ボートレース場のSG「第16回賞金王決定戦」がワースト。山崎智也（36歳、群馬）は5号艇だったが、「優勝賞金1億円」の注目レースだったので、18億5882万8200円（同43・3％）の大返還となった。

2007年の平和島ボートレース場でのSG「第42回総理大臣杯」優勝戦では、1号艇の植木通彦（42歳、福岡）がF。17億4522万7700円を返還し、返還率は84・6％にも及んだ。

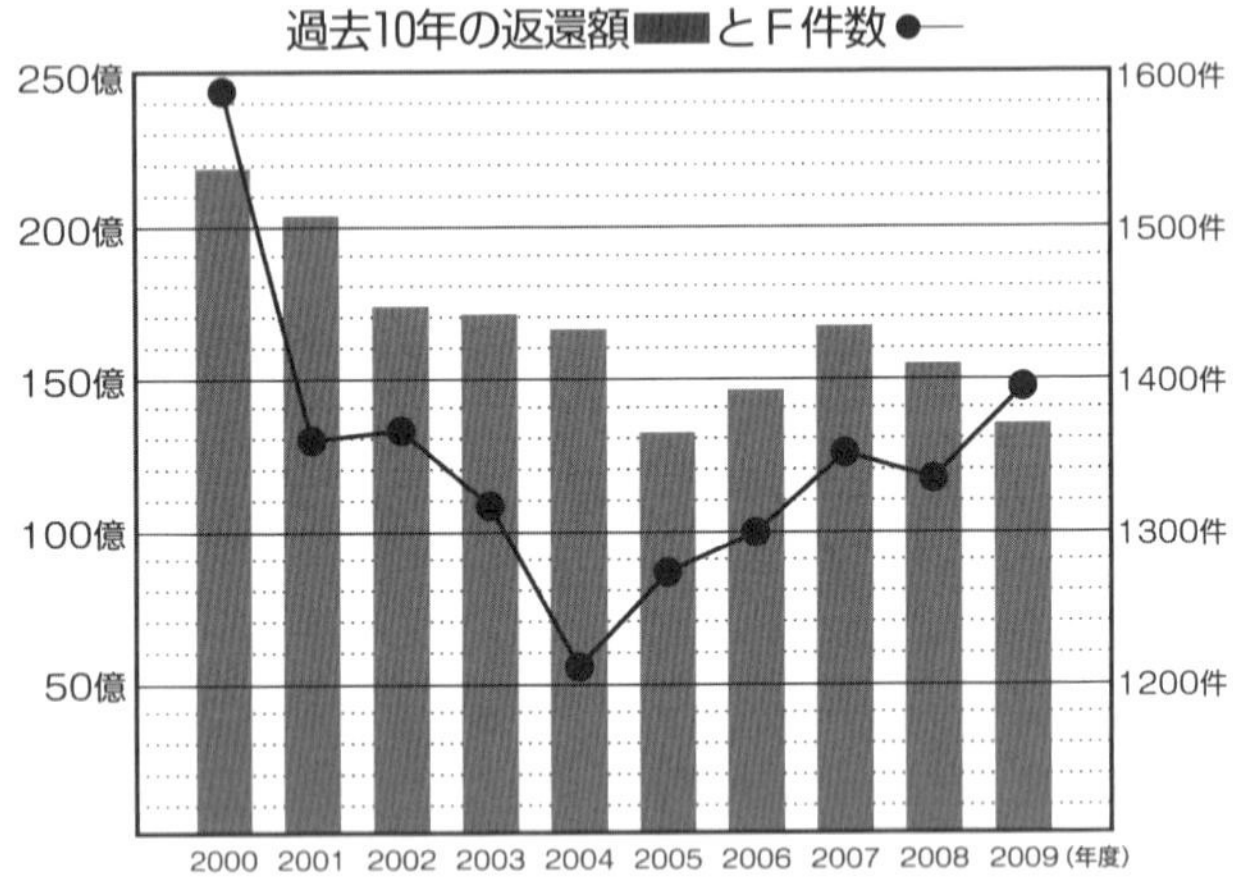

F切れば強制休暇

主催者が一番嫌うのはF。関係した舟券は全額返還となり、売り上げが減るからだ。ボートレースが誕生（1952年）した当初は、返還はなく、61年から始まった。画期的と言われ、人気の一因にもなった。

一定期間内にFを切った選手には、1本目30日、2本目60日、3本目は90日の強制的な休みが科せられる。選手のあっせん（出場予定）は1―2か月先まで決まっており、そのあっせん以降に休む。67年から始まった。

一定期間は、その期間の成績によって選手を4ランク（A1、A2、B1、B2）に分ける「選考期間」を充てる。前期が5月1日―10月31日、後期が11月1日―4月30日。「選考期間」内のFは加算され、新しい選考期間に入るとFはリセットされる。

期間内にFが3本となると、計180日の休みとなる。走られない期間は当然、無収入となり、選手にとっても痛い。

売り上げの多いグレードレースになると、

<table>
<tr><th colspan="20">選考期間と適用期間</th></tr>
<tr><td>11月</td><td>12月</td><td>1月</td><td>2月</td><td>3月</td><td>4月</td><td>5月</td><td>6月</td><td>7月</td><td>8月</td><td>9月</td><td>10月</td><td>11月</td><td>12月</td><td>1月</td><td>2月</td><td>3月</td><td>4月</td><td>5月</td><td>6月</td></tr>
<tr><td colspan="6">←選考期間→
（11月1日－4月30日）</td><td colspan="2"></td><td colspan="6">←適用期間→
（7月1日－12月31日）</td><td colspan="6"></td></tr>
<tr><td colspan="6"></td><td colspan="6">←選考期間→
（5月1日－10月31日）</td><td colspan="2"></td><td colspan="6">←適用期間→
（1月1日－6月30日）</td></tr>
</table>

さらに厳罰が加わる。GI・GⅡの準優勝戦Fは、F休み終了後の3か月のGI・GⅡ除外、優勝戦では同6か月。SGの準優勝戦（賞金王決定戦のトライアルと順位決定戦を含む）では、次から四つのSGと同3か月のGI・GⅡ除外。優勝戦では1年間のSGと、同6か月のGI・Ⅱ除外。

F防止策として、住之江ボートレース場にはFKS（フライング警報装置）、尼崎ボートレース場ではSKS（スタートタイミング感知システム）と呼ばれる機械が導入された。どちらもFになりそうな勢いでスタート地点に近づくと、ヘルメットに装着された装置から警告音が出て、選手に知らせる。それでもフライングは絶えず、ともに廃止された。

3連単導入後、2艇以上の集団Fになると返還率が上がる。

2003年9月には、尼崎ボートレース場の優勝戦で何と6艇F。レースは不成立。1億1800万円余りが返還され、優勝者なきシリーズとなってしまった。

ボートレースにフライングはつきものとはいえ、ファン、主催者、選手、いずれにとっても頭が痛い。

ファンも痛いフライング

勝つために、スタート（S）は大事だ。それも勢いがついていないと、第2の勝負所、第1ターンマークで有利な位置にいることができない。舟券を買っていた選手がスタートで遅れてしまうと、ファンはがっかり。「なんで、しっかり決めないんだ」と怒号が飛ぶこともある。

しかし、選手心理を考えれば、遅れそうな選手を予想することは難しくない。

選考期間内のFは加算される。期間は6か月。期間の初っぱなに1本目を切ってしまえば、当然ながらF持ち期間は長くなる。

「期始めに切ってしまうとキツイ。期末までが長くて、スタートで無理ができない。するとリズムが狂い、成績も落ちる」と話す選手も。

さらに、期の終わり近くになるとF持ち選手の心理は「これ以上のFをしないで選考期間を終えたい。この期に及んでF2だけは勘弁」となる。頭の中では正常なタイミングと思っていても、対戦選手が自分より後ろにいれば、条件反射でスロットルレバーを放ってしまう。当然のことだが、Fを持っていない選手の方がSの思い切りはいい。

選手がF持ちかどうかは、「スポーツ報知」出走表、選手名の上の数字を見れば分かる。通常の数字ならF、L（レイト）のスタート事故なし。黒抜き数字なら1本、白抜き数字なら2本以上だ。

Fが出ると、ファンもがっかり。特に、懸命に推理して舟券を買っていた選手が切ると「何のためにあれこれ考えたのか」と思ってしまう。返還があるとはいっても、他も買っており投資金額全額が返ってくることはほとんどない。レースも乱れ、興ざめするばかりだ。さらに配当は、返還額を差し引いた売り上げから払戻金が決まるため、ガクンと下がる。

事故艇付近は安全優先

スタートした選手が最初に目指すのが、第1ターンマーク。6人が、1着になるため、われ先にと集中する。跳ね上がる水しぶき。レースで最大の見せ場だ。一方で、事故がよく起きる危険な場所でもある。

F、L以外の失格は、転覆、沈没、落水、エンスト、不完走、妨害。最も発生するのが転覆。波の影響や他艇との接触でボートがひっくり返ってしまう。危険だ。落水はそれ以上に危ない。

ハンドルから手が離れ、ボートから選手が水面に投げ出されるのが落水。

ハンドルを握ったままの転覆なら、ボートの下に身を隠すので後続艇のプロペラに切り刻まれることを回避できる。しかし、落水はボートから体が離れるため、後続艇が直撃する恐れがあり、大事故につながる危険性が高い。

やまと学校では「落水は絶対にするな。ハンドルは死んでも離すな」と口を酸っぱくして教える。勝ち負けはもちろん大事なことだが、安全で公正なレースを行うことが大前提。選手は勝つためのハンドルさばきと同様に、瞬時に事故を回避する高い技術も求められる。

事故艇付近での順位変動は禁止（福岡ボートレース場）

事故が発生すると、第1ターンマークと第2ターンマーク奥にある危険信号灯が点灯。駆けつけた救助艇が選手を水面から引き上げ、無人になって動いているボートを引き留め、安全な場所に移す。残りの選手は危険信号灯で「内」が表示されれば事故艇の内側を旋回。それ以外は、外を回る。守らないと失格。

第1ターンマークで事故が発生した場合、追い抜きが許されるのは第2ターンマークだけ。次に第1ターンマークを旋回するときは減速。事故艇、救助艇と十分に安全な間隔をとって、順位変動が生じないように走らなければならない。追い抜いたり、追い抜く行動は違反。優勝戦や選抜戦などに出られないだけでなく、最悪の場合は即刻帰郷の厳しい処分が下される。第2ターンマークで追い抜くことは少なく、事故発生時の順位でゴールすることがほとんどだ。

1コースの決まり手

ボートレースの王道・イン逃げ

ボートレースは、やっぱりインが強い。2009年のデータでは、全国24場の1コース1着率は平均で37・2%。SG・GIレースになると、46・9%にまで跳ね上がる。インを買わないと舟券が当たらない。インの動きを思い浮かべることから、舟券の推理が始まる。強いインなのか、それとも弱いインなのか。それによって舟券推理の組み立てが変わる。

イン逃げは、ボートレースの王道だ。1番人気に推されることが多い。「配当は安いが、一着になる確率が高いから」と賭け金を増やす人も多い。

検討するインの5要素は、①実力上位の選手、②スタートが早い選手、③エンジンが出ている、④コース取りで乱れがない、⑤風は無風か、弱い。要素が多くなれば、比例して、逃げる確率は高くなる。

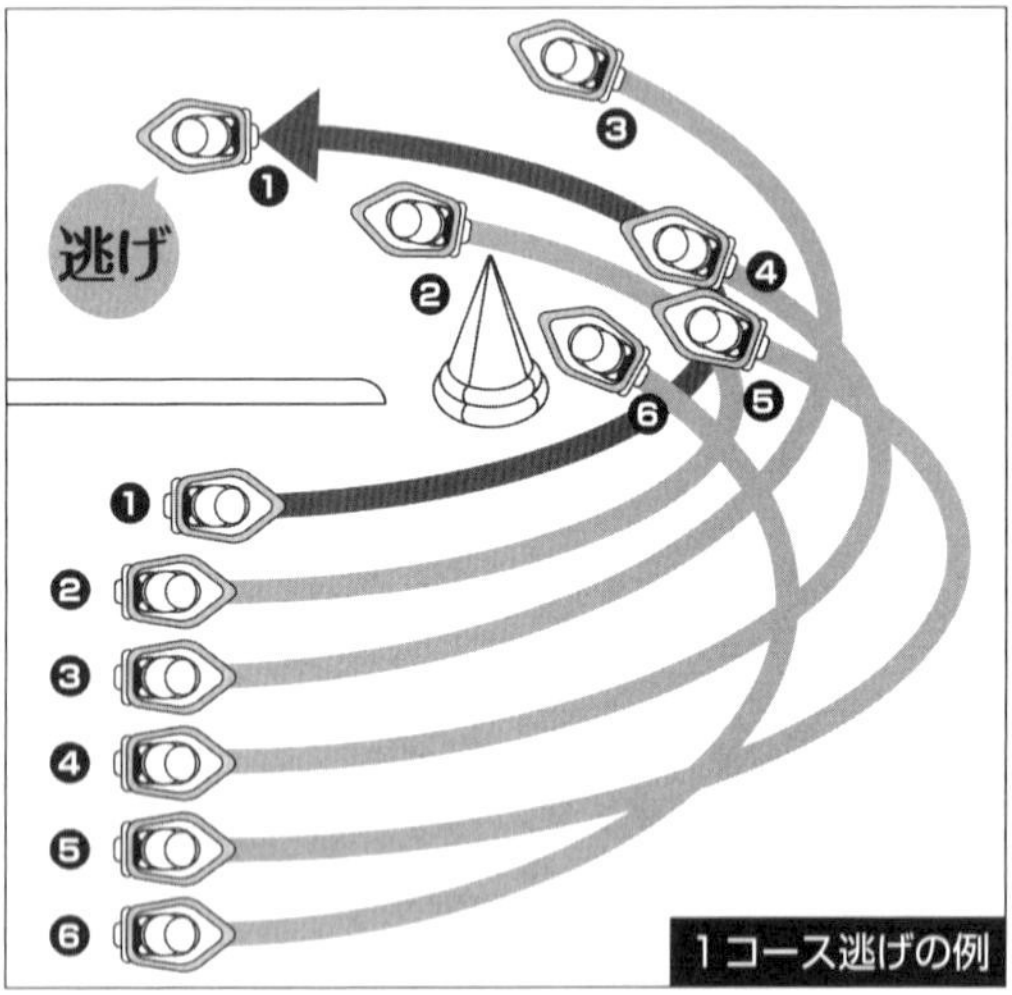

1コース逃げの例

①は、2－6コースからまくらせない、差させないターン技術、②は、外からまくられないスタート先行、③は、1マークで他艇に追いつかせない、④は、助走距離が十分にある楽インでスタートがしやすく、エンジンパワーを発揮、⑤は、追い風が強いとターンが流れるので差されやすく、向かい風が強いとまくられやすくなるため。

インが逃げられる、逃げられないかは2コース選手も重要だ。2コースがスタートが早く、エンジンの出ている選手なら、外から攻める選手を封じる壁役になる。反対にスタートが遅く、非力（実力、機力ともに）な選手なら、壁役不在で、差されやすくなり、逃げは決まりにくくなる。実力者がそろうSGやGIでは、イン逃げが決まりやすいのはこのため。

インが逃げるときの2コースは、外を牽制《けんせい》しながら一瞬待って差す。先頭まで届かなくても、2、3着に粘ることができる。2コースが差しを狙えば、3コースはまくりに行って追撃。インをまくり切れなくても、2コースとの2、3着争いに持ち込みやすい。ただし、機力や実力が2、3コースよりも勝っている4－6コースなら、2、3着に浮上する可能性は十分ある。

2コースの決まり手

2コースとインは運命共同体

2009年の2コース1着率は、18・9%。1コースの37・2%と比べると、約半分だ。1コースはSG・GIレースになると数値は大きく跳ね上がるが、2コースは20・8%。2ポイントしか上がっていない。しかし、1コースに次いで強いコースであることに違いはない。

2コースは、1コースを先に回してからの差しがもっともポピュラーだ。2009年の笹川賞では瓜生正義（34歳、福岡）、2010年のGI名人戦は西島義則（49歳、広島）が、2コース差しで優勝した。

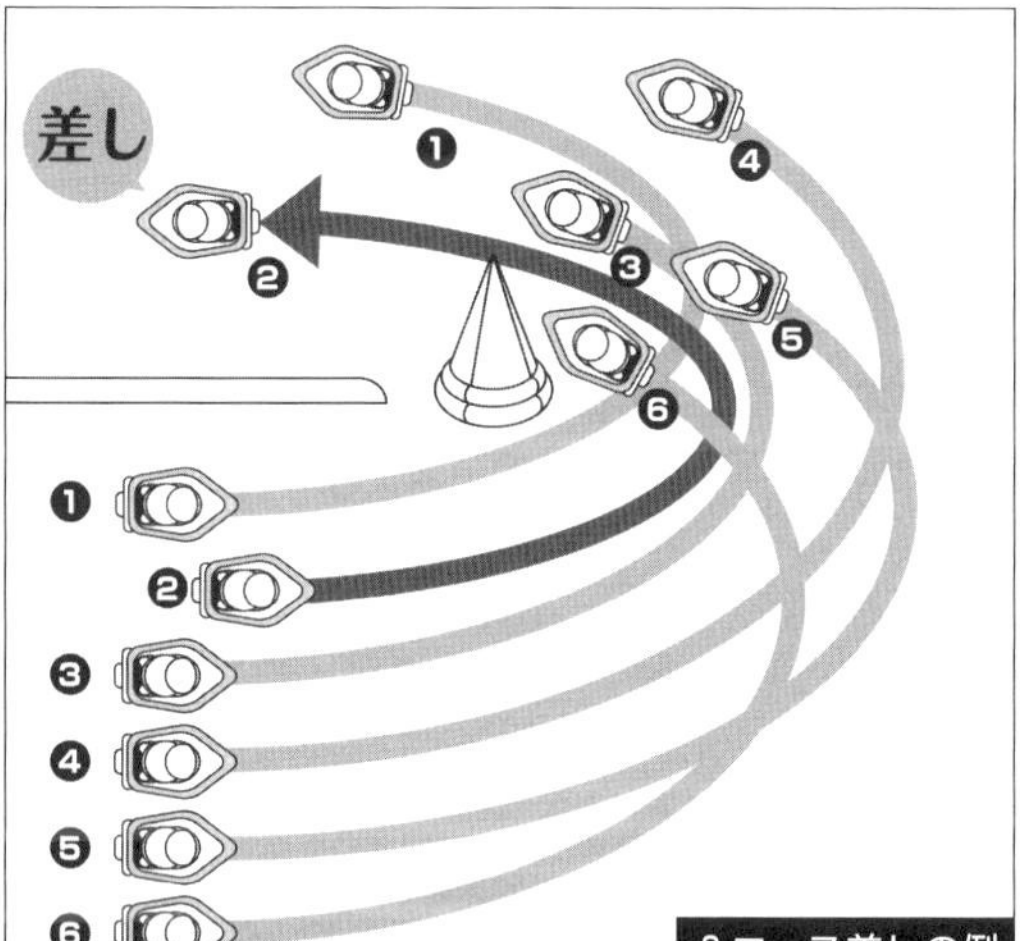

2コース差しの例

2コース差しはインを差すだけだが、外にまくられないよう、スピードを落とさずにハンドルを鋭く切らなければならない。高い技術が求められる。加えて、旋回直後にグイッと前に押す出足、ターンで流れない回り足が必要になってくる。エンジンパワーが弱いと、2コース差しは決まらない。

イン逃げが決まるときには2コースの存在が重要だが、2コース差しが決まるときもインの存在は大きい。インが3コースから外にまくられないスタートとターンを決めないと、2コースからは差せない。つまり、インと2コースは運命共同体。お互いが残る（1、2着にという意味）ためには、互いの仕事をきっちりとやらなければならない。逃げたインと差した2コースがワンツーを決めることを、「内両立」と呼ぶ。追い風が強いときはまくりが流れるので、特に狙える。

2コース差しの相手は、断然1コースが多い。瓜生が勝った笹川賞、西島が初優勝した名人戦でも2着はインコースの今村豊（49歳、山口）だった。今村はインが上手な選手だ。インからスタートを決めて、外のまくりを封じるターンをしたからこそ、2コース差しの出番があった。

増える2コースまくり

セオリー通りなら、2コースは1コースの逃げを差す展開。全速ターンが誕生していなかった時代は、2コースと言えば差しがほとんどだった。現代のボートレースは変わった。全速ターン誕生以降、スピード時代に突入。コースに関係なく、まくりで勝負する選手が増えてきた。とはいえ、2コースの決まり手は、差しが10・2%で、まくりは6・0%と低い。

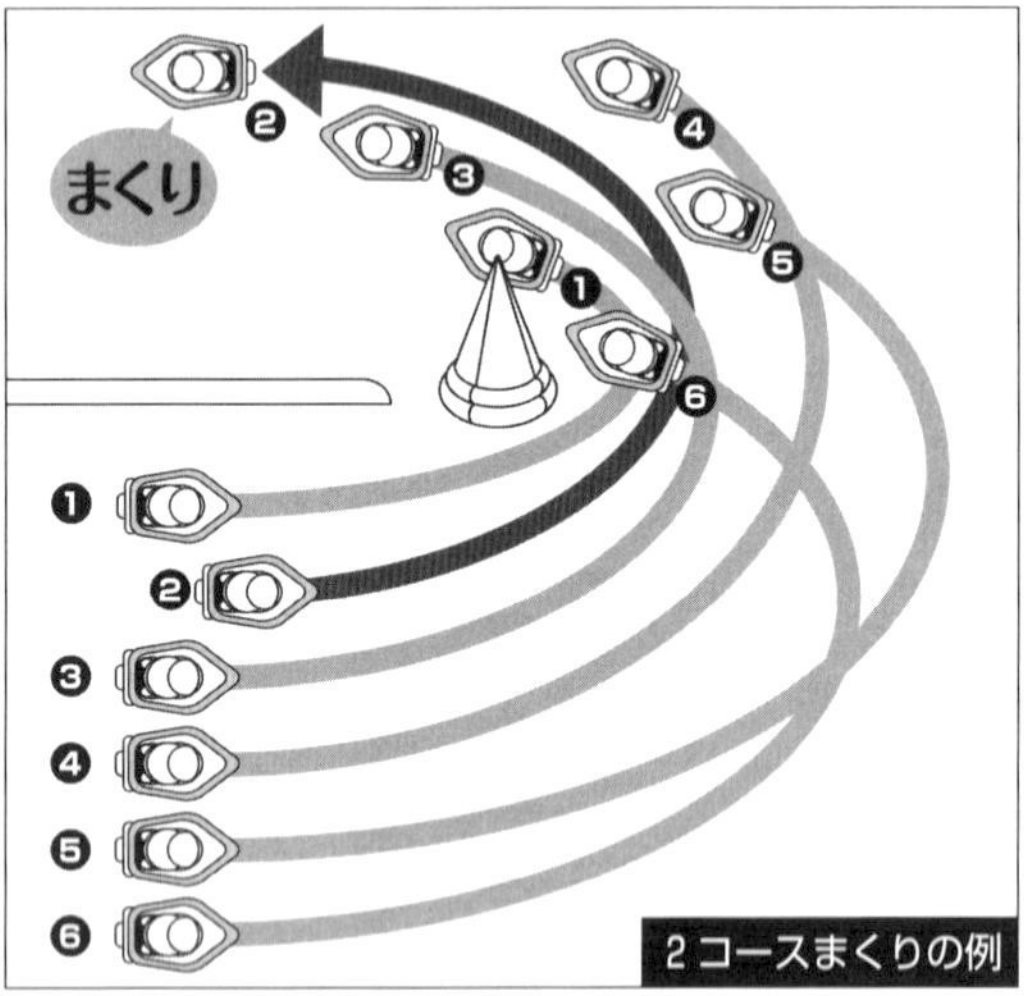

2コースまくりの例

2コースからのまくりが決まるパターンは二つ。一つめは、1コースがスタートで遅れ、自然的にまくりの隊形になるとき。もう一つは、スタートは差がなくても、1コースの選手を敗退させる（沈める）ために強引にまくる場合だ。前者は当然の成りゆき。後者は1コースに抵抗されて大敗というリスクもある。

2010年4月に徳山ボートレース場で行われたGI名人戦。準優勝戦で1号艇だった今村豊は、前づけで1コースに入ってきた大嶋一也（52歳、愛知）を2コースから豪快にまくって、6着に退けた。差していれば、イン大嶋は2着に残っていたかもしれない。しかし、大嶋が優勝戦に乗ってくると、インを狙ってくるのは必至。そうさせないためにも、今村はまくって3着以下に沈めたかったに違いない。

1コースの選手より、ターンのスピードや機力が勝っていると、まくる選手が増えてきた。2コースからのまくりが決まると、2着には3コース、4コースが続くケースが多い。それでも1コースが出足強力な選手だったら、2着に残るケースもある。しかし、2コースからのまくりは、ターンマークに寄った位置でターンをするので、ターンの出口で膨れることがある。3コースから差されない旋回スピード、パワーが必要になってくる。ただ、SG・GIレースで2コースまくりは少ない。実力、機力に差がある一般戦で多く見られる。

3コースの決まり手

3要素で決まる3コースまくり

2009年のデータ。決まり手トップは、逃げで33・1%。まくりは21・4%で2位。3コースの決まり手は、まくりが一番多い。ただ、まくり勝ちの比率が高いのは、4コース（6・5%）、2位は2コース（6%）。3コースは小差とはいえ、5・7%で3位だった。

進入スタイルは、3対3が最も多い。4コースは「カド」。「カド受け」と呼ばれる3コースは、スタートを決めなければ2艇が壁になる。それだけではない。助走距離が長く、勢いの付いたダッシュ勢から強烈なプレッシャーを掛けられる。なんとも難しいコースだ。

そんな状況の中、3コースからのまくりが決まる要素は、①1、2コースよりスタートが早い選手、②伸びがいい選手、③1号艇がインを譲らないタイプで、外枠に強引な前づけ選手が1人いるレース。内2艇が流れ込んだ進入（深イン）になるからだ。

2005年、若松ボートレース場のSG「第51回モーターボート記念」では、三つの要素がそろった。

優勝戦メンバーは、

①今垣光太郎（41歳、石川）
②菊地　孝平（32歳、静岡）
③山崎　智也（36歳、群馬）
④辻　　栄蔵（35歳、広島）
⑤西島　義則（49歳、広島）
⑥田村　隆信（32歳、徳島）

コース取りで西島が果敢に動いたが、今垣は1コースを譲らない。西島は2コースとなった。菊地は前づけに付き合わずに3コース。内2艇よりも長い助走距離となった。スタートタイミングは今垣がコンマ21、西島は同18。3コース菊地は二人よりも早い同09で、伸びも良かった。第1ターンマークまでに内2人を引き離し、豪快にまくって勝った。4コース山崎がまくり差しで追撃して2着に。6コースから差した田村が3着に続いた。見るも鮮やかな勝ち方で、SG初優勝を飾った。3コースまくりのお手本のようなレースだった。

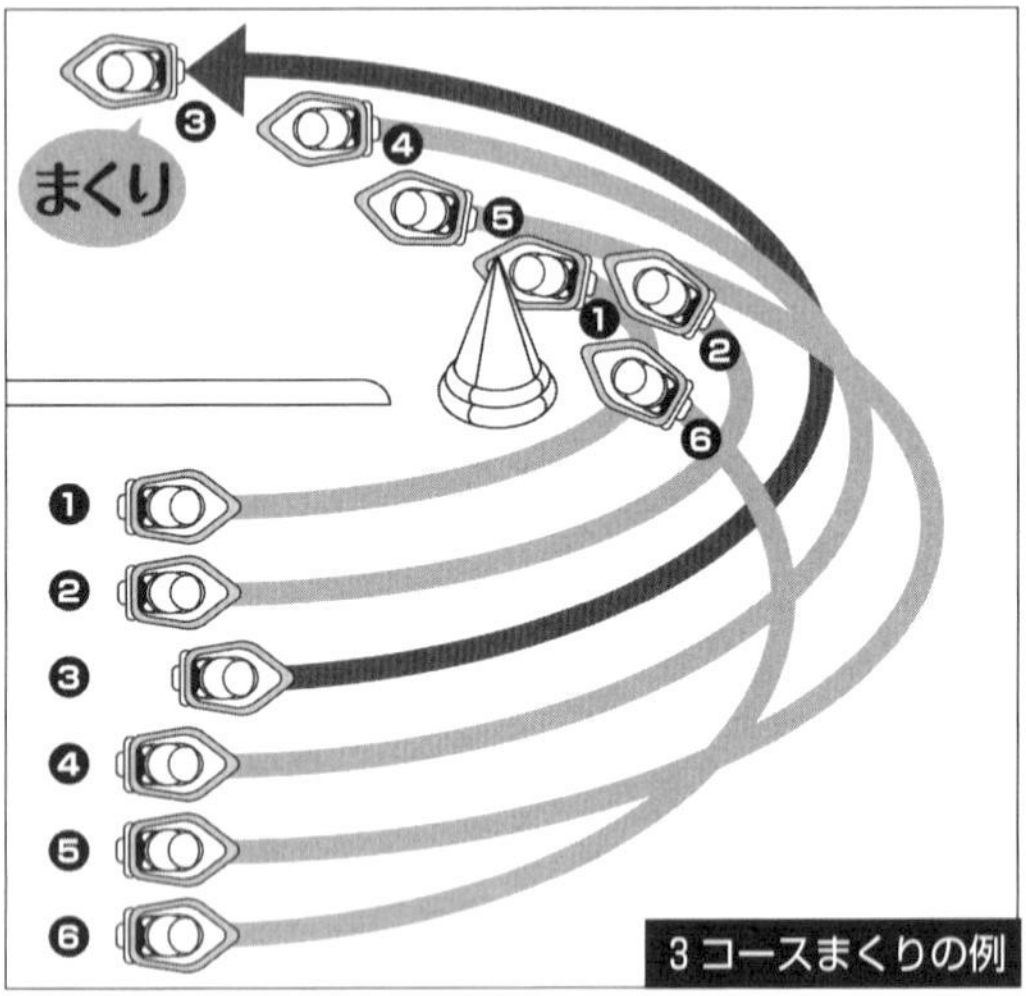

2コースがカギ、3コースまくり差し

「まくり」と「差し」の合わせ技が、「まくり差し」だ。3コースからのまくり差しは、最も効率の良い勝ち方。まくりは、内2艇より相当早いスタート力や、グイグイ伸びていく機力が必要。まくり差しは、負けない程度のスタート力、機力があれば良い。重要なのは、2コースの動きだ。

3コースまくり差しが決まるパターンは二つ。

パターン①は、1コースが第1ターンマークを先に回る。逃げの形だ。2コースは差しを狙っているか、もしくはスタートで遅れている。先行する1コースを差し、なおかつ2コースをまくる。

パターン②は、2コースがまくり狙いの場合。2コースを差して、内にいる1コースをまくる。

①は、1コースの2着が多い。②なら、2着は2コースが多い。1コースが敗れ、好配当につながる。1コースと2コースの間を抜け出すことは共通。異なる

のは、1マークでの1、2コースの位置だ。

2006年10月、福岡ボートレース場でのSG「第53回全日本選手権」。王者と呼ばれる松井繁（41歳、大阪）が1号艇。当然のように、人気は集中した。

ところが、痛恨のスタート遅れ。前にいた2コースの吉川元浩（38歳、兵庫）は敢然とまくり勝負に出た。2コースまくりは、ターンマークに寄った位置でターンをするので、ターンの出口で膨れる。この時も膨れ、3コース魚谷智之（35歳、兵庫）は見逃さず、まくり差し。吉川と松井の間を一気に突き抜け、先頭に躍り出た。2着は吉川。

兵庫コンビのワンツーで、2連単は6290円。3連単は4万2800円の高配当。パターン②の象徴的なレースだった。SGは全場場外発売。二人の地元の尼崎ボートレース場では、このレースの二人絡みの舟券投票が全国比率よりも高く、何と払戻金の合計が発売額を超えた。

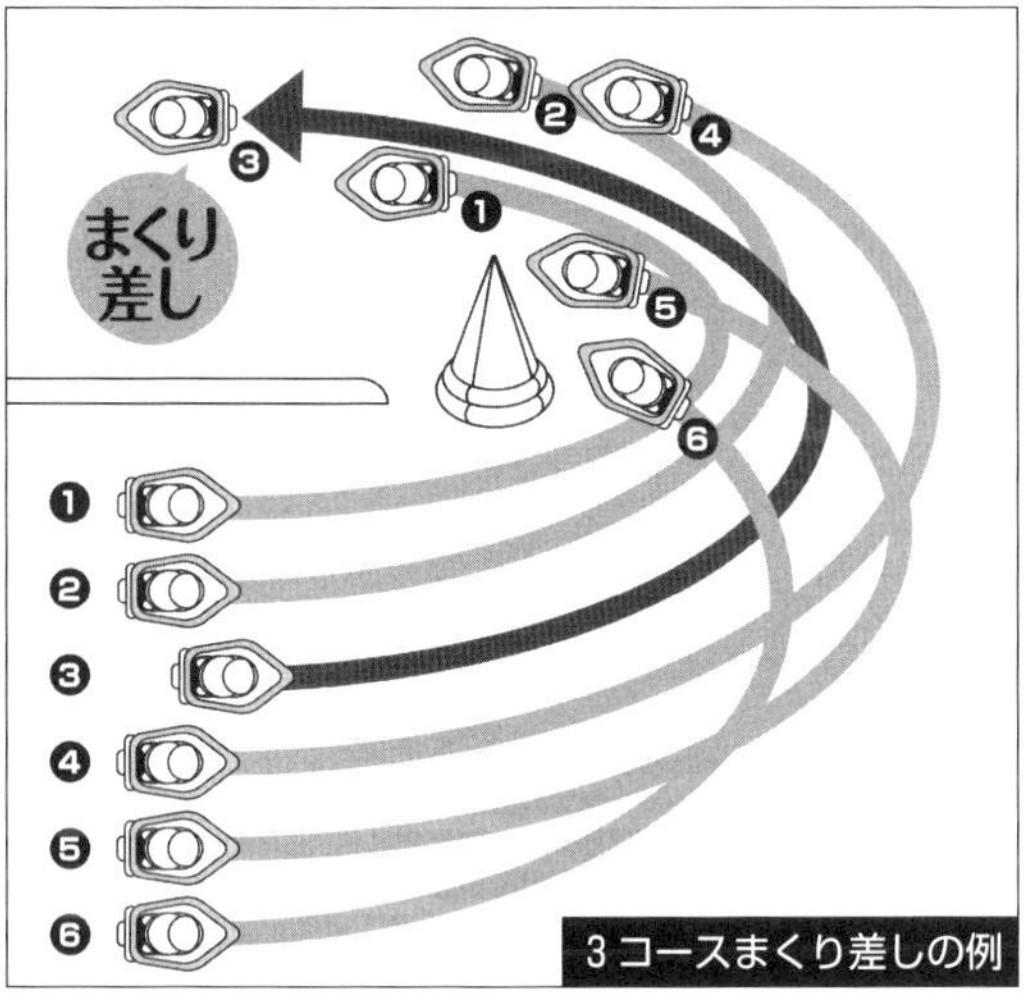

3コースまくり差しの例

頭脳プレー・3コース差し

2009年12月、住之江ボートレース場のSG「第24回賞金王決定戦」は、次のメンバーで頂上決戦が行われた。

①坪井康晴（33歳、静岡）
②瓜生正義（34歳、福岡）
③松井　繁（41歳、大阪）
④田村隆信（32歳、徳島）
⑤吉川元浩（38歳、兵庫）
⑥池田浩二（32歳、愛知）

日本プロスポーツ界最高の優勝賞金1億円を懸けた大一番。ファンは、固唾《かたず》をのんで見守った。

進入は枠なり。トップスタートを決めたのは、3コース松井。コンマ08のタイミングだった。1コース坪井は同12、2コース瓜生は同12。4−6コースも大きな差はない。この隊形なら、通常は内が断然有利。逃げる坪井が第1ターンマークを先に回る。瓜生は差して追撃。内両立の展開だ。
ところが、スタート後に伸びた瓜生は、強引にまくりを狙った。すると坪井は、まくられてなるものかと抵抗。両者は飛んだ（流れて、ターンマークから遠くなるという意味）。百戦錬磨の松井は、見逃さない。難なく差し切って、賞金王のタイトルを手にした。

3コースから外の差しは、〃漁夫の利〃。展開に大きく左右される。そうでなければ、伸びよりも強力な出足が必要だ。

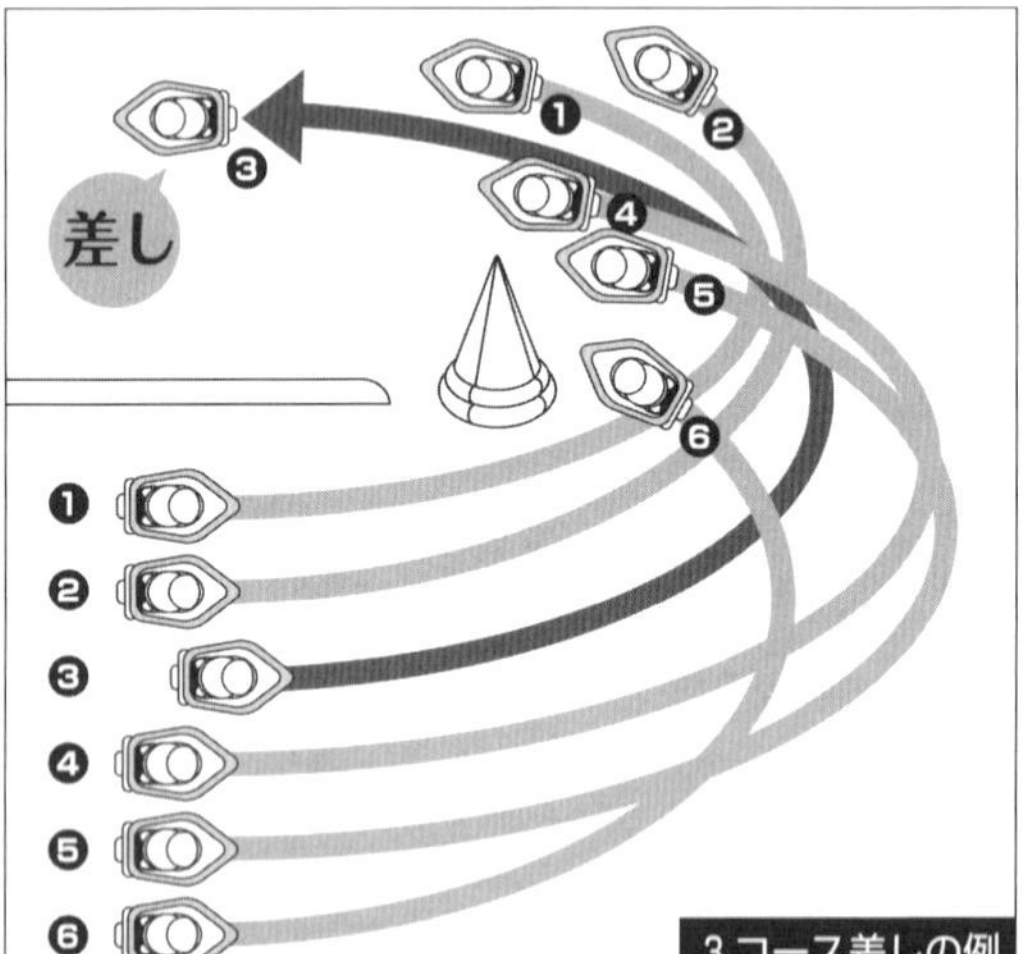

3コース差しの例

2コースも差しなら、3コースは次に差す「二番差し」。内2艇より出足が良くないと、差し抜けることはできない。1、2コースが通った後の波を2本、乗り越えなければならないからだ。

もちろん、スタートは早いに越したことはない。第1ターンマークでは「まくるぞ」と見せかけ、内2艇を焦らせる。オーバーターンを誘発させ、悠然と差しに切り替える。頭脳プレーだ。

4コースの決まり手

勢い違う4コースまくり

4コースは「まくり」だ。カド（ダッシュグループの一番内）なら、その思いは一層強くなる。

出場メンバーを見渡す。4号艇はスタートが早く、伸びのいい選手。スピード上位の若手なら、さらに良い。胸が高鳴る。

さあ、スタート。スロー3艇も懸命に踏み込むが、助走距離の長い4コースとは勢いが違う。第1ターンマークまでに、スルスルと伸びていく。

4コースまくりは威力がある。1コースを筆頭としたスロー選手は、4コース選手が気になる。〝4コースがレースの鍵を握る〟と言っても過言ではない。迫力不足（機力、S力、気合も）なら、何も怖くない。イン有利の展開になるからだ。逆なら、もちろん怖い。

4コースのカドまくりは、豪快な決まり手。2009年、今垣光太郎（41歳、石川）は、SG「第19回グランドチャンピオン決定戦」とGI「徳山クラウン争奪戦・開設56周年記念」を4コースまくりで制した。「伸び型の仕上がりだったから」と振り返ったが、まくりの名手であることは間違いない。

「4コースまくり」と言っても、種類は二つ。スタートラインを通過後、左に斜行しながら第1ターンマークを目指すのが「絞りまくり」。内3艇は行き場をふさがれる。5、6コースが差して追走することが多い。スタートラインを通過してもまっすぐ進み、第1ターンマークが近づいてからハンドルを勢い良く切るのが「はこまくり」。スピードや強力な舟足がないと決まらない。このときは、内にいる選手が2、3着に残りやすい。

ダッシュからのまくりは、向かい風のときが狙いだ。風がブレーキの役目となり、オーバーターンを防ぐ。さらに、スタートの際、風の影響で舳先が浮き、ボートの接水面積が小さくなる。ノルトを跳ねた状態と似ている。伸びていけば、まくりやすい。

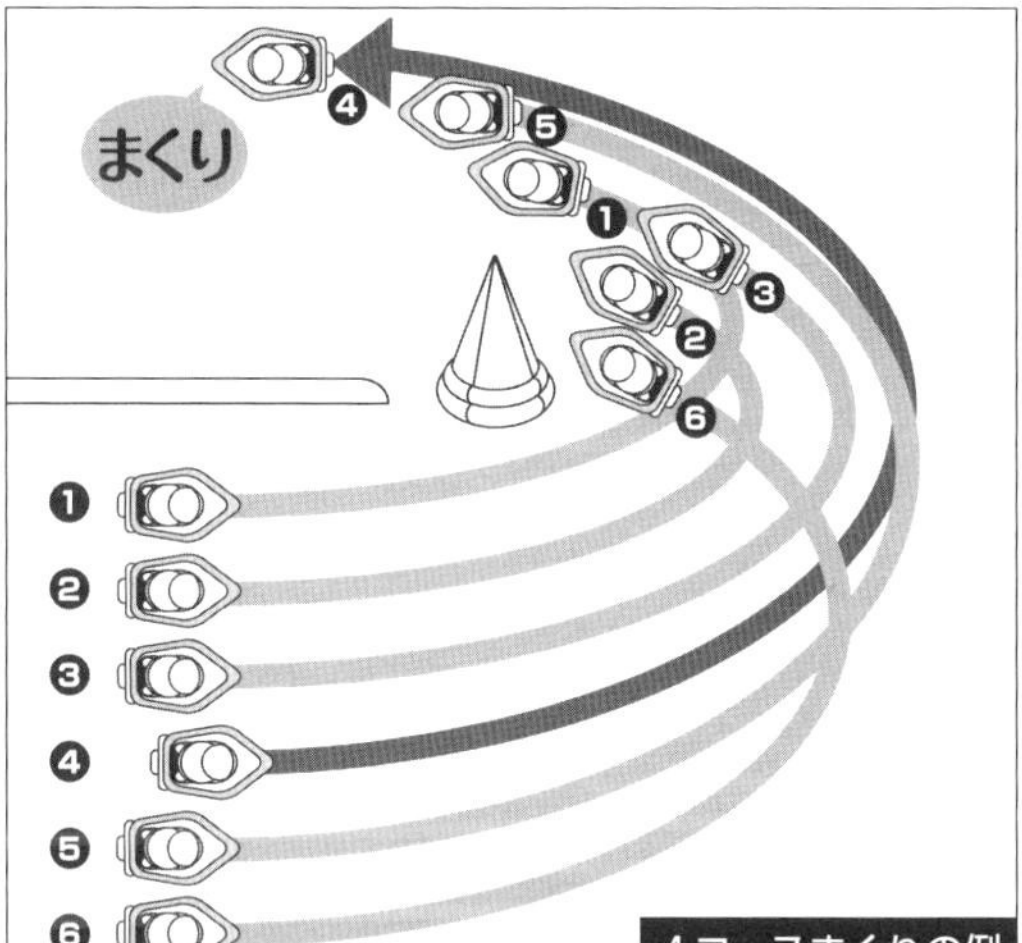

4コースまくりの例

臨機応変4コースまくり差し

4コースは、まくりのイメージが強い。だが、最近のエンジンは、昔よりも伸びの差が小さい。改良されて、出足が強くなり、プロペラの精度も高くなったためだ。4コースからまくれないと判断すれば、「まくり差し」へと切り替える。

4コースと1コースにいる選手は、ともにスタートが早く、エンジンも出ている。能力の差がほとんどないと仮定しよう。それに比べ、2、3コースはスタートが遅いか、エンジンパワーで見劣りする。4コースの選手は、3コース、続いて2コースはまくれても、最後の1コースまでは厳しい。強引に行けば、飛ばされる可能性もある。こういう場合は、1コースを回して、差しに切り替えるのが賢明だ。データでも、まくり差しの1着は、3コースに続いて、4コースが多い。

2008年1月、からつボートレース場のGI「全日本王者決定戦・開設54周年記念」優勝戦。メンバーは、

①江口晃生（45歳、群馬）
②白井英治（34歳、山口）
③平石和男（44歳、埼玉）
④松井　繁（41歳、大阪）
⑤中村有裕（31歳、滋賀）
⑥市川哲也（42歳、広島）

進入は枠なりの3対3。1コース江口のスタートタイミングはコンマ12。白井は同16、平石は同17だったのに対して、カド松井は同09のトップタイミング。第1ターンマークでは、白井と平石をまくり、江口の内を差す「まくり差し」で抜け出した。インから先に回った江口が2着、3着は5コースから差した中村が続いた。

3コースが積極的にまくる選手なら、4コースは3コースの選手を差して、内にいる1、2コースをまくる展開。コースに関係なく、まくり差しが決まるときの相手（2着）は、先にターンマークを回る選手。外の選手は出番が減る。

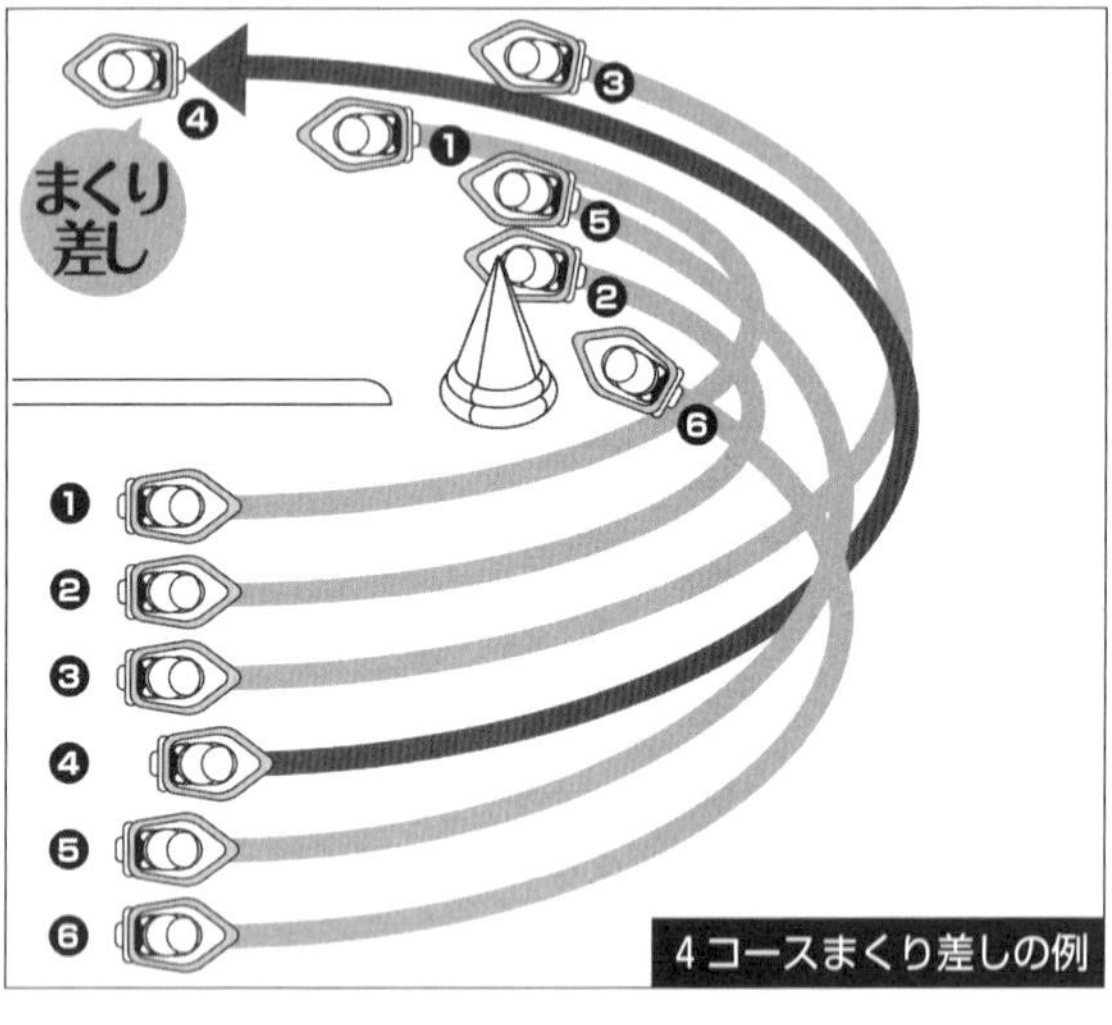

4コースまくり差しの例

鋭角V旋回4コース差し

「まくり」「まくり差し」と違い、「差し」は受け身の戦法。自らレースの主導権を握るのではなく、展開に大きく左右される。コースが外になるほど、その傾向は強くなる。

2009年を通しての4コースの決まり手は「まく

り」（6・5％）、「まくり差し」（4・8％）、「差し」（2・7％）。

1着率の低い4コース差しは、基本的に2、3着狙いの戦法。内3人が通った後の大きな波を乗り越えなければならない。エンジンが出ていなければ、波に負けてスピードダウン。1着にはなれない。

威力が発揮できるのは、まくり同様、カドに持ち出したときだ。スタートを決めて、まくれないと判断すれば、第1ターンマークのギリギリを狙う。「全速差し」、鋭角に曲がるので「V《ブイ》差し」とも呼ばれる高度な旋回だ。

3コースにまくる選手がいると、「4コース差し」が狙える。

2010年5月5日、福岡ボートレース場「どんたく特選レース」の優勝戦。

出走メンバーは、

①今井貴士（26歳）
②藤丸光一（43歳）
③松尾基成（36歳）
④瓜生正義（34歳）
⑤篠崎仁志（23歳）
⑥岡崎恭裕（23歳）

オール福岡支部の争い。

進入は、全艇スローの枠なり。トップスタートは、コンマ09の6コース岡崎。1コース今井は同11と大差ない。2－5コースは両サイドより遅く、完全な逃げ切りのケース。人気の4コース瓜生は同19と一番遅かった。しかし、逃げを狙う今井に対し、3コース松尾が果敢にまくりに出た。その姿がちらりと見えた今井は、少しオーバーターン。その瞬間、第1ターンマークと今井の間を、瓜生が差した。ほかの選手なら先頭まで抜け出せなかったはずだが、SG2勝の瓜生はスピード、エンジンパワーが違っていた。

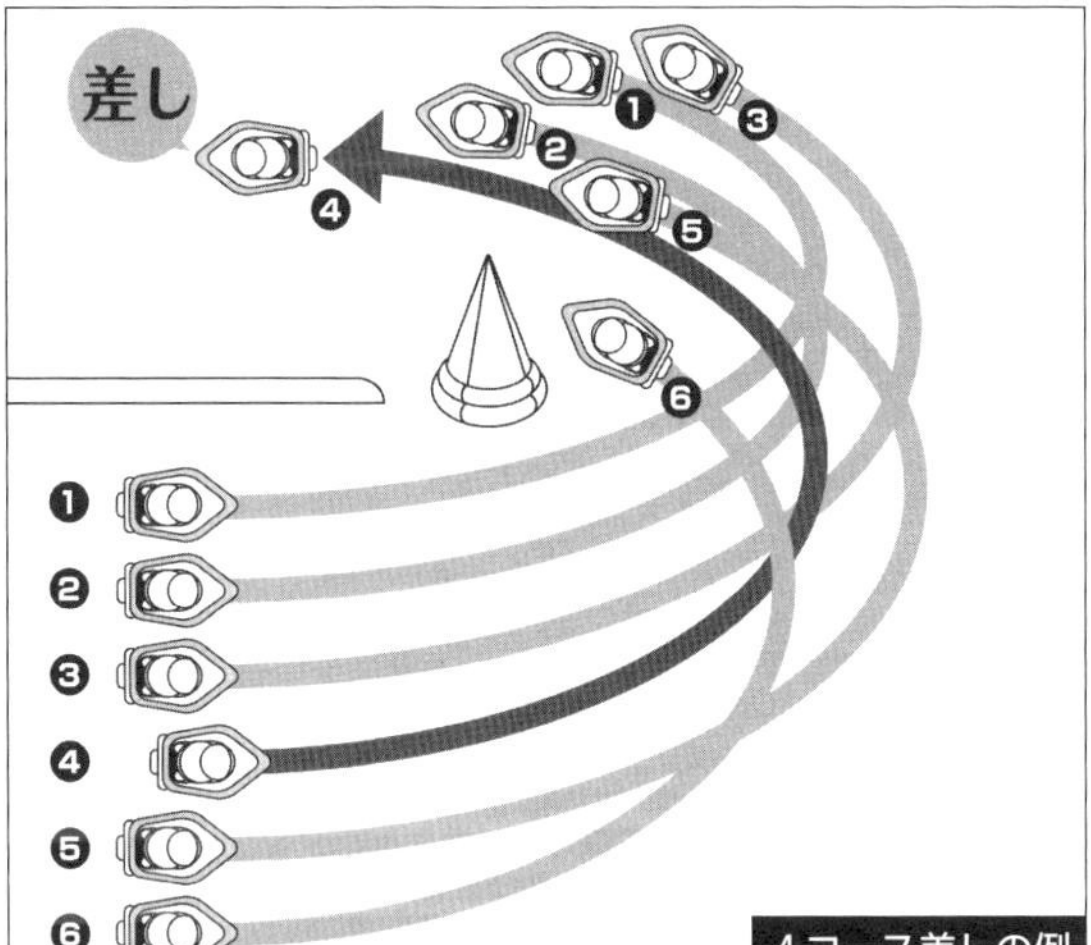

4コース差しの例

5コースの決まり手

穴党笑顔、好配当招く

コースが遠くなると、1着率は下がっていく。1コースは37・2%……4コースは16・4%。続く5コースは8・9%。一気に、ひとけた台へと急落。明らかに不利なコースだと分かる。

1着率は下がるが、当然のことながら、1着になったときの配当は高い。6コースは、第1ターンマークまでの距離が一番遠い。でも5コースなら、少し手が届きそうなイメージがある。ファンに夢と希望を与えてくれる。「穴党」は、5コース好きが多い。

3対3の進入スタイルなら、カドは4コース。5コースからまくるには、よほど早いスタートを決めなくてはならない。まくりに行った4コースの、そのまた上をまくる通称「2段まくり」は決まると豪快だ。スローの選手は、たまったものではない。

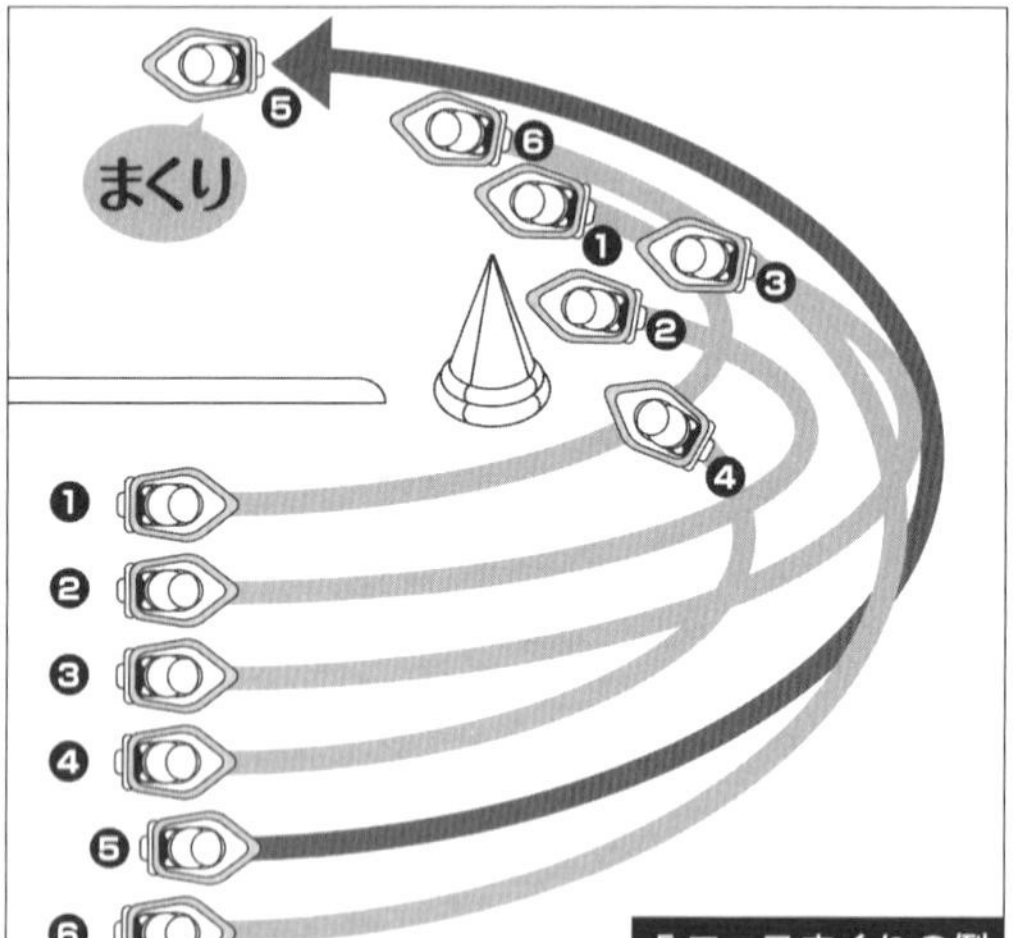

5コースまくりの例

5コースまくりは、5コースがカドになりそうなときが狙いだ。選手によっては、4コースでもスローを選ぶ選手もいる。本番前のスタート展示を見れば参考になる。5コースが伸びている選手なら、これ幸い。向かい風なら、なおさらワクワクしてくる。

たまには、選手の気持ちも探ってみたい。

4号艇は、カドを狙っている選手としよう。だが、5、6号艇のどちらかに、前づけタイプがいた。カドにこだわりたい4号艇は、仕方なく、前づけを入れて5コースカドを選択。コースを取られた悔しさ、カドにこだわった強い気持ちがあるはず。「見ておれ！」とばかりにスタートを決め、内4人をまくる。スピード、レベルの高い機力は必要になるが、まくって勝つことにこだわる選手は多い。

5コースがまくれば、展開が良くなるのは6コース。5コースがまくり、6コースが差して続く。ワンツー（1、2着）決着なら、間違いなく高配当だ。穴党に「してやったり」の笑顔が浮かぶ。

岡崎決めた笹川賞初V

電光石火のターンだった。2010年5月30日、浜名湖ボートレース場で行われたオールスター戦「第37回笹川賞」は、5コースからまくり差しを決めた岡崎恭裕（23歳、福岡）がSG初優勝。ニューヒーローの誕生に沸いた。

「5コースまくり差し」のSG優勝といえば、2008年6月1日、平和島ボートレース場で開催されたSG「第35回笹川賞」も思い出深い。

優勝戦には、

①浜野谷憲吾（37歳、東京）
②佐々木康幸（37歳、静岡）
③白井　英治（34歳、山口）
④田中信一郎（38歳、大阪）
⑤井口　佳典（33歳、三重）
⑥横沢　剛治（33歳、静岡）

が出場していた。

地元の浜野谷が人気になるのは、簡単に想像できた。だが、取材を通して、それほどエンジンは仕上がっていないように感じた。平和島は、インが強くないレース場。地元で勝ちたい気持ちは強いが、逆にプレッシャーにならないか。この3点を重んじて、本命（◎）印は打たなかった。

本命に推したのは、3号艇の白井。まくりのスピードは天下一品。まくり差しに切り替えても、勝てると推測した。

注目のスタート。1コース浜野谷は、まさかのスタート遅れで場内がざわめく。3コース白井がスタートを決めた。「コシッ、まくれ！そ

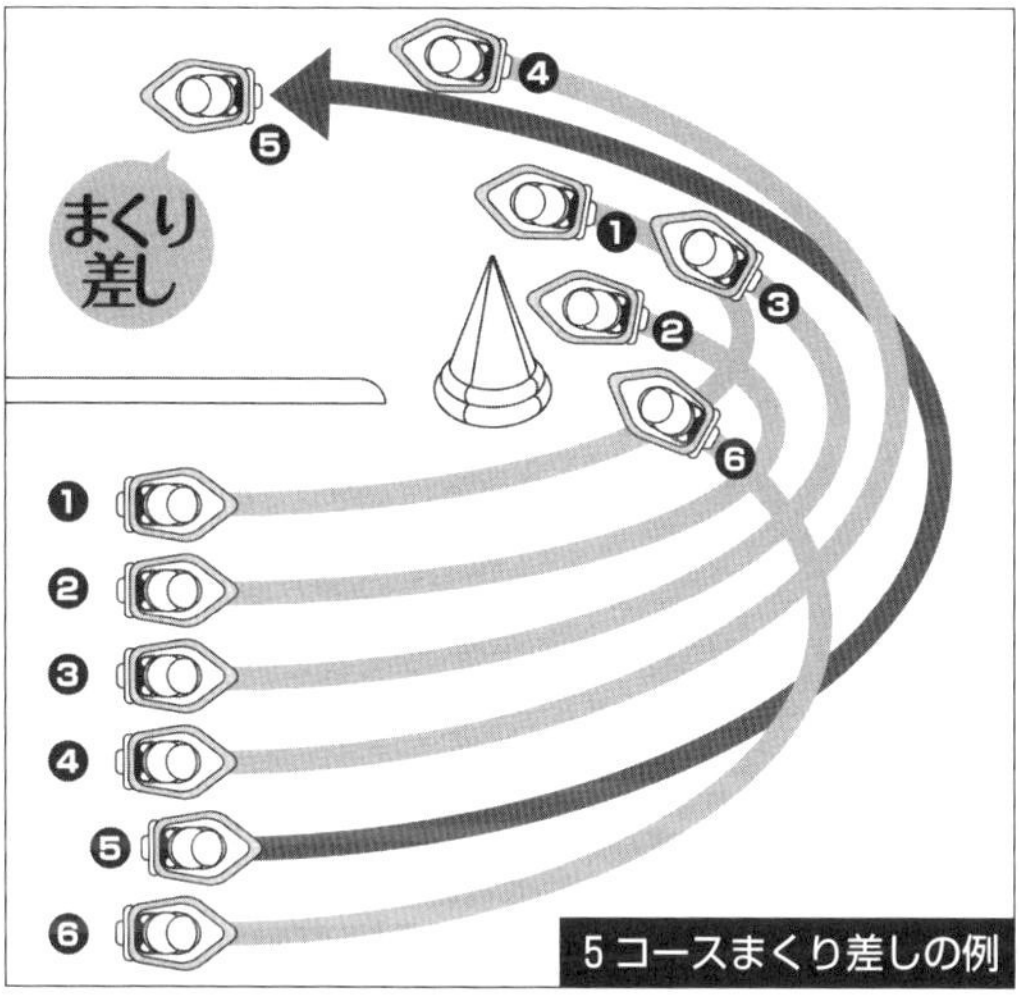

5コースまくり差しの例

のままだ」。思わず叫んだ。ところが、2コース佐々木が「まくるのは自分だ」とばかりに抵抗。両者は接触して流れてしまった。

5コース井口は見逃さなかった。白井と佐々木を右に、浜野谷と田中を左に見ながら「まくり差し」。一気に突き抜けた。

まくられながらも立て直した浜野谷が2着、3着は白井。2連単は2810円、3連単は7330円の好配当。予想が外れて悔しく、読者に申し訳なかった。しかし、今後の糧にもなった。

5コースは、展開に恵まれることが多い。3、4コースのどちらかが、まくって攻める隊形になるからだ。3、4コースにまくりタイプがいる、そんなときこそ、5コースまくり差しの出番だ。5コースまくり差しの出現率は4・2%。まくりの2・1%、差しの1・2%を引き離している。

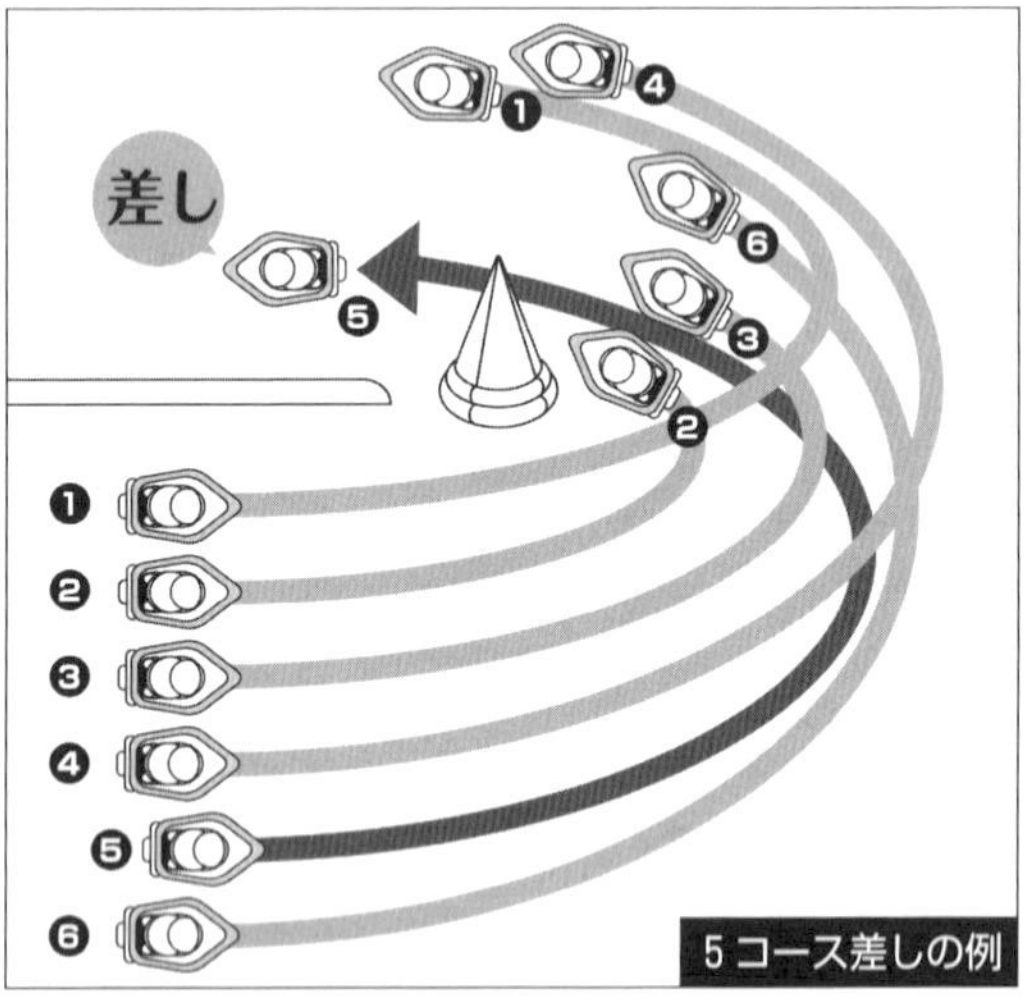

5コース差しの例

追い風が条件、出現率1・2%

「5コース差し」を想定して、本命（◎）印を打つことは、ほとんどない。出現率は、わずか1・2%。SGレースでは、5コース差しのウイナーが、しばらく誕生していない。4コース差しと同様、基本的には2、3着狙い。4選手の通った後の大きな波を、乗り越えなければならない。強力パワーだけでなく、展開にも大きく左右される。

難しいとはいえ、狙える要素はある。①4コースにスタートが早く、まくるタイプがいる。1コースを始め、内選手が抵抗。5コースに差す場所が生まれる。②差し最大の条件は、追い風。強ければ、強いほど良い。ターンが流れやすく、逃げ、まくりには不利な条件だから。

とはいえ、5コース差しは、内選手がターンを失敗したり、ぶつかり合ったりして、展開に恵まれることがほとんどだ。

2000年8月、若松ボートレース場で行われたS

Ｇ「第46回モーターボート記念」。西島義則（49歳、広島）が、その年のグランドチャンピオン決定戦、オーシャンカップに続き、ＳＧ３連勝したレースが思い出される。

メンバーは、

①山室　展弘（49歳、東京）
②服部　幸男（39歳、静岡）
③今垣光太郎（41歳、石川）
④小菅　文隆（41歳、佐賀）
⑤大嶋　一也（52歳、愛知）
⑥西島

大嶋の前づけからレースは動いた。山室は1コースを譲らず、大嶋は2コース。3コース今垣までのスロー3人は、深い起こし。服部はカド4コースに持ち出し、5コース西島、6コース小菅の並びでスタート。

カド服部はトップスタートを決めたが、内の抵抗に遭った。大嶋は山室をまくりで沈めたが、ターンは膨らんだ。名手たちの失敗で、第1ターンマーク付近はがら空き。西島は絶好の展開を見逃さず、冷静に差した。26年ぶり、2人目のＳＧ３連勝は、すべての流れが西島に向いていた。

6コースの決まり手

伸びで勝負、ファン興奮

6コースの1着率は、４・２%。もっとも不利なコースだ。１コースの36・９%とは、天と地ほどの差がある。

だが、そのような6コースを専門とし、果敢に勝負を挑む〝個性派〟が存在する。オールドファンなら、向義行（62歳、佐賀）を思い出すかも。スタートが早く、大外から弾丸のごとく飛び出す豪快なまくりで、ＧＩレースでも優勝。ファンを魅了し、「ボートレースマイスター」にも選ばれた。

現在なら、〝ミスターチルト3度〟と呼ばれる阿波勝哉（37歳、東京）や、沢大介（38歳、三重）が、6コース専門の代表格。矢後剛（43歳、東京）も枠がいいときはチルトを下げてスローに入るが、対戦メンバーと枠番によって、チルトを跳ねて6コースから勝負に挑む。6コースまくりほど、ワクワク、ドキドキ、興奮する決まり手はない。

6コースまくりを決めるには、誰にも負けない伸びが必要だ。スタート地点を過ぎ、第1ターンマークまでにグイグイ伸びなければ決まらない。

伸びが強烈かどうかは、展示タイムが参考になる。周りとの差が、どれだけあるのかに注目。少なくとも、コンマ1秒以上は引き離しておきたい。出足は「ないより、あった方がいい」という程度。あくまでも、重要視するのは伸びだ。

気象条件は、向かい風が最高。スタートをするときに舳先が浮いて、接水面積が減る。伸びがより一層、良くなるからだ。阿波、沢、矢後がチルトを跳ねて登場すると、勝ちにくいコースにもかかわらず、オッズは低くなる。期待の大きさが見てとれる。

6コースまくりの出現率は、わずか1・2%。可能性はゼロではない。果敢な挑戦に、ファンはロマンを求めている。

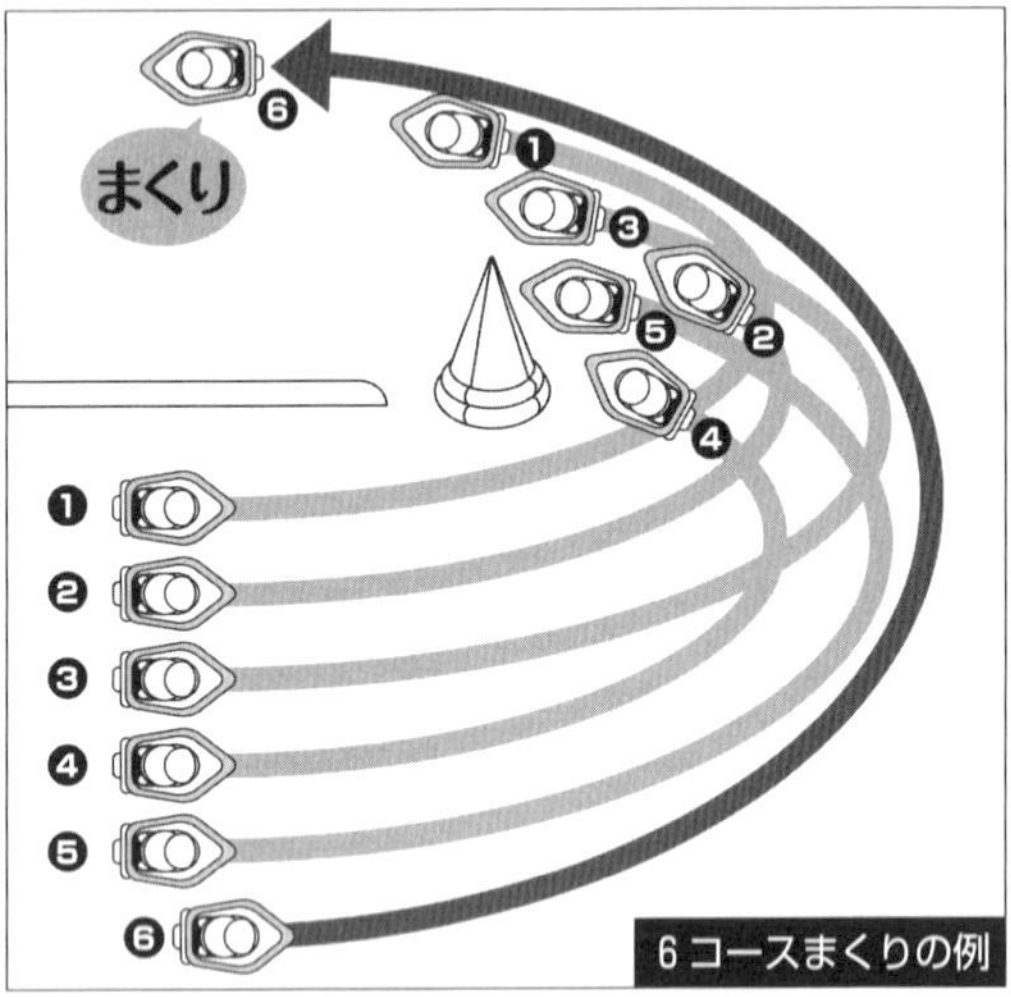

6コースまくりの例

5コース機関車なら狙える大穴

阿波、沢、矢後は、6コースからまくりを狙う一撃型の選手。

だが、6コースは、内5選手の動きを見ながら「まくり差し」「差し」を狙うのが一般的。

同じ6コース専門でも、小川晃司(42歳、福岡)や、2008年に引退した吉岡修(51歳、山口)は、チルトを3度に跳ねることはない。インに入る選手同様、チルトはマイナス0・5か0。回り足や乗り心地を重視した仕上がりを目指す。「乗りやすいと、自分の考える方向にボートを操ることができる」と小川。6コースからの走りを心得ている。

高額配当の多くは、6コース選手が絡んでいる。それも「まくり」ではなく、6コース選手が展開に恵まれて「まくり差し」「差し」で浮上というケースだ。

3連単で歴代3位の45万8650円(三国ボートレー

ス場）、同4位の43万3180円（芦屋ボートレース場）、同6位の40万2480円（宮島ボートレース場）の1着はすべて、6コースから差した選手だった（2011年1月1日現在）。

6コースからの「差し」「まくり差し」が狙えるかどうかは、5コースが鍵を握っている。スタートが早く、エンジンが出ている選手なら、まくる可能性が高い。

競輪では、ラインの先頭を任せられた先行選手のことを「機関車」と言う。後ろに付けた選手のため、がむしゃらに自転車をこいで突っ走る。

ボートレースに置き換えれば、豪快にまくっていく選手のことを指す。

5コースに機関車がいると、6コース差しは絶好の狙い。6コース差しの相手（2着という意味）を絞るのは難しいが、まくる5コースか、イン先マイで残る1コースになる場合が多い。

6コースからの差し、まくり差しは、穴の中の穴だ。

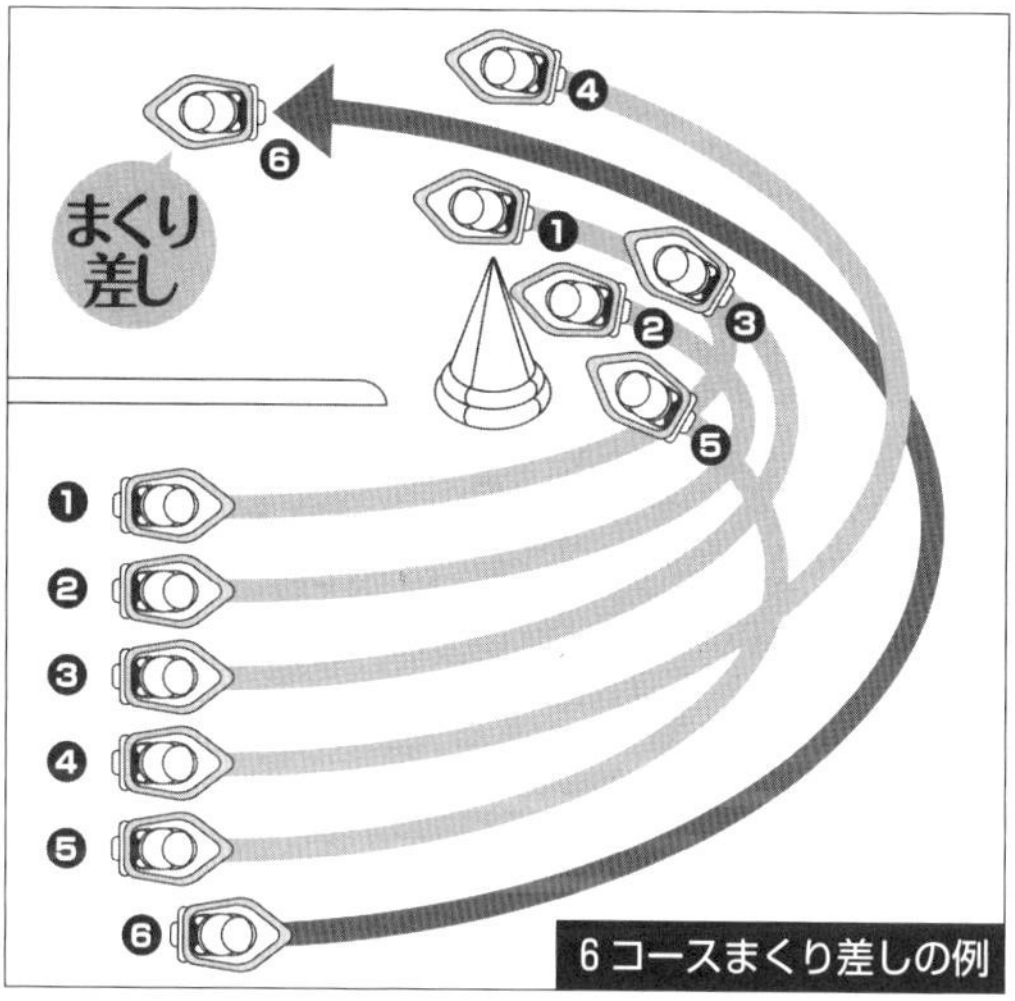

6コースまくり差しの例

バックストレッチの攻防

影響大きい「引き波」

スタート後に迎える第1ターンマークの攻防は、最大の見どころだ。1着を目指して、6艇が一斉にターンをする。混戦の中から、誰が先頭で抜け出してくるのか。手に汗を握り、ファンの興奮は頂点に達する。

抜け出しても、安心はできない。ターンは5回も残っている。次の勝負は、300メートル先にある第2ターンマークだ。そこに到達するまでの、バックストレッチの攻防も激しい。

ボートレースは勝負の決着が早くつき、順位が変わりにくいと言われる。ボートが走った後にできる「引き波」と呼ばれる航跡が大きく影響するからだ。

エンジンがプロペラを回転させて、ボートは前に進む。水面下でプロペラは、1分間におよそ7000回転している。引き波が白く見えるのは、高速回転によって生じた気泡だ。その中をボートが通ると、プロペラの「空洞現象」が起こる。英語にすると「cavitation（キャビテーション）」。選手は、「キャビる」「キャビった」とコメントする。キャビテーションはターンをするときだけでなく、直線時でも見られる。プロペラが水をしっかりかくことができず、空回りしている状態を指す。

水をかく力が低下すると、ボートのスピードは落ちる。先行艇との差は縮まるどころか、広がってしまう。順位が後ろになるほど、引き波の影響を受けるのは当然のこと。先頭に立った選手以外は、引き波をよけるハンドル操作をしなければならない。

直線では引き波を避けながら走行

ボートレースで逆転が難しいのは、後続艇は引き波に邪魔をされるからだ。

逆転を狙うには、走る位置取りが重要になってくる。引き波をかわしながら、離されないよう、先行艇に追いすがる。そして、逆転のチャンスをうかがう。第1ターンマークを回っても、まだまだ目が離せない。

他艇の位置をしっかり確認

第1ターンマークを回ってしまえば、スタート時のコースは関係ない。どこを走っても構わない。陸上トラックの長距離走と同じだ。もちろん、ターンマークから遠く離れたところを走る選手はいない。最短距離を走るために、ターンマークに近い位置を走る。

第1ターンマークを回った直後のバックストレッチでは、先頭に立った選手は左に斜行しながら第2ターンマークを目指すシーンを見かける。抜かれないように、後続艇の進路をふさぐ。引き波の中を通らせて、差を広げるように走る。

ただし、「内側艇保護」が原則。外から無謀な斜行をして他艇に接触、転覆させるような危険走行は禁止だ。安全なレースが大前提。事故のほとんどはターンマーク付近で起きるが、ボートのスピードが最も速くなる直線での転覆、落水は命にかかわる。モーターボート競走競技規程第19条は「モーターボートは、スタート後ゴールインするまでの間、他のモーターボートと接近している場合は、そのモーターボートに向けて転蛇してはならない（中略）」としている。

ボートには、自動車のようなバックミラーや、サイドミラーはない。周りの選手との位置確認は、首を左右に振って目で確認。視界に入らない場合は、エンジン音で把握する。

最近は、新しい方法が加わった。施設が立派になり、大画面のモニター（映像装置）を対岸に設置しているボートレース場がほとんど。大型モニターは、ファンにレースを楽しんでもらうのが目的。どの場所にいても、迫力のあるレースを大画面で見ることができる。全体を見渡す引きの映像だけでなく、接戦になっているシーンがアップで映し出される。走行中の選手も、大型モニターをちらりと見ている。後続艇がどこにいるのか。どのくらい離れているのかが、一目瞭然。ボートレースが始まったころには、考えられなかった位置確認だ。

大型モニターでも他艇の位置を確認（芦屋ボートレース場）

差し、全速まくりで逆転も

最近は、逆転劇が増えてきた。かつては1周目の第1ターンマークを回った時点で、1着の選手がほぼ決まっていた。逆転は、エンジンパワーの差が相当ある場合に限られた。この時は、先行艇を直線でごぼう抜きしていた。

時代は変わった。エンジンパワーだけで勝ったのは昔の話。全速ターンで、スピード時代に突入。さらに進化して、モンキーターンが生まれた。すると、直線だけでなく、コーナーでの逆転が増えた。

選手の考え方も変わってきた。「第1ターンマークを回ったときは6着でも、ゴールするときが1着ならいい」。そう言ったのは、〝艇王〟と呼ばれた植木通彦（42歳、福岡）。しかし、まだモンキーターンが全盛ではなかった時代に、いち早くマスターした植木だからできた究極の走り。全体的に技術がレベルアップした

“艇王”と呼ばれた植木通彦
（2005年８月撮影）

今では、1周目の第2ターンマークまでに勝負をつけなければ逆転は難しい。

第2ターンマークの逆転で最も多いのは「差し」。第1ターンマークで差されたり、まくれなかった場合でも、大差なく2、3番手に付けていれば勝機は十分。先行艇がオーバーターンをする可能性もある。そこを見逃さない。外に持ち出して勢いを付け、鋭くハンドルを切る。ホームストレッチで相手の内側に飛び込んで逆転。差し切れなくても内にいれば、次の第1ターンマークを先に回れることがある。

まくりでの逆転は、ターンスピードや、エンジンパワーで勝っていないと決まらない。相手のボートの外側にピタッとくっつけての全速まくりは、「全速ツケマイ」とも呼ばれる必殺技。ツケマイはただ単にまくって前に出るのではなく、自分の作った引き波に相手をはめる高度な技だ。

第2ターンマークで逆転を狙う（芦屋ボートレース場で）

ボートレースの
奥深い世界

宣戦布告「イン譲らぬ」

予選の枠番は、レースを主催する施行者や、業務を委託された日本モーターボート競走会の番組編成委員が決める。基本は公平。全員に1－6号艇が回ってくる。ただし、出走回数が5回以下だったり、新人やアウト専門には、1号艇が回ってこないケースもある。出走回数が7走以上になると、1号艇が2度回ってくることもある。

誰しも1号艇が欲しい。勝つ確率の高い1コースに入りやすいからだ。予選に1度しか回ってこない1号艇となれば当然、ほかには譲りたくない。しかし、番組編成で何が何でも、1号艇以外で1コースを狙っている選手がいる場合はコース取りはもつれる。

最もコース取りが激しくなるのは、準優勝戦や優勝戦。その枠番は、準優勝戦は予選の成績、優勝戦は準優勝戦の着順などで決まり、いずれも自らが勝ちとったものだから。「1号艇だから、勝っても負けてもインから行く。譲りません」と鼻息の荒いコメントをよく耳にする。

このコメントはファンへ向けただけでなく、新聞を通じて、ほかの選手への宣戦布告だ。「絶対に譲りませんよ」と。

本番レースで前づけに動くタイプが外枠にいても、一度決めた考えは簡単に変えない。深い起こしになって、自滅しても仕方がない。「あの選手は、絶対にインを譲らない」という評判が出来上がれば、しめたものだ。今後同じような状況になった場合、前づけタイプは「あいつが1号艇なら1コースを取るのは無理だな。2コースで我慢するか」。対戦相手は、このような心境になる。もし、簡単に譲ってしまうと、「あいつが1号艇なら、1コースが取れるかもな」。なめられてしまっては、そのレーサーの価値も下がってしまう。

「勝つか、負けるか」。勝負の世界はそれしかない。その前に、いろいろな戦いが繰り広げられている。進入の駆け引きは、ボートレースの面白さの一つだ。

〝イン屋〟は飛ばしタイプ

少し前、ボートレースのキャッチコピーは「水上の格闘技」だった。高速走行のボートが水しぶきを跳ね上げ、激しいバトル。ターンマーク付近では、ボート同士がぶつかり合うのも珍しくはない。まさに、格闘技。

選手は、「まくられる」ことを最も嫌う。進路をふさがれ、大敗に直結するからだ。阻止するために、内の艇が外の艇をはじき、内の艇は抵抗。内の艇が外の艇をはじき、両艇が飛んでしまう場面は少なくない。

〝インの鬼〟と呼ばれた関忠志（60歳、岡山）、西島義則（49歳、広島）は、飛ばすタイプとして選手間だけでなく、ファンの間にも知れ渡っている。ただ、悪い意味でとらえてほしくない。そのような評判を築き上げるのは容易ではない。

関や西島が相手なら、1号艇でも「1コースを取られても仕方ない」とあきらめる選手は多い。深インを避ける

前づけに抵抗すると深インになるが、1号艇ならインを譲りたくない（福岡ボートレース場で）

るだけではなく、関や西島が1コースに入ったときに、きっちり〝イン屋の仕事〟をするからだ。

コースを譲ってもらったからには、スタートをきっちり決める。スピードを落とさず全速ターン。外からまくってきた選手を飛ばす勢いで旋回をする。まくってくる選手を飛ばしに行くこともしばしば。そうすることで、2コースは差しやすい。

インの鬼と呼ばれる選手は、自分が勝てないときは、コースを譲ってくれた2コースが有利になるようなレースをする。そうすることによって、関、西島らが相手なら「2コースでもいい」という気持ちになる。そうしないと、〝イン屋〟として一目置かれない。

関と西島がよく口にしていたのは、「差されることはあっても、まくられることはない」。この言葉に、イン屋の使命が凝縮している。あくまでも誤解のないように。関、西島もルール内での行動なのだから。千里の道も一歩

から。「まくりに行くと飛ばされる」と認識させるまでに、どれだけ月日を費やしたか。そう思わせれば、外からの選手は差しに切り替える。状況に応じて味方にもなれば、敵にもなる。これぞ、職人技。

フライングの影響

ボートレースとFは、切っても切れない関係。レースを主催する施行者は返還の痛手を負い、選手は切った本数によって強制的な休みが加算される。

Fを切った選手がまず考えるのは、今後の出走回数。A1級、A2級になるためには、選考期間内に70走以上が必要。1本目の30日休みだけなら問題はないが、2本目となると合計90日。70走できない可能性が出てくる。

亀本勇樹（48歳、広島）は「いくら成績が良くても、出走回数が足らないとA級になれない。70走できるめどが立つ（あっせんが入る）までは我慢するしかないんですよ」と多くの選手の気持ちを代弁した。当然のことながら、Fは選手心理に大きな影響を与える。

Fを切った直後の選手心理は、二つに分かれる。エンジンが出ていて切った場合は、「Fを切って優勝戦

前づけで1コースを奪った6号艇は、まくってきた2号艇に抵抗した（福岡ボートレース場で）

には乗れないが、エンジンが出ているから稼いで帰りたい」。もちろん舟券の対象として狙える。1着は厳しいかもしれないが、追い上げて2、3着というケースは十分に考えられる。

対照的に、エンジンが出ていないから、スタートでカバーしようと思ってFを切った場合。ゴールすることを最優先に考えるはずなので、あまり無理はしない。

しかし、F直後に、おいしい思いをすることもある。選手は1日に最多2回走る。前半レースでFを切り、後半レースが1号艇のケースだ。ファン心理からすると、「直前にFを切ったから遅れるだろう」と推測する。しかし、選手はそうでもない。風向き、風の強弱が極端に変わらない限り、一流の選手は遅れない程度のスタートは決める。それがスタートを売りとしている選手ならなおさらだ。

スタート巧者として有名な田頭実（43歳、福岡）、黒明良光（63歳、岡山）が前半レースでFを切り、後半レースで逃げた場面を見たことがある。スタートを売りとしている選手の意地だった。F後だったので、配当も高めだった。

＊2010年11月からA1級は90走以上に変更された。

出走前に精神統一する選手たち（福岡ボートレース場で）

予想に欠かせない気象条件

逃げ、差しに有利な追い風

予想をする前に、気象状況をチェックしない記者はいない。風向き、風の強弱、気温、湿度。海水のレース場なら潮の干満も。ざっと挙げても、これぐらい。レースへの影響は大きい。

まず気にするのは、風向きだ。スタートラインに対して追い風なのか、向かい風なのか。昔から、追い風は「イン有利で逃げが決まりやすい」、向かい風は「センター有利でまくりが決まる」と言われている。

ダッシュ勢が伸びていくのは、向かい風のとき。スタートの際、舳先《へさき》が浮き、ボートの接水面積が小さくなるからスピードが出る。ターンをするときも風がブレーキの役目を果たして、オーバーターンを防いでくれる。スピードを落とさず、まくりに行っても流れにくい。阿波勝哉（37歳、東京）に代表されるチルト3度の使い手が注目されるのは、向かい風のときだ。

追い風のときは、ダッシュ勢の伸びは威力が落ちる。そうなると、内側にいるスロー勢が圧倒的に有利。逃げが増える。

風向きだけでなく、強弱も重要だ。無風か秒速1―2メートルと弱い場合は波がない。水面がいいときは、スタートとスピード勝負になる。ターンスピードの差があまりないSG、GIレースでは、逃げが増える。

秒速5メートルを超える強い風になると、レースに大きな影響を与える。

追い風はターンが流れ、差しが有利。1コースを回して差す2コースや、まくる選手の外にいる選手が狙える。穴（高配当）は、強い追い風のときに出現することが多い。

向かい風でも強くなりすぎると、まくりは決まらない。水面が荒れるとアウトからの攻めは難しい。内有利になる。

また、「うねり」で有名な福岡ボートレース場では、海からの北風が吹くと、うねりが発生。海水、淡水に関係なく、風向きのチェックを怠ることはできない。

潮の干満で変わる水面

海水のボートレース場では、潮の干満が大きな影響を与える。干満の差が大きい瀬戸内海にある徳山ボートレース場では、大潮には最大3メートルの干満差がある。九州・山口では、徳山を始め、下関ボートレース場、若松ボートレース場、大村ボートレース場が海水。那珂川の河口にある福岡ボートレース場は汽水。いずれも干満の影響を気にしなくてはならない。

満潮時は、内有利。潮が高いとうねりや波が発生して乗りにくい。ボートレースは波との戦い。ボートが走った後にできる引き波だけでなく、自然に発生する波も大きな敵だ。徳山、若松、福岡、大村で予想をするときは、満潮時刻は特に気にする。

下関は少し変わっている。関門海峡に接するので干満の影響を受けそうだが、影響があるのは大潮、中潮のときだけ。競走水面の周囲を3メートルの塀で囲んでいるからだ。外海からの波が入ってくるのは、大潮や中潮の満潮時だけ。そのときはうねりが発生するものの、外海の潮位が3メートルより低くなれば、潮は競走水面に入ってこない。

干潮時は、潮の流れが止まって水面は穏やか。風が弱いと、鏡のようにき

空中線や吹き流しで風向きを必ずチェック（下関ボートレース場で）

関門海峡のそばにある下関ボートレース場だが、競走水面を囲っているので潮の影響は小さい

れいだ。波がなければ、転覆する可能性は低くなる。まくりが狙えるので、スピードバトルが繰り広げられる。水面がいいときほど、決まり手は様々。レースは面白い。

干満の差が大きい「大潮」と、差のあまりない「小潮」でも水面はガラリと変わる。大潮の満潮時と干潮時では、「同じレース場とは思えないほど水面が違う」と選手は言う。海釣りをする方なら、理解してもらえるだろう。

干潮から満潮に向かうときの上げ潮、満潮から干潮に向かうときの下げ潮といった「潮流」も影響する。ターンをするときだけでなく、スタートをするときもだ。第2ターンマークから第1ターンマークへ向かって潮が流れる「追い潮」のときは、スタートが早くなりがち。起こすタイミングを普段より遅らせないとFを切ってしまう。追い風、追い潮のときにFが多い。

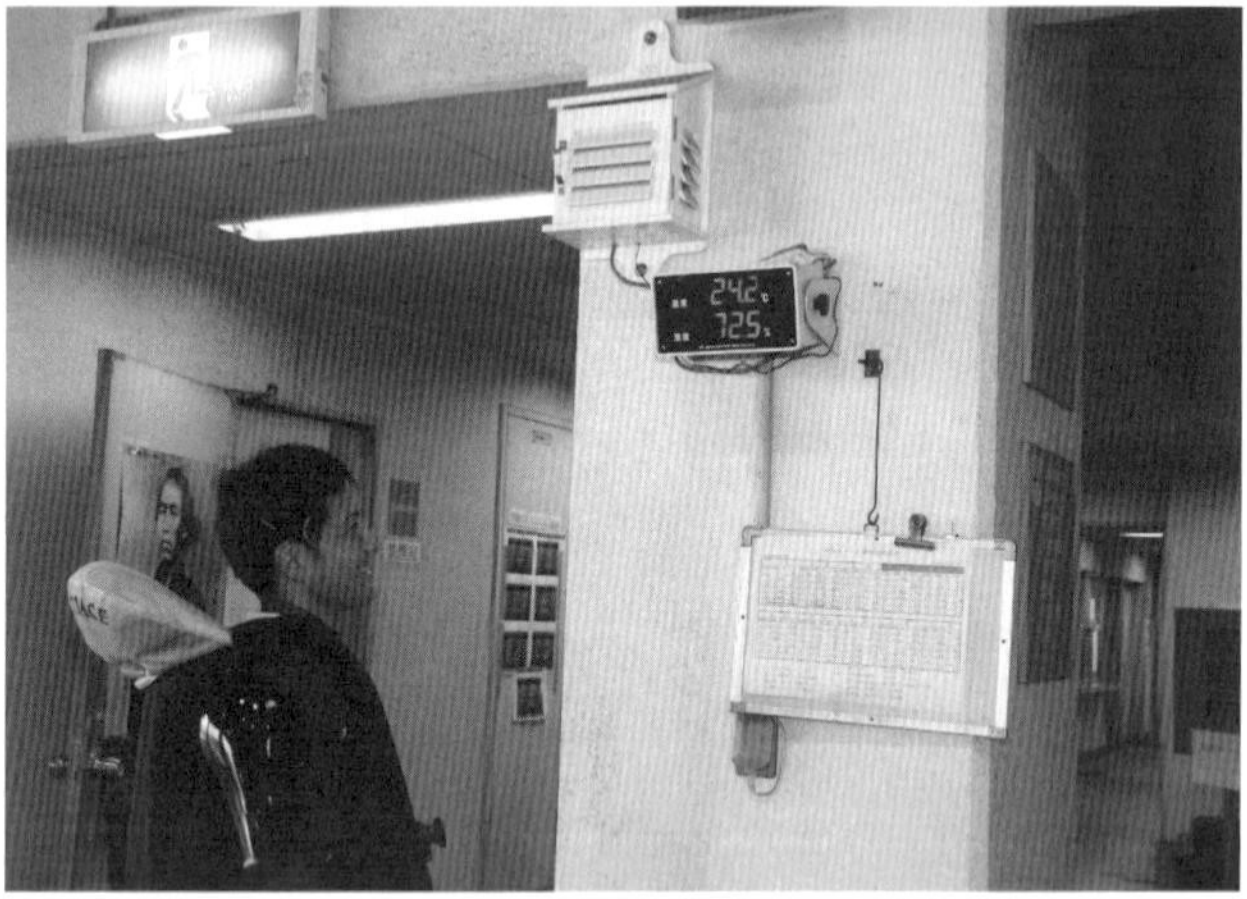

福岡ボートレース場のピット内にある温度・湿度計をチェックする柳瀬興志（41歳、山口）

梅雨はイン苦戦

ボートレースのエンジンは、ガソリンとオイルの混合燃料と空気が爆発してパワーを生み出す。オイルは、環境を考慮して、水の中で自然分解するジネンオイルを使用している。

混合燃料の比率は一定だが、空気内の水分量は天候によって変化する。簡単に言えば「湿度」。晴れてカラッとしているのか、雨が降ってジメッとしているのか。湿度の高低で、エンジンの爆発力が変わり、レースに影響する。

梅雨真っただ中のころは、空気が湿っている。空気中の水分量が多くなると、爆発力は落ちてパワーダウン。「湿度が高いから、回転の上がりが悪い」というコメントが多くなる。

1コースは、起こしからスタート地点までの助走距離が短く、加速が必要。湿度が高くて回転の上がりが悪くなると、トップスピードになるまでに時間を要する。スタートが難しくなり、助走距離が長くてスピードが出ているセンター、アウト勢にまくられるケースが増える。

晴れると、もちろん湿度は低くなる。当然、燃焼効率はアップ。エンジンは、機嫌良く動いてくれる。回転の上がりがスムーズなら、トップスピードになるまでが早く、インから逃げやすい。

1年を通してみれば、最も湿度が高い梅雨時期は、イン苦戦の傾向が見られる。空気が乾燥している冬場は、インが強くなる。3周タイム（上がりタイム）の最速は、全国24場のうち7場で12－2月の冬場に出ている。「蒸し暑い梅雨」と「空気が乾いている冬場」では、同じレース場でも上がりタイムが2秒ぐらい違う。

選手はピット内に設置されている湿度計をこまめにチェックして、本番レースに備える。

2011年1月1日現在で、3周タイムの最速は、2010年11月に津ボートレース場で馬場貴也（26歳、京都）と吉永則雄（32歳、大阪）が記録した1分42秒6。

那珂川の河口にある福岡ボートレース場は「うねりで有名」

大きな敵「荒れ水面」

雨でも雪でもボートレースは行われる。厄介なのは風や波。風が強くなれば、波が出て荒れ水面となる。主催者が危険と判断すれば開催中止や、本番レースが3周から2周に短縮したり、さらに途中で打ち切りもある。

波が高くなって水面が荒れると、ボートが安定せず危険。緊急措置として、アルミ製の安定板を装着してレースを行うこともある。選手が選手代表を通して、競走会や施行者に装着をお願いすることが多い。「安定板はエンジンの下部にあるキャリボディーの部分に装着します。舟の舳先が跳ねなくなることで、ボートが安定する」と柳瀬興志（41歳、山口）が仕組みを説明してくれた。

安定板はレースにどのような影響を与えるのだろうか。

「ボートへの抵抗が増えるので伸びは止まる。内が有利になるとも言われるが、荒れ水面なので当然でしょう。水面が悪いと、まくるのは難しい。それに体重差も出てしまう。体重が重い人はより一層重くなるから、エンジンが出にくい。軽い人が有利」（柳瀬）。安定板が着くと余分な重量が加わる。回転の上がりが悪くなるのを、チルトを跳ねて解消（対応）することが多い。もちろん、エンジンの調子ががらりと変わってしまうから、調整をやり直さなければならない。

24場の中で唯一、福岡ボートレース場には安定板がなかった。福岡は那珂川の河口にあり、川の流れと潮の流れがぶつかって、波長の大きいうねりが発生。エンジンから出っ張った安定板がうねりに引っ掛かり、安定どころか、危険になるためだ。しかし、２０１０年10月のＧⅠ「福岡チャンピオンカップ」最終日は、強い北風で水面が大荒れ。開設57年にして、初めて安定板が使用された。じつは、２００７年に賞金王決定戦を開催するにあたって購入していたのだ。

福岡や、河川の中で行われる江戸川ボートレース場、遊覧船が作り出す波の影響を大きく受けるびわこボートレース場は荒れ水面のレース場として知れ渡っている。荒れ水面になるとターンが難しくなるので、レースも荒れることが多い。

ナイターレースは調整の技量が問われる

気温もエンジンに大きく影響する。気温の高低で空気は膨張、収縮。高くなると膨張し、酸素濃度が下がって、爆発力は落ちる。湿度が高いときと似た状況になる。

暑いときは、インが苦戦。ＳＧレースなどで活躍し、２００５年3月に引退した渡辺義則（62歳、宮崎）は、次のようなことを教えてくれた。

「福岡の場合だけど、気温25度がイン選手にとってのボーダーライン。25度以下なら小回り防止ブイ（スタート地点から130メートルの位置）を少し入ったところから起こしても逃げられる。25度以上になると小回り防止ブイが限界。それより深い起こしだと加速が付かない。１００メートルの深インにでもなったら、逃げられないよ」

私が気温に敏感になったのは、言うまでもない。

走る時間帯によっても、気温は変化する。午前中の1レースより、日中の8レースの方が気温は上がり、エンジンの回転数は落ちる。回転不足を、プロペラ調整で補うことになる。ハンマーで両翼をたたいて角度を調節。水をしっかりつかみつつ、負荷が掛からないようにする。たたく位置、強弱は選手によって様々。勘の勝負だ。

夕方に行われる12レースは気温が下がる。高いときとの差はわずか1－2度だが、エンジンの回転数は上がる。回り過ぎ防止のために、今度はプロペラに負荷が掛かるようにたたく。プロペラの調整が終わると、レースの合間に試運転をして感触を確かめる。調整が許されるのは展示航走に出るまで。時間はあまりない。

ナイターレースになると、もっと大変だ。日が照って暑い1レースと日が沈んで涼しい12レースとでは、5度近く違うこともある。毎日同じ時間帯を走ればいいが、そうはいかない。2回走りなら、暑くて回転の上がらない昼用の調整、涼しくなって回り過ぎを抑止するナイター用の調整と二通りが必要になる。気温の変化が大きくなればなるほど、選手の調整の技量が問われる。

ナイターの若松ボートレース場は気温差が大きい

勝負を左右する操縦技量

ターン技量がないと勝てない

「全速ターン」でボートレースの流れを大きく変えた今村豊（49歳、山口）は、若いころ、誰よりもボートに乗っている時間が長かった。本番レース以外の限られた時間を利用して水面へ。ターンの技術を磨くため、自分のレースが終わっても試運転を繰り返していた。弟子も受け継いだ。白井英治（34、山口）、青木義一（33歳、山口）は、今村から「時間があったら、とにかくボートに乗れ」と教えられた。許されたのは暑い日も寒い日も、雨の日もボートに乗ることだけ。時間を見つけては、ターンの練習をしていた。それ以外のエンジン整備、プロペラをたたくことは禁止されていた。

ボートレースは、マシンスポーツ。勝利への近道は、エンジンを誰にも負けない状態に仕上げることだ。だが、直線だけの勝負ではない。ゴールするまでにターンは6回。実際にレースを見れば、ターンがうまいか、下手かは分かる。

スタートをしてからグイッと伸びても、第1ターンマークをきっちり回れなければ意味がない。ターンマークから離れたところを回れば、外にいる選手に差されたり、内側の選手に先行されてしまう。そんな選手はファンから皮肉たっぷりに「曲がらない選手」と揶《や》揄《ゆ》される。スタートが早いのに、勝率の低い選手に多いパターンだ。

ターンは膨らまなくても、スピードを落として回れば勝てない。外の選手にまくられ、内の選手を逃がしてしまう。年を取ったベテランに多い。年を重ねれば、体力が落ち、反射神経が鈍るのは仕方がない。

それでもA1級で活躍しているベテランの多くは、昔からターン技術が優れていた実力者だ。今村はいまだにSGやGIレースの優勝戦で、本命に推される。今村はファンからサインを求められると、必ず「努力」と書き添える。強くなりたいと思って努力をしてきた彼らしいエピソードだ。弟子の白井は、２０１０年6月のSG「グランドチャンピオン決定戦」で10度目の優出を果たした。ＳＧ優勝はまだ果たせていないが、勝ったときには「師匠の教えを守って良かった」と振り返るはずだ。

機力だけでなく気力も

トップレーサーは、エンジンの整備力やプロペラの調整能力だけでなく、ターンテクニックも優れている。Ａ級、Ｂ級選手が交じった一般戦に登場すると強さは格別。まるで排気量が大きく、別の乗り物のように見える。

ＳＧレースでインが強いのは、ターン技術の差が小さいから。スタートの差がなければ、内が強いのは当然のことだ。だから、ＳＧレースではエンジンの仕上がりが重要。出ていない選手は勝つことが難しい。

しかし、一般戦になると事情は違ってくる。コースに関係なく、Ａ1級レーサーが、やはり強い。エンジンの仕上がりは少し見劣りしても、ターンの

若手は試運転を繰り返して、ターンを覚える（福岡ボートレース場で）

技術で補えるからだ。２０１０年6月に福岡ボートレース場で行われた一般戦でのこと。勝率7点台の横沢剛治（33歳、静岡）は伸びがなく、エンジンの仕上がりは平均レベル以下だった。レースが終わると「出ていませんね」と首をひねる状態。Ａ1級選手ばかりのＳＧ、ＧⅠレースだったら、予選落ちは確実だった。一般戦だったから、5、6着なしで優勝戦にまで進出できた。コーナーテクニックの差が明らかにあったからだ。

予想をする立場でも、「横沢はエンジンが出ていなくても、テクニックが圧倒的に上だから」という理由で本命に推すレースが多かった。期待に応えてくれた。

最近は、ファンが買いやすい（当てやすい）ように、Ａ1級の選手を1人、ほかの5人はＢ（1、2）級選手というような出走メンバーを組むレース場が増えてきた。勝負ごとに絶対はないが、多くの場合、Ａ1級が1着か、悪

くても2着までには入っている。

機力とは別に、「気力」も大きな要素だ。トップレーサーほどプライドは高い。「こんなところで負けられるか」「舟券を買ってくれるファンのために負けられない」。

トップレーサーは一般戦に登場すると、勝って当たり前だと周囲に思われる。走る側は、その思いに応えようとする。２００９年は一般戦で17回、10年も17回の完全優勝が記録された。達成したのすべて、A級レーサーだった。

勝つためのプロペラづくり

プロペラが成績に反映

「持ちペラ制」になった１９８９年を境に、ボートレーサーの生活は変わった。プロペラの良しあしが、成績に反映する。「良いプロペラ」とは誰よりも速く走れる物。出足も伸びも良く、乗りやすいのが理想だろう。レースのない日は、プロペラづくりに没頭する。

プロペラは時代によって流行がある。有名なのは、沢田菊司（愛知）が発明した「デカペラ」だ。持ちペラ制になった当初は、伸ばして大きくするという発想はなかった。エンジンに負担が掛かり、プロペラを回しきれない（回転数が落ちる）と思われていた。

学生時代に陸上部だった沢田は、ストライド（歩幅）を大きくすれば速く走れることを知っていた。その理論で、プロペラも水をかく面積が大きくなれば、推進力がアップするのではないかと考えた。プロペラをたたいて伸ばし、大きくしてみた。といっても、外径を2ミリ大きくしたぐらいだった。

効果は絶大だった。回り足と行き足が、従来のプロペラと比べものにならないほど良くなった。当時B級だったが、すぐA級に復帰。その後の勝率は7点台になった。沢田の活躍を聞きつけ、次第に選手間で広まっていった。その後に生まれたモンキーターンと同じように、いち早く「デカペラ」を習得した選手が稼ぐようになった。

以前のプロペラは、重量が３５０－４１０グラムと決まっていたが、翼厚に制限はなかった。大きさは今と同じ。エンジンに接触せず、プロペラが回転できる範囲だ。

プロペラを伸ばすのが当たり前になると、今度は規定重量の範囲でどんどん薄くなった。先端は刃物のように鋭くなり、プロペラに切り刻まれる重傷事故も増えた。事故防止のため、2005年5月からは翼厚の基準が設けられ、これまでよりも厚くなった。

プロペラが変わっても、究極を目指して研究に余念がない。「デカペラ」の元祖・沢田さんは、1999年11月、平和島ボートレース場のレース中に事故死した。振り込んだところを後続艇が接触。48歳の若さだった。彼が生きていれば、どんなプロペラが出来上がっただろうか。

加工には七つの工程

選手は、ヤマト発動機株式会社（本社・群馬県太田市）とナカシマプロペラ株式会社（本社・岡山市）の2社か

左端はプロペラ調整に余念のない服部幸男（39歳、静岡。大村ボートレース場で）

らボートレース用のプロペラを購入する。技術を注いで精巧にできているが、ほとんどの選手は加工する。自分に合ったものにして、もっと速く走るためだ。レースの前から、戦いは始まる。プロペラづくり（加工）の工程は、選手によって順序は異なるが大きく分けると七つになる。

①伸ばす

バーナーで熱し、鉄製のハンマーでたたく。加工しやすいように大きくする。デカペラが流行してから伸ばすのが当たり前となったが、2005年5月からプロペラの厚みに基準（先端0・3ミリ以内の位置で0・7ミリ以上）が設けられた。以前より作業は少し楽になったとはいえ、大変なことに変わりはない。強くたたきすぎると、プロペラが割れることもある。慎重さも要求される。

②削る

グラインダーや金属製のヤスリを使って、翼厚を薄くする。金属粉が飛び

散るので、防護用マスクは欠かせない。

③切る

周辺の余分な部分を切り落とし、形を整える。外径は188ミリ以内と決まっている。

④たたく

鉄製と木製のハンマーを使い分け、両翼の角度を調整。効率良くプロペラが回るよう、考えながらの作業。長年の経験がものを言う。

⑤焼く

レース中に水の負荷が掛かると、両翼の角度が変わることがある。「プロペラが開く」と表現する。炉に入れて熱する。金属を強く、硬くするためだ。

苦労の末、完成した3枚のプロペラを持つ篠崎仁志（23歳、福岡）

⑥カップを入れる

プロペラの先端部分にカップと呼ばれる「くぼみ」を入れる。「カップを入れすぎると、水をつかみすぎて良くない」と枝尾賢（28歳、福岡）は説明。カップがないと、水のつかみが悪い。

⑦磨く

いよいよ最後の工程だ。紙ヤスリを目の粗いものから細かいものへと使い分ける。最後は研磨材（剤）を使って、表面をきれいに磨く。愛着のあるプロペラは、鏡のように輝く。

「朝から頑張ったら1日でできるかもしれないけど、丁寧に作りたいから2日に分けて作っています」と篠崎仁志（23歳、福岡）。

プロペラを一生懸命作っても、良い物ができるとは限らない。究極のペラを目指して、苦悩の日が続く。

グループでペラ改良

プロペラづくりを一人で全部やっている選手もいるが、ほとんどはグループを組んでいる。かつてレース場がエンジンとプロペラをセットで貸与していたころは、プロペラグループはなかった。

　プロペラには流行がある。「デカペラ」を始め、ピット離れでビュンと飛び出す「スーパーピット離れペラ」など。作り出したのはコンピューターではない。選手自身だ。知恵を絞り、試行錯誤を繰り返して誕生した。

「どうすれば、より速く走れるのか」。選手はそればかりを考えている。仲の良い選手が意見を交換し、改良する。レース場以外でも、話題の中心はプロペラばかりだ。そんな選手が一人、また一人集まる。グループができたのは自然の流れだ。

　人数が増えると、環境を整えるのも楽だ。お金を出し合って、道具をそろえられる。プロペラをたたくと大きな音がするため、グループで郊外に「ペラ小屋」「ペラ工場」と呼ばれる作業場を持つが、家賃負担も軽くなる。

　福岡支部では、浜田和弘（50歳）を中心に福岡市東区近郊の選手が集まった「我勝手《わがかって》隊《たい》」、山内直人（58歳、引退）を中心に太宰府市近郊の選手が集まった「げってん会」が大きなグループ。ともに20人ほどの大所帯。

プロペラづくりに欠かせないペラ台（左）とハンマー

　我勝手隊の井上恵一（41歳）に聞くと家賃や工具のこと以外に「大人数だから情報が多いとは感じないが、心強さがある」という。

　げってん会の平田忠則（34歳）は「最初は4、5人だったのが、今では20人。人数が多いと楽しいが、考え方が違うからまとめるのは大変。グループのみんなが強くなることはうれしくて、刺激になる」。

　ある若手は「工場に行くと、必ず誰かがいる。レースのない日は工場にいかないと落ち着かない。強くなるためには人の倍、努力しなければならない」と話す。プロペラの作業が終われば、先輩が後輩を連れて飲みに行ったりもする。ここでも話題の中心はレースやプロペラになることが多いという。

グループを超えて情報交換

「プロペラグループ」というくくりはあっても、それがすべてではない。多岐にわたって交流、情報交換は行われる。

5月に福岡ボートレース場で行われた「どんたく特選レース」は、地元福岡支部を中心としたメンバー構成だった。グループの枠を超えて、プロペラの形を見せ合ったり、意見交換をしていた。

その輪の中心には、瓜生正義(34歳、福岡)がいた。SGレースでも活躍している瓜生は、操縦技術だけではなく、プロペラの完成度も高い。そんな彼からプロペラ技術を教えてもらおうと選手は集まる。山一鉄也(43歳、福岡)は「瓜生塾の生徒です」と、うまいことを言った。

瓜生もオープンだ。先輩後輩に関係なく、トップレーサーと渡り合ってきたノウハウを伝える。どの部分をたたくと良いか。どんな形の角度やひねりがいいか。

グループに関係なく、情報交換(福岡ボートレース場で)

SGではどんな形が流行しているのか。ただ、レース場では、自分以外のプロペラをたたくのは禁止。アドバイスしかできない。

レース場を離れても交流はある。中村真(37歳、福岡)に聞いてみた。「自分のグループだけでなく、福岡支部の選手とは意見を交わす。自分は筑豊グループだけど、例えば大神康司(38歳、福岡市西区グループ)、林恵祐(35歳、げってん会)や仲のいい選手とプロペラをたたいたりすることも。交流は広い」

グループ以外の交流では、同じ支部(県)が一番多い。同期(やまと学校の同級生)の結束も強い。ほかにも変わった交流がある。中村が名前を挙げた林は、面倒見がいいと評判。「他県(他支部)でも、自分の後輩の同期にプロペラを作ってあげたこともある。後輩が世話になっているのだから、先輩としては不思議なことではない」という。

ただ、すべてのグループがオープンとは限らない。情報流出を好まない選手もいる。「持ちペラ制」になってから、選手の人脈にも注目しなければならなくなった。

外注ペラも最終調整は選手

Ａ１級レーサーの中辻崇人（33歳、福岡）は先日、「プロペラが２枚なくなった」と嘆いていた。レース中に転覆して１枚壊れ、もう１枚は重量不足（規定は３７０－３９０グラム）で使えなくなった。レース場からの帰り、頭の中はプロペラのことばかり。次のあっせんまで１週間あり、２枚のプロペラを大慌てで作った。

「１枚完成させるためには、根を詰めても8時間はかかる。丁寧に作りたいから、１枚を２日かけて作った」（中辻）。新しく２枚のプロペラが出来上がるまで、４日間を費やしたことになる。

調整する選手

最近では、加工作業を外部に発注。通称「外注ペラ」を使う選手も増えてきた。業者は、伸ばし、削りといった工程をすべて請け負う。選手だった人もいる。10業者はあると言われるが、正確な数は把握できない。

レース場以外なら、他人のプロペラをたたいても、作ってあげても構わない。外注することは何ら問題ない。実際に外注ペラを購入したことのある選手によると「仕上がりがとてもきれい」。プロ顔負けだとか。プロペラ調整の苦手な選手にとっては命綱だ。外注ペラでＳＧ、ＧⅠを制した選手もいる。

加工代金は、業者によって幅がある。10万円ほどかかる業者のプロペラは「マンジュウペラ」、５万円のところは「マンゴ」と呼ばれた。

自家製であれ、外注であれ共通するのは当たり外れがあること。ウン万円をかけても期待はずれの場合もある。中には10枚単位で購入する選手もいる。

費用はかさんでも、ＳＧ、ＧＩレースを勝てれば安い投資なのかもしれない。ただ、外注ペラと言っても、そのままの状態ではレースで使えないという。気温や湿度、また抽選で貸与されるエンジンの調子は一様ではない。微調整は必要なのだ。しかし、ファンにとって自家製であろうが、外注であろうがどちらでもいい。完成度の高い物で、勝ってくれればいいのだから。

アニメから、亮太スペシャル

写真のプロペラをよく見てほしい。形がどちらかと言えばいびつだ。この形状のプロペラを持っているのは、約１５００人の選手の中で、中村亮太（30歳、長崎）だけだ。独自に編み出した通称「亮太スペシャル」。独特の形ができたのは、アニメ「モンキーターン」（河合克敏、小学館）がきっかけだった。

「簡単に勝てるプロペラが欲しかった。漫画ではすごい足になっていたから、実際はどうなるのか」。好奇心いっぱいだった。思い立ったら行動へ。「重量を気にせず、漫画の通りの形にしてみた。練習で試したら、30メートルほどで無理って。乗れるレベルではなかった」と当時を振り返る。

普通の選手なら、それで終わっていたかもしれない。だが中村は違った。

独特な形状の「亮太スペシャル」を持つ中村亮太

友人のつてで、長崎総合科学大船舶工学科の教授を紹介してもらった。「教授にはプロペラの基礎を教えてもらった。ボートと、船舶や飛行機などのプロペラとの違いなどを聞いて、ひらめいた」（中村）。無駄な所をカットすることだった。

続けて、飛行機に乗った。翼付近の窓側を予約。翼（羽根）をジーッと見つめた。「飛行機の羽根は、離陸時、上空、着陸時では形が変わる」。羽根を見るだけのために、何度も飛行機に乗った。

中村のひらめき、教授のアドバイス、飛行機の翼の変化の三つが結ばれた。

２００５年５月、ペラが新基準になったとき、中村は２か月のＦ休み中だった。「その間、ほかの選手の動向を見てました。そこで、これだと思ったんです」

イメージとしては、伸びが良くなるはずだった。ところが、意外な結果が待っていた。「７月の住之江ボートレース場で乗ったら伸びが悪い。その代わりに、ピット離れと出足がすごかった」。デカペラが誕生したときと、同じような状況だ。反響はあったが、簡単にマネができるものではなかった。

その後も改良を重ねた。「ミリ単位で理論的にカットしています」。出足と回り足はいいままで、伸びが良くなった。

プロペラ交換は自己申告。記入用紙に書き込む乙藤智史（25歳、福岡。芦屋ボートレース場で）

なぜ交換するのか

ボートレースの部品交換で一番多いのは、プロペラだ。選手がレース場に持ち込めるのは３枚まで。それがエンジンとマッチするかは乗ってみないと分からない。勝敗に直結することだけに、コメントもプロペラのマッチングに関することが多くなる。

最初に決めた１枚で感触が良ければ、そのプロペラを基本に、一節間戦えるめどが立つ。感触が悪ければ、２枚目、３枚目に交換。できるだけ早い段階で、主力として使うプロペラを決定したい。１枚に定まると、調整しやすいからだ。

プロペラ交換が行われる理由を、いくつか考えてみよう。
①動きを良くしたいから
開催の中盤－終盤になっても頻繁に

交換しているのは、エンジンが出ていない場合が多い。交換しても、大きな変化は期待できない。

②コースによって使い分ける

スロー起こしなら出足型、ダッシュなら伸び型と使い分ける選手も。

③気象条件によって使い分ける

前日と気象条件が大きく異なれば、エンジンの回転は変わる。微調整で対応できないときにプロペラ交換で対応。

④良さそうな感触だった

レースの合間の試運転（足合わせ）で感触の良いプロペラを発見。それなら、本番で使ってみたくなる。

プロペラに限らず、悪くしようと思って交換する選手はいない。山田康二（23歳、佐賀）は「舟足が良くても、乗り心地がしっくり来ないときに交換する。ただ、試運転で感触が良くても、レースで悪い場合があるから難しい。コースを取りだしてからは、スロー用、ダッシュ用と使い分けることもある。気温の変化が大きいときに換える選手は多いと思う」と交換の理由を話す。

　プロペラ交換があったとき、展示タイムには注目したい。タイムが良ければ、舟足が良くなっている可能性が高い。タイムが出ていなければ、良くなっていないのでは？と推測できる。

負けないエンジンを目指して

整備の力がなければ勝てない

ボートレース用のエンジンは、ヤマト発動機株式会社（本社・群馬県太田市）で製造している。排気量400cc、水冷2サイクルの32馬力。昔と比べ、性能は良くなったが、使っていると差が出てくる。

　エンジン整備は、選手自身が行う。1986年から選手主体の整備となり、選手相互間の協力は禁止された。レース場専属の整備は協力できる。

　福岡ボートレース場では5人の整備士が、62基のエンジンを分担して管理している。非開催時は整備はできるが、開催中は勝手に整備はできない。エンジン抽選を終えた選手の指示を受け、協力や助言をする。エ

開催中の整備は選手が行う（下関ボートレース場で）

ンジンには愛着いっぱいだ。「新聞にボロエンジンだと書かれたら、いい気はしない」。同場の開催運営課整備係の林孝（58歳）は本音を漏らした。整備士の一人は「エンジンも人間と一緒。良い子ばかりではかわいくない。悪い子がいるからこそ、良くしてやろうと思う」と語る。

同じマシンスポーツの「オートレース」では、バイクだけでなく、タイヤも選手の私物。交換用の部品も個人で買わなければならない。部品には当たりはずれがあるといい、強い（稼ぎの良い）選手にならないと、大量購入することは難しい。

その点、ボートレースは、施行者がエンジンを貸すだけでなく、部品代も負担する。「強い選手、弱い選手に関係なく、公平が基本。全部とまでは言えないが、選手の要望に応えて、気分良くレースをしてもらいたい」（林整備士）。

最近はプロペラの良しあしが注目されがちだが、プロペラの能力を発揮できるかどうかはエンジンにかかっている。飯山晃三（33歳、長崎）は、〝大村支部のドン〟と呼ばれた古川文雄（61歳、佐賀）から次のように教えられたという。

「オマエたちはモーターボート選手ぞ。よーと考えてみろ。順番は、モーター（エンジン）、ボート、そして最後に選手。モーター（エンジン）が出らんと勝てんのやからな」

パワーの源、ピストンとリング

公表される部品交換で、もっとも頻度が高いのは「ピストンリング（以下、リング）」や「ピストン」。ボートレース用のエンジンには、ピストンが上下に2個。1個のピストンには2本のリングが着いている。

ピストンとリングは、クランク室に入った混合気をシリンダー内で圧縮させるために必要不可欠な部品だ。水竹で作った水鉄砲をイメージすると分かりやすい。水を押し出す棒がピストン、その棒に巻いた布がリング。すき間なく密着していると、小さな穴から水を遠くに飛ばすことができる。スカスカだと水は飛ばせない。ガチガチでもだめだ。

シリンダーの直径は、およそ66ミリ。ピストンはそれより少し小さいアルミニウム製。高温になるシリンダー内では、わずかだが膨張する。〝ピストン博士〟の異名を持つ倉尾良一（60歳、福岡）は「手の中で温めてもピストンは膨張する。いくつかのピストンを握って、膨張率の小さいものを選ぶのがコツ」と話す。膨張と言っても１００分の1ミリ単位。わずかな変化を手の中で見極める職人技だ。ちょうどいいピストンを探し出さなくてはならない。

リングは「新品」と、選手が交換したものを保存している「中古」の2種類。断面はテーパー（円錐《えんすい》状で先細り）加工されている。先端がとがっている新品は、シリンダーとの接触が小さい。使用してすり減ると断面は大きくなり、摩擦力も大きくなる。新品にするか、中古にするかは選手の好みや、これまでの経験などで選ぶ。リング1本は４９０円、ピストン1個は３１８0円。

交換して、すぐにパワーアップすることもあれば、程良い当たり（接触）になるまで時間が掛かることも。「程良い具合」は難しく、乗り込んで当たりが来るのを待つ選手は多い。

ピストンとリングは、出力部分の「パワーユニット」で、エンジンパワーの源と言っても過言ではない。本体からの力強いトルクを求めて交換する。交換後は展示タイムだけではなく、周回展示でターンした直後

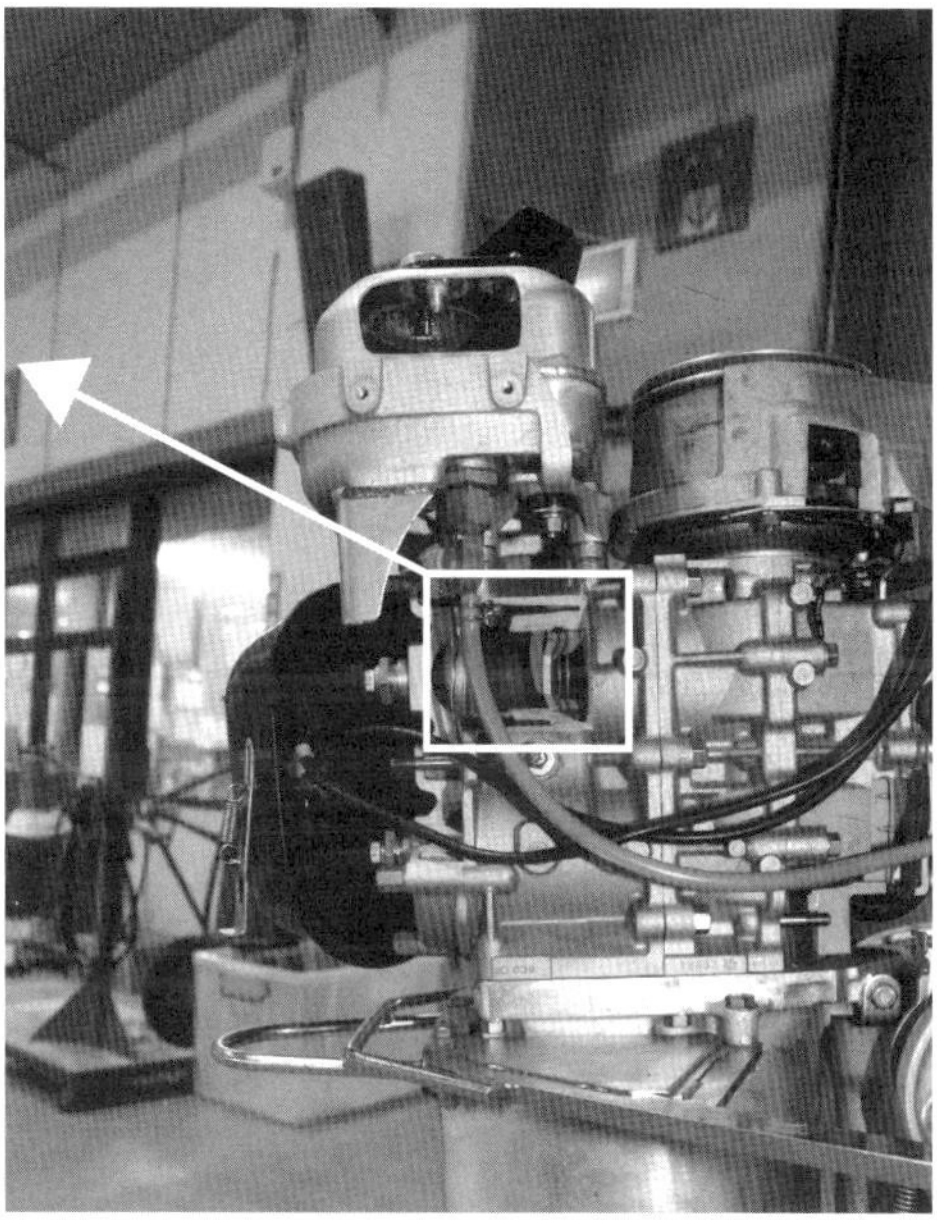

▲エンジンでのピストンの位置
◀ピストンを持つ前田将太（22歳、福岡）

の動きにも注目したい。立ち上がりがスムーズで前にグイッと押していれば、整備できたと判断できる。

ギアケースで回転を合わせる

プロペラと同じぐらい頻繁に調整するのが、ギアケースだ。パワーユニット（シリンダーで混合気を爆発させ、ピストンを往復運動させる）で作られた動力をクランクシャフトから受け、伝達方向を90度変えてプロペラに伝える。それがギアケースの役割。

２枚あるギアのうち、クランクシャフト側にある「ピニオンギア」の歯は14枚。プロペラ側の「ベベルギア」は15枚。ギアのかませ具合によって、エンジンやプロペラの回転は変化する。

調整は、プロペラとつながるシャフトに「シム」と呼ばれる薄いリングを増やしたり、減らしたりして行う。シムを増やすと、２枚のギアはしっかりとかみ合う（選手は詰めると表現）。力の伝わり方はスムーズだが、回転には大きな力が必要となる。反対にシムを減らしてギアとギアの間を広げると、小さな力で回転する。気温や湿度が高く、回転の上がりが悪いときにギアを広げる選手が多い。シム調整は、バックラッシ

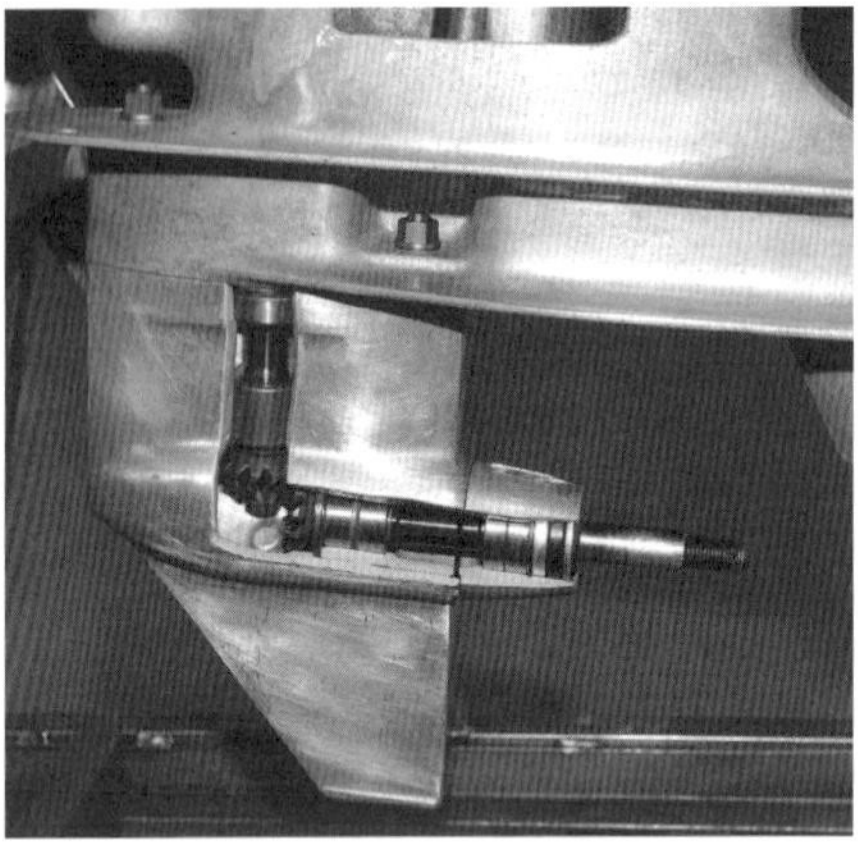

▲２枚のギアで回転方向を変える
▶ギアケースの調整をする吉田弘文
（34歳、福岡）

ュ（すき間）の調整とも呼ばれる。回転の調整はプロペラでもできるが、形を大幅に変えたくないときにギアケースを扱う選手が多い。コメントに注目してほしい。どのような意図でギアケースを調整しているかが分かるから。

一般的に、ギアを詰めると「出足型」に、広げると「伸び型」になると言われている。ピット離れにこだわって、イン戦の多い西田靖（49歳、神奈川）はギアをガチガチに詰める。チルトを跳ねて伸び勝負の阿波勝哉（37歳、東京）は広げることが多い。しかし、すべてに当てはまるわけではないから不思議だ。教科書通りにならないのが、エンジン調整の難しいところ。

ただ、ギアケース交換の発表があれば注意したい。ギアケースは頻繁に交換される部品ではない。よほど悪くて何とかしたい場合か、転覆などの接触によって壊れたときに交換する。かつて、エース機と呼ばれていたエンジンが、ギアケース交換で並のエンジンになったケースもあった。

動きが変わるキャブレター調整

エンジンを動かすためには、燃料（混合ガソリン）

▲キャブレターで燃料を調整する
▶プラグの焼け具合をにおいで確認する青木幸太郎（26歳、福岡）

と空気（酸素）が必要だ。両者が混ざったものを「混合気」と呼ぶ。シリンダー内で混合気を圧縮し、プラグで点火して爆発させる。効率良く爆発させるためには、燃料は大きな分子よりもさめ細かい分子の方が空気に触れて燃えやすい。霧状にするのが、キャブレターの役目だ。

もう一つ、燃料の供給量調整という大事な役割もある。エンジンの上部にあるタンクから、重力によって燃料はキャブレターへと送られる。燃料が多すぎても、少なすぎても良くない。適量を見極めるには経験が必要だ。

適量とは、パワーが一番発揮される状態。燃料は少なめの方が効率良く爆発。パワーを最大限に発揮できるが、エンジンへの負担も大きい。多すぎると負担は掛からないが、パワーが足りない。

レース中、2番手以下に大差をつけて先頭を走っている選手が、後ろを振り向いてエンジンを触っていることがたまにある。エンジンへの負担を減らすために、燃料を多く供給しているのだ。調整はキャブレーターの下部にあるニードルで行う。「調整を開けた」「調整を絞った」というのは、燃料調整のニードルを指している。

燃料の供給がスムーズでないと、爆発もスムーズに起こらない。レバーを握り込んだとき、息をつくように回転が急にガクンと落ちたり、回転の上がりが一定せずブルブルと音がして前に進みにくいときがある。前者は「息つきが入る」、後者は「ブルが入る」と選手は表現する。

回転の上がりが一定しないとスタートがしづらい。大きな問題だ。これらの症状を改善するために、キャブレターを交換する。交換後はスタート展示に注目したい。スタートがスムーズにできているか。遅れていないか。不安だったスタートのしづらさが改善できれば、選手は安心してレースができる。

燃料の量が適当かどうかは、外観からは分からない。だが、プラグを見れば判断できるという。燃料が多いとプラグは焼けず、少ないと熱くなって焼けすぎる。見た目だけではなく、においをかいで判断することもある。

リードバルブ交換は公表なし

ネジ類などの小さなものを除いては、基本的に部品交換は公表される。だが、公表されない部品でも、エンジンに大きな影響を与えるものもある。舟券を買うときの参考にするためだ。キャブレターで噴霧状態にした混合気（燃料と空気）をクランクケースへと送り、密閉した状態を作る「リードバルブ」も、そんな部品の一つだ。

混合気の流れは、一方通行。キャブレターで噴霧状態になり、リードバルブを通ってクランク、シリンダーへと流れる。リードバルブが栓の役目をしているから、逆流はできない。

リードバルブは3枚の羽根が4セットで1組。厚さ0・3ミリの薄いステンレスの金属板。その上に厚くて固いシールドプレートを載せ、バルブプレート（台）に取り付ける。混合気が送られると1分間に6600回もの開閉を繰り返す。スムーズに行われないと、混合気はうまく流れ込まない。キャブレターで燃料の調整がうまくいかないときと同様に、「息つき」や「ブルが入る」という症状が発生する。

こだわる選手はエンジン抽選が終わって真っ先に、キャブレターとリードバルブを点検。丁寧に組み直す。羽根を交換して、一気にパワーアップすることもある。

羽根の開閉幅を小さくして混合気の量を減らすと伸び型、開閉幅を大きくすると出足型になると言われている。だが、これまた教科書通りにはいかない。気象状況、キャブレターの状態などによって調整が必要になる。

　混合気が送り込まれる状態を確認するため、リードバルブに口を当てて吸ってみる。その時に発生する音を聞き分けて判断をするという。「なかなか難しい」と谷村啓司（31歳、福岡）。ビーッと高い音のときがいいと言われている。

ドライバーを使ってバルブを組む谷村啓司
(31歳、福岡。福岡ボートレース場で)

バルブの組み上がりは音で確認する

　クランクケース内の気密を保ちつつ、混合気をスムーズに吸入させるのがリードバルブの役目。大切な役割を担っているだけに、「バルブを扱った」というコメントには敏感に反応したい。

電気一式交換で気配は？

　ボートレース用のエンジンには、自動車のような大きくて重いバッテリーは付いていない。その代わりに、エンジン最上部にある「電気一式」で永久磁石とコイルを使って自家発電、シリンダー内で混合気に点火するプラグへと流される。

　点火のタイミング（選手は電気位置とも呼ぶ）を早くするか遅く

永久磁石とコイルで発電

するかは、取っ手のようなタイマーハンドルを左右に動かして調整する。エンジンを切るのもタイマーハンドルを用いる。火花を散らすタイミングは、早すぎても遅すぎてもだめ。ピストンの動きを想像し、最も大きな爆発圧力を得られそうなタイミングで点火しない

タイマーハンドルで調整

とパワーを持て余すことになる。「電気位置を扱ってパワーアップしました」というコメントは多い。

　タイミングの調整でうまくいかないときは、もちろん交換する。待鳥雄紀（30歳、福岡）は、「湿気が多いときは（エンジンが）バテる感じがある。そこで電気一式を交換したら、力強さが出てきた。回転が上がったり下がったり一定しなかったのも直った。直線で負けていたのが、付いていくようになった」と教えてくれた。

　転覆して次のレースとの間隔が短い場合は、予備の電気一式に交換される場合もある。電気に水は大敵。福岡ボートレース場の開催運営課整備係の長渡和明（38歳）は「時間がないときは交換するしかないが、交換すると舟足が変わる恐れがある。なるべく早く乾かして、同じ部品を使えるようにしてあげたい」と言う。いかに重要な部品であるかが分かる。

助走距離の短いスローからのスタートを好む選手ほど、電気一式の調整や交換をすることが多いとも言われている。レバーを握ったとき、瞬時にエンジンが反応。良いタイミングで爆発が起これば、出足強化につながる。中には電気一式を乗り比べて、「舟足はAの電気だけど、スローからの足ならBの方がいい。どちらがいいかなあ」と悩む選手もいるとか。電気一式の交換で気配アップの可能性は大いにある。

シリンダーケース交換は買い

「シリンダーケース」は、大きな部品の代表格だ。めったなことで交換することはない。整備も大掛かり。値段も高い。1本4900円のリングや、1個3180円のピストンとはケタが違う。9万9900円もする。簡単には換えてもらえない。1年ごとにエンジンが更新されるのと同時に、新しいシリンダーケースも予備として購入。福岡ボートレース場では予備として新品を五つ用意。これとは別に、前年にエース機と呼ばれたエンジンのシリンダーケースを中古用として取ってあるレース場も多い。

プロペラが回るまでをたどっていくと、シリンダー内での混合気が爆発してピストンを動かすことから始まる。これがうまくいかないと、プロペラがよく回るはずがない。「エンジンの心臓」と呼ばれるほど重要な部品だ。

シリンダーケース交換は、最後の手段と言っても過言ではない。プロペラの調整をやり尽くし、ピストン、リングを換えても本体からの力強さが出てこない。キャブレターやバルブを扱っても変化がない場合だ。

新品のシリンダーケースは数に限りがあるため、新品との交換はエンジンが更新された最初の時期だけだ。新品が出尽くすと中古として使用される。悪かったシリンダーケースが、たらい回しされる。だが、ピストンやリングと相性がいいと、パワーアップすることもある。

公式発表はシリンダーケース交換だが、中には「スリーブ」と呼ぶ選手も多い。リングと接触する内側の部品名（円形の筒）が「シリンダースリーブ」だから。交換は個別の部分ではなく、ケース丸ごと換える。

勝率や2連対率だけでは把握できないエンジンの良しあしを、「スポーツ報知」ではアルファベット表記で格付けをしている。エース機と呼ばれる「S」を最高に、A、B、C、D、Eの6ランク。シリンダーケースを交換したときは、変更したという意味で「変」と表記している。ボートレース界では、「シリンダーケース交換は買い」という格言もある。Dランクが一気にSランクへと変身する可能性もないとは言えない。

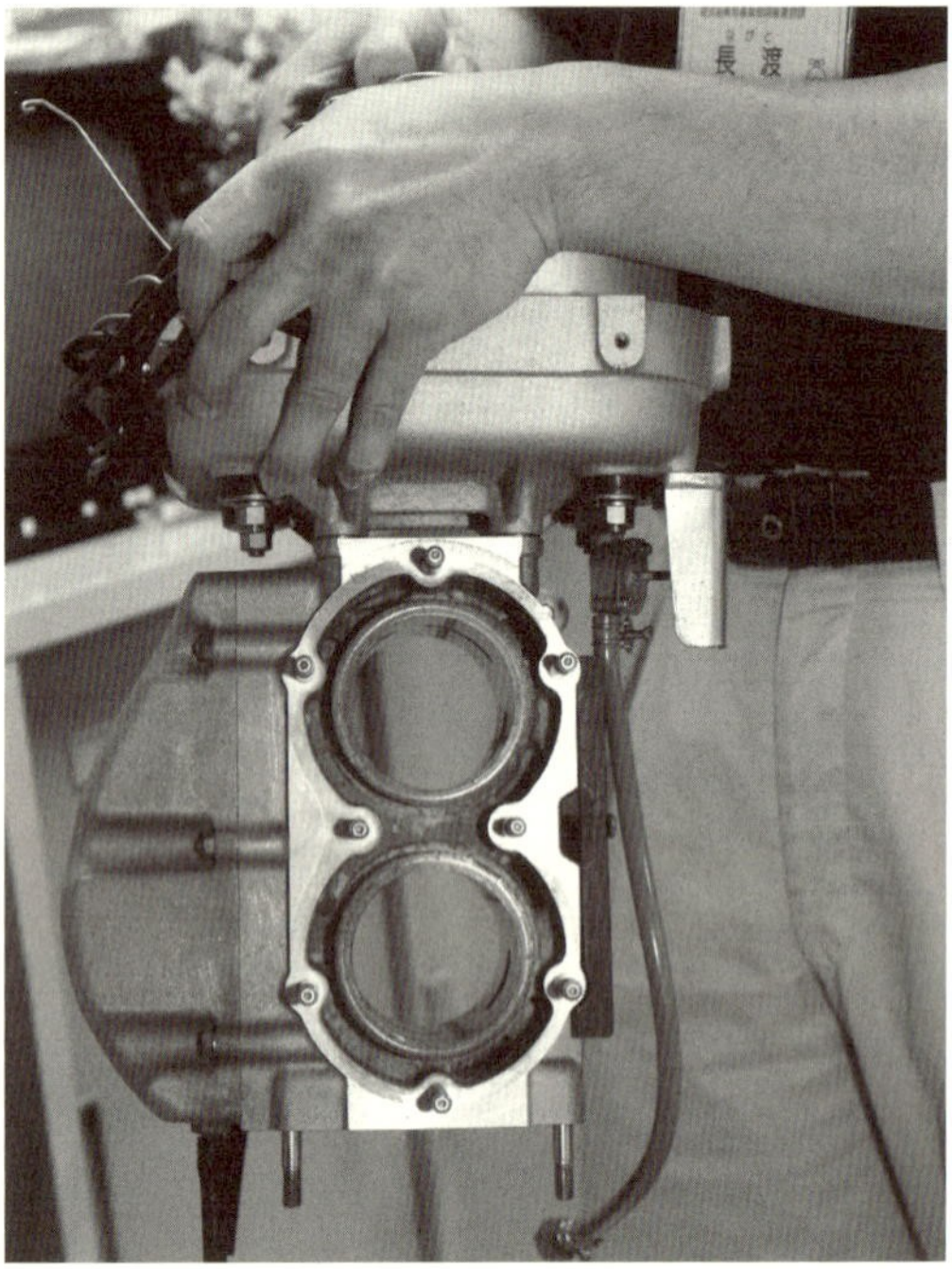

シリンダーケースはエンジンの心臓

悩むクランクシャフト交換

シリンダーケースがエンジンの「心臓」なら、クランクシャフトは「背骨」。ピストンの往復運動を回転運動に変え、ギアケースを通じてプロペラを回す重要な部品だ。曲がっていたり、回転がスムーズに行えないと、ピストンで生み出した100%の力をギアケース、プロペラに伝えられない。

整備のできないシリンダーケースは、交換するしか良くする方法はない。だが、クランクシャフトは整備できる部品だ。

調整方法は、ギアケースを詰めたり広げたりするのと同じ。シムと呼ばれる薄いリングを増減して、クランクシャフトと連動しているピストンの位置を微調整する。選手は「シャフトを上げた」「シャフトを下げた」と表現。ピストンがシリンダーの上部に当たりすぎていれば、クランクシャフトを下げて対応。反対に下部への接触が多ければ上げる。シリンダー内を見れば、どの部分との接触が多いか分かる。調整は1ミリ以下の単位の世界。繊細なうえに、整備力が大いに問われる。

パワーアップしているかどうかは、ボートに乗ってみないと分からない。試運転に出て確かめる。トルク感が出てくればプロペラ調整に専念できるが、良くならなければ整備のやり直し。経験と根気が必要な作業だ。

　交換するのは、あくまでも最後の手段。値段は13万1400円。交換できる部品の中では一番高く、簡単には部品を出してもらえない。良くなることを前提に交換するが、急激に良くなるとは限らない。多くの場合は、乗り込んでなじむまでに時間を要する。おまけに、担当の整備士が手伝ってくれるとはいえ、手間も

クランクケースの中にシャフトは入っている

時間もかかる。
　枝尾賢（28歳、福岡）は、「言い方は悪いけど、クランクシャフトの交換はバクチみたいなもの。本当に最後の最後の手段」だと言う。吉と出るか、凶と出るかは選手自身も分からない。これで良くならなければ、白旗を掲げるぐらいの気持ちだろう。最悪の状態から脱するため、最後の可能性に賭けてみる。

キャリボディー交換は公表を

　宮島ボートレース場では、2010年9月から減音型エンジンを導入した。これで、全国24場すべてが減音型になった。

　標準型と減音型では、キャブレターを覆うカバーとキャリボディーの構造が異なる。キャブレターは混合ガソリンと空気を霧状にする部品だが、空気を吸い込むときに大きな音がする。

　キャリボディーは自動車やバイクのマフラーにあたる部品。減音型エンジンでは、吸気と排気時の騒音を抑えるように作られている。

　次ページの図を見れば分かりやすい。標準型のキャリボディーは排気の通り道が一つだが、減音型は二つ

あり、分散することで、騒音を減らしている。エンジンを効率良く動かすためには、吸気と排気をいかにスムーズにさせるかも大事だ。減音型は標準型と比べて出足性能が少し弱いと言われているのは、騒音を減らす構造が影響している。

全場が減音型エンジンになったことで、キャリボディーの存在は今まで以上に注目されるはずだ。

「2サイクルエンジンは、排圧が弱く、キャリボディーの個体差は当然出てくる」と福岡ボートレース場の開催運営課整備係の長渡和明（38歳）は説明する。排気口は水面下だが、もう一つニップルと呼ばれる通気口がある（図参照）。その穴の大きさは、レース場によって異なる。大きい方がキャリボディー内の排ガスは外に出やすい。出力アップにもつながる。インが強い大村ボートレース場は8ミリと大きく、インの弱い福岡ボートレース場は4ミリと小さい。

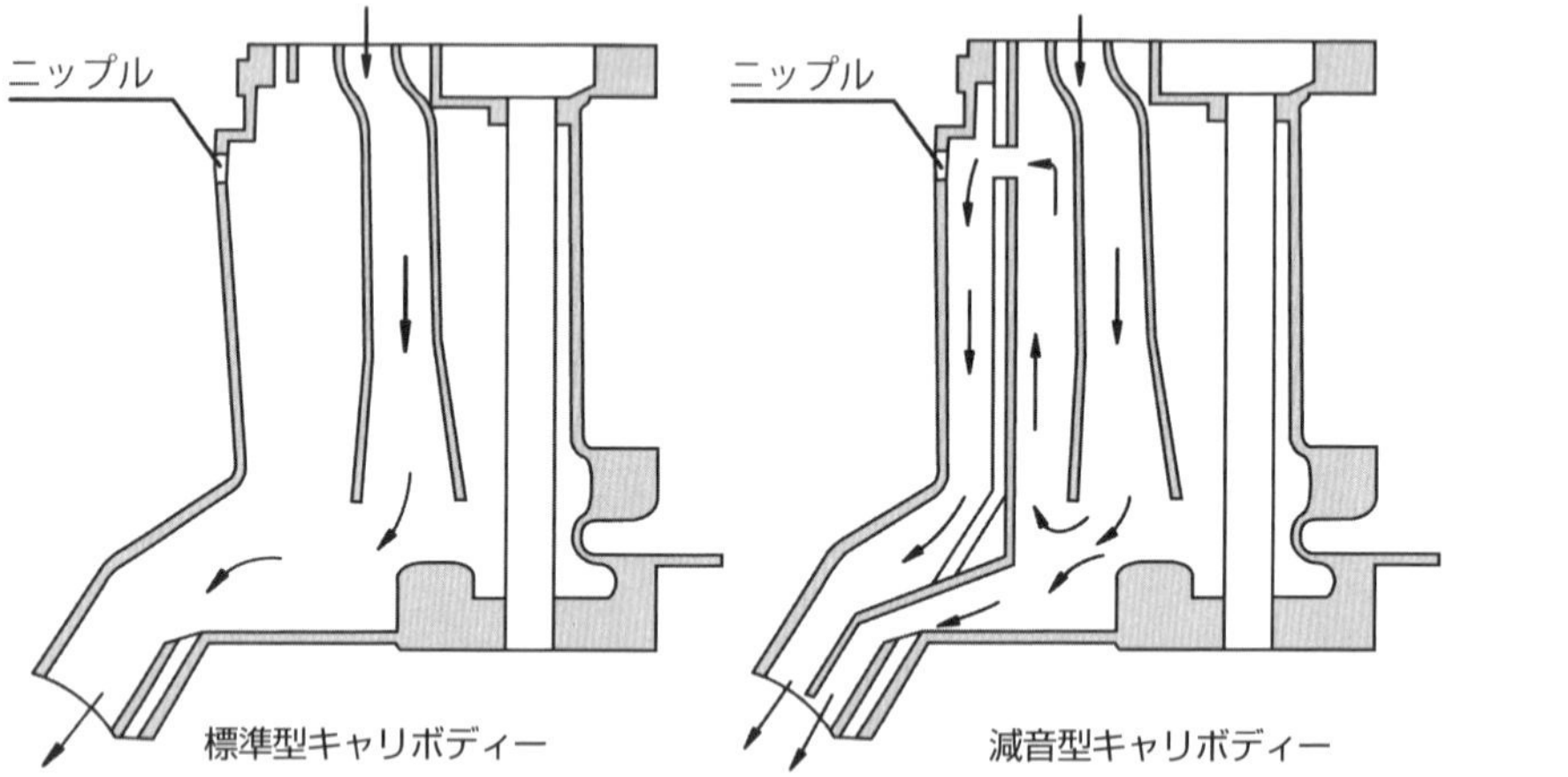

選手からのキャリボディー交換への対応は場によってまちまちだ。「交換したら動きがゴロッと変わります。交換させてくれるレース場なら、真っ先に換えたい部品。減音エンジンは特に効果がある」と枝尾賢（28歳、福岡）は分析する。

重要な部品ではあるが、キャリボディー交換はファンに公表されない。その理由を福岡ボートレース場の整備士・林孝に聞くと、「全国統一された部品交換の情報公表に定められた範囲の部品しか公表していません」。

今のところ、記者の取材でしかキャリボディー交換を知る方法はない。全国が減音型エンジンになったのを機に、公表したらどうか。

舟足に影響を与える艇

艇はハイドロプレーンのみ

ボートレースで使用しているボートは、ステッパーa型の「ハイドロプレーン」1種類。滑走面の前方にステッパーと呼ばれる突起部分はあるが、正面から見ると、ほぼ平ら。縦安定と旋回性は良いものの、波には弱い。

競走水面が海や川の中にあり、ボートレース場の設備が整っていなかった昔は、風・波の影響が大きかった。そこで、「ランナバウト」と呼ばれるボートも使用していた。一般的なボートと同じように滑走面がV底。ハイドロと比べると重い。波に強かったが、縦安定は悪かった。接水面を少なく、速く走らせるために、スタートをするときや直線ではボートをしゃくりながら走行していた。

昔からのファンなら、大森健二（63歳、岡山）、納富英昭（63歳、佐賀）、木下青海（62歳、同）の名前を思い浮かべるだろう。ハイドロの操縦もうまかったが、ランナはずば抜けていた。

ランナは実力差がとてつもなく大きく、大本命での決着が多かった。ランナレースへの出場を希望する選手は次第に減り、ランナの単独開催はできなくなった。ボートレース場の設備も整って波・風への影響も小さくなると、ランナは淘汰《とうた》されていった。１９９３年３月、芦屋ボートレース場での「ランナ王座決定戦」を最後に、ボート界から姿を消した。優勝したのは名手・木下だった。

ボートは木製。約２００種類のパーツを組み合わせて完成する。エンジンと同様、性能差をなくすため、1年ごとに施行者が買い替える。

滑走面には、金属製のフィンが付いている。他艇と接触して外れると、横に流れて操縦不能に陥る。先端部分は合成ゴム製。衝撃を緩和、人身事故防止のため、２０００年から導入された。

ボートの中には、櫂《かい》が収納されている。レース中にエンストすると、櫂でこいで安全な場所に避難する。また、進入時にしぶきが上がって、ボート内に大量の水が入ってくることもある。ボートが重くなるとスタートがしづらい。最悪の場合は出遅れてしまう。かき出すためのスポンジも収納している。どちらもなくてはならないものだが、できることなら使用したくはない。

節後半の艇交換は買い

エンジンに性能差が現れてくるように、ボート（艇）にも差が出てくる。木製のボートは乗っていると水を吸って重くなる。大きな衝撃を与えると壊れる。新品の時は差は小さいが、蓄積されれば大きくなる。

選手はエンジンの整備はしてもよいが、ボートの修理はできない。「乗りづらいのはボートの影響だと思う。でも、我慢して乗るしかない」というコメントを耳にする。反対に「ターンをしやすいのは、ボートがいいからだと思う」という選手もいる。「スポーツ報知」出走表にボート評価（◎、○、△の3段階）を掲載しているのは、舟足に影響を与えるからだ。

修理は、ボートレース場専属の整備士が行う。凸凹があればヤスリやカンナを使って削る。レース中の接触や事故で壊れれば、パテや木材をあてがってふさぐ。

塗装もやり直す。簡単にできる作業ではなく、時間もかかる。次のレースまで修理が間に合わない場合は、予備のボートを使う。修理が終わった時は、予備の貸与を続ける場と、修理したボートに戻す場がある。

選手にとって、悪いボートに乗っていたら交換は歓迎だが、良いボートなら換えたくはない。エンジン、ボート、プロペラのバランスが崩れ、舟足が悪くなる場合が多いからだ。

一方で「シリーズ後半のボート交換は買い」という言葉がある。前検日から乗っているボートより、水を吸っていないから軽い。エンジンへの負担が小さくなり、出力アップにつながる。ボート交換には、くれぐれも注意したい。

白井英治（34歳、山口）は、レースが終わってボートをピットに引き揚げてから、スポンジを使って丁寧に水滴を吸い取る。ボートの中だけではなく、外面もだ。一般的には「どうせ、水面に降ろせばボートに水滴は付く」と考えるだろうが、白井は「少しでも軽くしたい。微々たるものかもしれないが、軽い方がいいのだから。だから無駄な作業とは思っていない。当たり前」と断言した。

滑走面は平らだ（福岡ボートレース場で）

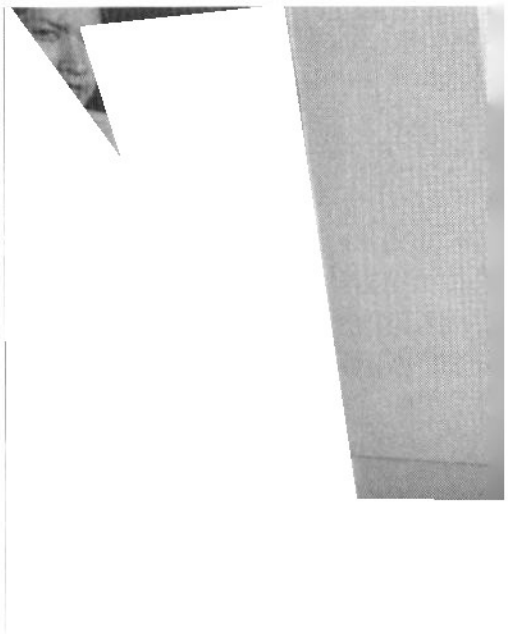

艇修理は整備士だけ

ボートレースの舞台裏

篠崎
飯山
吉川
川上
今村
104
赤坂
121
日高
122
森定

番組づくりの苦悩

初日12R1号艇は節の主役

ボートレースでいう番組とは、出走組み合わせのこと。大相撲での番組、取組といえば理解してもらえるだろうか。

選手のあっせんが決まるのは、開催が始まる1－2か月前。レースを主催する施行者からの希望も受け付け、日本モーターボート競走会あっせん課が選手を振り分ける。参加選手は開催日数（最短4日間、最長7日間）やレースのグレードによって異なる。一般戦では42－45人、賞金王決定戦、賞金王シリーズ戦を除くSGレースは52人。

開催前日に、翌日の番組が作られる。選手の成績によって出場メンバーと枠番が決まる優勝戦と準優勝戦以外は、レースを主催する施行者とモーターボート競走会の番組編成委員が意見を交わして作っている。エンジンの動きや成績などを勘案して、どのレースに選手を割り振るか考える。

番組編成に20年以上携わっている日本モーターボート競走会福岡支部の番組編成委員・荒木清治審判部次長（59歳）は「選手を当てはめるだけなら誰でもできる。そこから味付けをして、お客様に魅力ある組み合わせを提供するのが我々の仕事。簡単なようで難しい」と言う。

開催が始まる前から、番組編成委員の仕事は始まっている。

「あっせんされたメンバーを見て、主力クラスの選手がどれぐらいいるのか。強い選手が多いと話題もあって作業はスムーズ。少ない時は、強い選手をいかに輝かせて盛り上げるかを考えます」

1日に12レース行われる中で、番組編成委員が最初に決めるのは最終12レースの1号艇。

「その日のメーンレースの1号艇に誰を乗せるかは重要です。その日、最大の目玉ですから。最後までレース場にいられないお客様でも、前売りで舟券を買って帰るかもしれない。当たれば、またレース場に来てもらえる。お客様の心理を探りながら、軸がしっかりした番組づくりを心掛けています」

12Rの1号艇に人気を集める強豪選手が組まれているのには、ちゃんとした理由があった。

選手は1日に最多2回走る。1回走りか2回走りかは、一般戦なら番組編成委員が決める。主力選手を多く走らせたいが、全体のバランスを考えれば、そうもできない。出走回数を公平にしなければならない。

SGレースでは、前検日に予選期間中の出走回数が決まる。参加選手が52人なら、6回走りが28人、5回は24人。ドリーム戦に出場する6人は、6回出走と決められている。ほかはエンジン番号の若い方か、古い方から順番に5回走りが決まっていく。6回走りなら、1－6枠までまんべんなく回ってくるように組まれる。5回走りの中には、1号艇が回ってこない選手も出てくる。番組編成委員を悩ませる。

番組編成委員は、どんな気持ちで作っているのか。

あなたの作った番組が採用されるかも

荒木清治審判部次長はしばらく考えた後、こう話し出した。

「新聞の本命（◎）、対抗（○）のような結果になれば、当たる人が多いから最高でしょう。でも、モータースポーツだから、いいエンジンを引いたB級がA級に勝つというような面白さもある。すると高配当が飛び出す。個人的には豪快にまくるような若手が増えてほしい。そうなるとレースが面白くなるから。いろんな推理が楽しめるような番組だといいのかなあ。ファンの皆さんがいいと言うのは難しい。自分の意志とオッズが違う場合も多い」と苦笑いした。

福岡ボートレース場では、企画レースに力を注いでいる。一つのテーマがあると、ファンの関心も高くなる。地元選手が多数参戦した「お盆特選レース」2日目10レースでは、篠崎元志（24歳）、篠崎仁志（23歳）、山口修路（25歳）、山口隆史（25歳）、前田健太郎（25歳）、前田将太（22歳）の3兄弟を同じレースに出場させ「兄弟対決」を行った。前田将太、篠崎仁志の弟同士が1、2着だった。売り上げも好調だった。

同場では、重賞レースと冠レースを除く初日12レースを「ファン選抜」としてファン投票で出場選手を決めている。前の節に選手名と枠番を専用用紙に記入、場内の応募箱に入れる。その中から、編成委員が選ぶ。採用されれば、出走表に名前が掲載され、記念品が贈られる。

アナタの番組で、レースが展開される。

電話投票で増える本命レース

本場への入場者は、残念ながら右肩下がり。売り上げも同様だ。どうにかしたい。生き残りを懸けて、最近は場外発売や電話投票（インターネットを含む）に力を入れるボートレース場が増えている。番組もその影響を避けられない。

買いやすい番組で売り上げ増を目指す芦屋ボートレース場

基本は「買いやすい」こと。エンジンの調子は分からなくても、選手の顔ぶれを見て「Aが圧倒的に強い」と分かれば、電話投票ファンは買いやすい。下関ボートレース場、芦屋ボートレース場、大村ボートレース場ではいち早く、第1レースにA級選手が出るシード番組を登場させた。思惑通り、第1レースの電話投票での売り上げは増えた。追随するように徳山ボートレース場、若松ボートレース場、からつボートレース場でも、第1レースに主力が出場する番組を始めた。

最も顕著なのが、芦屋ボートレース場だ。第1レースの発売開始を午前9時7分と早めた「サンライズレース」を2010年7月から始めてから、明らかに買いやすいことを意識した番組づくりを行っている。1レースは1号艇がA級、2－6号艇はB級の「V戦《ブイ》」。2レースは1、4号艇にA級、残りはB級の「W《ダブル》戦」。3

レースは1、3、5号艇にA級、2、4、6号艇がB級の「X戦《クロス》」。4レースは進入が決まっている「進入固定レース」。第1弾の「モーニングレースオープン記念」（7月9−13日）では、1日の平均売上が38％増（2010年4−6月の比較）電話投票の売上は、166％と大幅に増えた。

売り上げが好調な大村ボートレース場も、本命レースを増やして伸ばしてきた。今後は多くのボートレース場が、「買いやすい」ことを意識した番組づくりに力を注ぐとみられる。賛否両論はあるものの、生き残るためにはやむを得ないのかな。

勝負駆け増える予選最終日

優勝戦まで道のりは、「準優（勝）制」と「得点優出制」の二つに分けられる。

ボートレースでは「得点率」によって、予選順位を決めている。得点率は、着順による得点を、出走回数で割ったもの。1日に2回走る選手もいれば、1回の選手もいる。予選が複数日数になれば出走回数は異なるため、1走あたりの平均点をはじき出す。

6日間の準優制なら、予選は4日間。予選の得点率上位18人が、5日目の準優勝戦（3個レース）に進出。その枠番は成績順に決まる。上位3人が1号艇、4−6位が2号艇と得点率順位ごとに割り振る。準優勝戦1、2着に入った選手が、最終日の優勝戦に出場する。

同じ6日制でも、得点優出制の場合は予選が5日間。5日目までの得点率上位6人が、上位からの枠番順で、優勝戦に出場する。

SG・GIレースは、すべて6日間開催の準優制で行われる。九州・山口のボートレース場では、5日以上の一般戦なら基本的に準優制を採用。4日間なら準優制、得点優出制とが入り交じる。関東では、重賞レース以外は6日間でも得点優出制というレース場が多い。

SGレースの予選得点は、1着から順番に「10・8・6・4・2・1点」。初日の12レースに行われる「ドリーム

SGレースの勝ち上がり表

初日	2−4日目	5日目	最終日
ドリーム戦（12R）	予選1−12R	準優勝戦 10−12R	優勝戦 12R
① 12点	① 10点	得点率上位18人が進出	準優勝戦 1、2着（6人）
② 10点	② 8点		
③ 9点	③ 6点		
④ 7点	④ 4点		
⑤ 6点	⑤ 2点		
⑥ 5点	⑥ 1点		
予選1−11R			
① 10点			
② 8点			
③ 6点			
④ 4点			
⑤ 2点			
⑥ 1点			

戦」は「12・10・9・7・6・5点」。

着順点は増えるばかりではない。転覆などの事故で、自分のミスが原因の選手責任なら5点の減点（選手責任外なら0点）。「待機行動違反」（進入時の違反）、「不良航法」（レース中の危険行為）は、ともに7点の減点が科せられる。1着でゴールしても、不良航法を犯せば「10点－7点＝3点」となる。

準優制の場合、18位の得点率は6・00付近になることが多い。「スポーツ報知」では、予選最終日に得点率表を掲載。状況を紹介している。19位以下からジャンプアップを目指すことを「勝負駆け」と表現。優勝するためには準優勝戦に乗らなければ話にならない。準優制18の席を争う予選最終日は、レースがより激しくなる。

スポーツ紙の予想の根拠

カギは「実力」「機力」「スタート力」

スポーツ紙の予想は、レース前日に行う。施行者が翌日の番組（出走表）を発表した後の作業となる。1着になりそうな本命は◎、逆転までありそうな対抗は○。続いて▲、△の順番で印を付けていく。何も考えないで予想をする記者はいない。取材をして選手から情報を得る。エンジンや選手に関するデータを分析。読者に納得してもらえる予想をするためには、根拠が大事だ。

「何を基に予想をしているのか?」と聞かれることがある。重視するのは選手の勝率、エンジンパワー、枠番など、記者によって異なるが、私は「実力」「機力」「スタート力」の三つの力を総合して、予想している。

前検日は、ピット取材がもっとも重要な情報源だ。スタート練習を終えた選手を見つけて、エンジンの手応え、最近のプロペラの調子、水面相性などを念入りに聞いていく。取材が終わると、「スポーツ報知」独自のエンジン素性や、出足と伸びを◎、○、△の3段階で評価する。スタート練習のときに計測された前検タイムも重要なので書き加える。

続いて進入予想だ。最近のボートレースは枠番通りに入る「枠なり進入」が増えてはいるが、前づけタイプが外枠にいるとどこまで入ってくるのか悩むことが多い。進入が乱れる番組は、波乱要素を含んでいる。

水面状況を予想することも重要だ。風の向きや強弱。海水のボートレース場なら、潮の干満。それに伴う、うねりにも注意を払わなくてはならない。スタートに影響するフライング（F）を持っているかどうか。F休みは消化しているのか。Fを切ったばかりなら、あまり無理はしないだろうなど。勝ちたい気持ちが強いかどうか。やる気があるかどうか。選手心理まで探っていく。

予想とはなにか。広辞苑第六版（岩波書店）には「ある物事の今後の動きや結果などについてあらかじめ想像すること」とある。記者が5人いれば、結果的に印が同じでもその過程は、5人とも違う。共通するのは「誰よりも当たる」という信念だ。

「堅い」「荒れる」は本命率を見て

全12レースを予想するが、印が付けやすい番組やそうでない番組などいろいろだ。1分もかからないこともあるが、悩んで何度も印を変えることも珍しくない。

予想の印は◎、○、▲、△の四つ。「6艇しか走らないのに、4個も印があるのは多い」という声もある。中には3個あれば十分という本命番組もある。そうかと思えば、4個では足りない混戦番組もある。

本命番組とは、明らかに強い選手が存在する組み合わせ。高校野球のチームに、プロのトップ選手が交じっているようなものだ。A1級が1人、残り5人がB級なら、圧倒的にA1級の選手が勝つ確率が高い。誰が見たって、本命（◎）が分かる。強いA級が2人、B級が4人の場合も2本柱が出来上がり、予想は組み立てやすい。ときには、実力上位でエンジンも出ている選手が2人、エンジンが出ているB級が1人、残り3人のB級は新人もしくはエンジンが出ていなくてコースも遠くなりそうなら、印は◎、○、▲の三つで十分。「△は誰にしようか？」と悩むことも。そのようなときは、3連単の1番人気が500円以下の配当になるはずだ。

そうかと思えば、実力差のないA級が4人いる場合や、成績の悪いB級ばかりがそろうと軸が不在。どこからでも狙える混戦番組の場合は、無印を誰にするのか悩む。5個目の印があればなあと嘆くことも。

一概に「◎」と表記されていても、すべてが同じ意味、内容ではない。勝つ確率の高い◎か、悩んだ末に付けて信頼度の低い◎か。堅いレースなのか、荒れる要素が含まれているのか。この差異は、「スポーツ報知」出走表に掲載している「本命率」を見れば判断できる。40％や45％なら混戦番組。70％を超えていれば、信頼度が高い◎と判断してもらいたい。全12レースの中で本命率が一番高いレースには、「◎」より格上の「◉」が付けられている。「自信の◉」だ。勝負事に絶対はないとはいえ、「当てたい」ではなく、「絶対に当てなければならない」と強い気持ちで厳選している。

◎には根拠がある

私が重視するのは「実力」「機力」「スタート力」。実力は勝率、スタート力は一定期間の平均スタートタイミング（「スポーツ報知」では6か月）を見れば分かる。だが、機力は現場に通い詰めていないと分からない。だからこそ、スポーツ新聞に掲載しているエンジン評価は、参考にしてもらいたい。ボートレース場に通い詰め、ファンよりもレースを多く見、選手に直接話を聞いている。

出足、伸びの評価に加えて、「スポーツ報知」では独自のエンジン素性をランク付けしている。何も知らずにボートレース場へ行っても、これを見れば、誰のエンジンが出ている、出ていないかは分かる。予想の印と同じぐらい、エンジンの◎、○、△という評価には力を注いでいる。実力下位の選手でも、エンジン次第では強い選手を破る可能性がある。だから、ボートレースは面白い。

ボートレース記者のほとんどは、担当する場に詰めている。担当がころころと変わることは少ない。私は、福岡ボートレース場がホームグラウンド（水面）だ。同じ場でレースを見続け、取材することによって、エンジンを詳しく知ることができる。

エンジンの戦歴をまとめた「エンジン台帳」と呼ばれるノートを、ボートレース担当記者のほとんどが作っている。内容は選手名、成績、出足と伸びの評価、部品交換、チルト角度。加えて、「成績は悪いが、出足が良かった」「成績はいいが、番組に恵まれただけ」「チルトマイナス０・５のときは悪かったが、０に跳ねてから良くなった」など。気がついたことを書き加えるようにしている。エンジンの特徴、力の良しあしを知っているから、勝率の低い選手でも好エンジンだったら本命印の◎を打つ。好配当を狙っているのではなく、根拠があるのだ。

当日の気配は展示で確認

スポーツ新聞に掲載しているエンジン評価は、言うまでもなく前日評価。エンジンの動きは気象の変化で微妙に変わる。レース当日の動きを再確認するには、展示タイムを参考にしたい。

展示タイムが公表されたのは、1986年4月の尼崎ボートレース場から。SGレースの場外発売、電話投票で直接現場で観戦できないファンへのサービスとして全国に広まった。当時は「予想が当たりすぎて推理する面白さがなくなるのではないか」との声もあったという。

九州・山口地区では若松、芦屋、福岡の各ボートレース場ではレーザーを用いた自動計測。ほかは手動で計ったものを発表している。「自動計測だからタイムは正確。機力の良しあしを判断している」という選手は多い。

スタート展示での動きに注目

展示タイムを計る展示航走は、全速で乗艇することが原則だ。だが、転覆すると選手責任の欠場となる。レースに出場できないどころか事故点が科せられる。中には転覆しないように、ゆっくり旋回している選手もいる。タイムが悪ければ、「エンジンが出ていないのでは？」とファンは勘ぐってしまう。関係者が指導をするか、展示をやりなおさせるかなどの改善策は必要だろう。

進入の推理の参考になるのが「スタート展示」だ。以前は「スタート練習」と呼ばれていた。一度、1991年に廃止された。スタート練習と本番レースの進入が違って苦情が絶えなかったからだ。

ところが、2002年8月、「スタート展示」と名前を変えて復活。当時の会見では「予想資料として進入コースに関する情報を提供することを主目的として実施に踏み切った」と発表された。2000年10月に3連単開始が、復活のきっかけだった。廃止前と同様に、スタート展示と本番のコースは必ずしも一緒ではない。入れ替わることも少なくない。それでも、起こしてから大時計を通過し、1マークまでの動きを見ておきたい。スタートしてグイッと伸びているようなら、エンジンの動きがよいと判断できる。

好配当なら囲み記事を

予想の総仕上げは、スタートをして最初に迎える1周1マークの展開を読むことだ。真っ先に旋回するのは誰だ。逃げるのか。まくるのか。それとも誰かが差してくるのか。実力、機力、スタート力の「三つの力」を基に分析すれば、想像するのは難しくない。

スタートが早いAはまくるはずだ。しかし、回り足が弱ければターンで流れてしまう。それなら、まくった外に付けているBが展開に恵まれて差し抜けるのか。出足がいいから差し切れる可能性は高いなあ。いや、待てよ。風が強い予報が出ているから、1マークにはうねりがありそうだな。それなら、出足が強力な2コースのベテランCが怖いな。スタートは遅くて、最近の成績は悪いけど、昔から波に強かったからな。様々な状況が頭に浮かぶ。思い浮かぶ数が多いほど、波乱に満ちた本命率の低い番組だ。

大本命の番組なら、多くの展開は思い浮かばない。実力上位でエンジンの出ているAが逃げて、出足のいいBが2コースから差してワンツーだな、3着も実力上位のCかDしかいないなとか、買う点数を絞りやすい。

「スポーツ報知」では予想とは別に、好配当を狙った囲み記事がある。私の場合は「困った時の長谷頼み」。目指すは3連単の万舟券。本紙予想の本命を打ち負かすような可能性を秘めている選手を探して紹介

『うねりはだめ。落ち着けばブンブンです』（萩原秀人）

きょうの一言

困った時の 長谷頼み

3日目は、うねりが大きかった。地元勢でも、乗りこなすのは大変だ。「乗れない」と話したが、道中は果敢に握っていた。4日目は、風が弱くなる予報。水面さえ落ち着けば、SG仕込みのフルスピードターンを見せてくれるはず。

【1R】ここでは伸び上位の小林。❸=❻流し、❸流し❻、❻流し❸。

【2R】伸び悪くない武田がSに集中。❺=❹❷❸=❻、❷❺=❻。

【5R】準優1枠が視野に入った別府。❷=❻流し、❷流し❻。

【6R】武重は新ペラに好感触。❺❸、❺❻の各3着流し。

【7R】萩原の全速ターンを信じたい。❺❶=❷、❺❶=❸、❺❷=❸。

【8R】舟足上位の武田が穴候補。❻❶、❻=❸の各3着流し。

【9R】杉江が伸びる。もつれて織田差し注意。❻=❷流し、❻流し❷。

【10R】アウト松尾の全速戦注意。❻❶、❻❹、❻❺の各3着流し。

している。

その欄には、その日の取材で得た情報すべてを注ぎ込んでいる。本命を破る伏兵は誰だ。「的中率」はもちろん大事だが、それを補える「回収率」を重要視。好配当を当てて一発逆転。１００円が1万円になれば万々歳だ。ただ、点数が多くて大変と言われる方もいるだろう。しかし、「穴は流すことが鉄則」だ。特に3連単が始まってからは、3着争いも激しくなってきた。人気のない選手でも、3着までに入る確率は2分の1。3連単は3着に人気薄の選手が絡んで好配当になることが多い。もちろん、2着や1着になれば、もっと配当は高くなる。

観戦法あれこれ

上手、下手が分かる指定席

初めてボートレースを観戦したのは、１マーク付近だった。エンジン音と跳ね上がる水しぶきにワクワク、ドキドキした。迫力と臨場感を求めるなら、１マーク付近の水際が一番のお勧めだ。集まる人も多い。しかし、ベンチが少なく、ゆっくり観戦したい人には向かない。

ボートレース場には、無料で観戦できる一般席のほか、階上にあってレースが良く見える有料指定席がある。福岡ボートレース場を例にすると、4階建てのスタンドの1階と2階には、一般席が合計２６３２席。冷暖房完備で快適に過ごせる。しかし、土・日曜日やビッグレースになると、入場者が増えて〝席取り合戦〟になってしまうこともある。

ゆったり、快適に観戦したいのなら、3階にある一人千円の指定席がお勧めだ。東スタンドと中央スタンドを合わせて１２８５席。水面から離れた高い場所なのでエンジン音は聞こえにくいが、レースは良く見え、選手の「上手」「下手」もよく分かる。中央スタンド側には、レディース席、車いす席、介護席、カップル席も設けられている。場内の売店「ペラ坊ショップ」でも販売しているボートレース専門雑誌「ＢＯＡＴ Ｂｏｙ」（日本レジャーチャンネル発刊、５８０円）には、指定席券がついている。

優雅に観戦したいのなら、3000円の「ロイヤル席」はいかがだろうか。最上階の4階、1マークに近いところにあり、座席数は23と少ない。勝負どころの1周1マークの攻防が手に取るように分かり、リピーターは多い。年間費20万円と審査によって選ばれた会員だけが入場できる「メンバーズルーム」もある。ロイヤル席と同じ階にあるが、会員ならいつでも自分のお気に入りの席で快適に観戦できる。VIPルームだ。

変わったところでは、芦屋ボートレース場では、対岸からレース観戦ができる「アシ夢テラス」が2010年オープンした。外向け発売所なので入場は無料。一度、体験してみては。

ビールを飲みながらの観戦も

ボートレース場では長い間、アルコール類はご法度だった。販売だけでなく、持ち込みも禁止。警備員が入り口で厳しくチェックしていた。

時代は変わった。レジャー施設でアルコール類販売は珍しくなくなった。野球場でもサッカー競技場でもビールなどを飲みながら観戦できる。福岡ボートレース場の広報担当者は「警備の面からトラブル防止のた

ロイヤル席から見た1マーク（福岡ボートレース場で）

め販売していなかった。しかし、ファンサービスの一環として、2004、5年にはアルコール度数の低いビールをナイターレースに限定して試験的に販売。2006年10月からは、昼間のレースでも販売を始めた」

ボートレース場でのアルコール類販売は、2000年7月に尼崎ボートレース場から始まった。その後、各地に拡大。九州・山口では、若松、芦屋、福岡、大村の各ボートレース場でビールを販売している。からつボートレース場の広報担当者に販売していない理由を聞くと「車で来られるお客様が多く、飲酒運転防止のため」という答えが返ってきた。

ボートレース場でアルコールを販売するためには、監督官庁の運輸局の許可、アルコールの種類などの届出が必要だ。「先行発売していた他場がビールのみだったこともあり、泥酔などによる事故防止も考慮して福岡での販売はビールのみを申請した」（福岡ボートレース場）。ビール以外に、日本酒、酎ハイを販売しているのは、三国ボートレース場、びわこボートレース場、丸亀ボートレース場などと少ない。

休日に、ビールを片手にレース観戦するのは楽しい。だが、くれぐれも飲みすぎて周りに迷惑をかけないように。予想の勘も鈍ってしまうかも。

佐世保バーガーの専門店もある大村ボートレース場

味でも競うボートレース場

ボートレース場は、レース以外も楽しめる。予想で疲れたら、おいしいものを食べて栄養を補給しよう。安くて、おいしい〝B級グルメ〟の宝庫なのだから。

私の個人的な見解だが、九州・山口のボートレース場の食堂ランキングでは、大村ボートレース場がナンバーワン。ご当地グルメのチャンポン、皿うどんに、アゴ（トビウオ）だしラーメン、佐世保バーガーの専門店まである。おしゃれなカフェも入って、老若男女に関係なく好評だ。2010年6月に

ＳＧ「グランドチャンピオン決定戦」が開催の時は、長い列ができていた。レースに関係なく、昼休みを利用して、ランチを楽しむのも良い。

ナイターレースを行っている若松ボートレース場では、串に刺したホルモン焼きが有名だ。特製のトウガラシダレを付ければピリッとしておいしさ倍増。1本だけでは物足りず、2本、3本と増えること間違いなし。これを目当てに県外から訪れるファンも多い。

甘い物なら、福岡ボートレース場「ペラ坊まんじゅう」（回転まんじゅう）を忘れてはならない。イメージキャラクター「ペラ坊」の焼き印が押されていて、なんともかわいい。素朴な味わいで、おいしさも保証付き。疲れた体に甘い物はうれしい。ゲンを担ぎたいのなら「ジャンボチキン勝つ（カツ）」。売店で販売している焼きそばは、なんと一皿２３０円。安くておいしい。

九州・山口以外では、蒲郡ボートレース場には回転すしの店がある。桐生ボートレース場の「ソースかつ丼」も美味。ボートレースファンの多い住之江ボートレース場は、粉モンの本場だ。お好み焼き、たこ焼き、きつねうどん、焼きそば。どれも安くて、おいしい。

いろいろなレース場を訪れて楽しむことを「旅打ち」という。今度の休みは、どこかのボートレース場に行こうか。「旅打ち」の計画を立てるのも、また楽しい。

4000台収容の徳山ボートレース場の駐車場

近くにあるボートレース場

ボートレース場は、意外と利便性がいい。特に、福岡ボートレース場は、地下鉄天神駅から、北へ歩いて10分。全国24場の中で最も都心部にあり、交通手段にも恵まれている。

下関ボートレース場も、ＪＲ山陽線長府駅から歩いて5分。若松ボートレース場はＪＲ筑豊線の奥洞海駅の改札を出れば、ボートレース場が右手に見える。

〝駅近〟だ。

からつボートレース場はJR筑肥線の東唐津駅、大村ボートレース場はJR大村線の大村駅が最寄り駅。それぞれ無料送迎タクシー、バスを運行している。

徳山ボートレース場はJR山陽線の徳山、櫛ヶ浜、下松駅、芦屋ボートレース場はJR鹿児島線黒崎、折尾、遠賀川駅から、無料送迎があるから便利だ。最寄り駅からでなくても、遠隔地から無料送迎バスを運行しているところも多い。変わったところでは、大村は大草港、時津港、長与港から無料連絡船を運航。ちょっとした船旅も楽しめる。

ただし、帰りは出発の時間が全レース終了後と遅かったり、本数が少なかったり、有料の場合もある。ボートレース場に到着したら、帰りの交通手段を調べておきたい。

車も便利だ。ボートレース場には広大な駐車場が用意されており、九州・山口のボートレース場はすべて無料だ。徳山ボートレース場には、4000台分を完備している。

ファンにうれしい、払い戻しサービスも行われている。下関ボートレース場ではJRが上限950円、関門汽船や関門橋、関門国道トンネルの片道分を払い戻し。からつボートレース場はJR、福岡市営地下鉄のキップ、指定された有料道路の領収証を提示すると片道分が戻ってくる。詳しくはホームページを参照か、各ボートレース場まで。

選手への道

選手は性別、国籍問わず

ボートレーサーになるためには、福岡県柳川市の「やまと学校」に入学し、卒業しなければならない。養成訓練期間は1年。募集は1年に2回行われ、45人前後が4月と10月に入学する。2010年9月17日には、第107期生31人（うち女子4人）が巣立った。

募集要項に、男女の性別、国籍はない。106期（2009年4月入学）からは「一般枠」の年齢が20歳未満から30歳未満と大幅に引き上げられたほか、スポーツの世界で優秀な成績を収めた選手の「特別枠」

が設けられた。

「一般試験」の主な条件は、①年齢15歳以上30歳未満、②入学日に中学校を卒業、③身長・172センチ以下、④体重・男子47キロ以上55キロ以下、女子42キロ以上50キロ以下、⑤視力・両眼とも裸眼で0・8以上（コンタクト不可）など。

「特別枠」は、スキー、スノボまたは体操競技でオリンピック、世界大会日本代表。㈶日本ボクシングコミッションの公認A級ライセンスの資格を取得し、日本ランキング5位以内。㈳日本自動車連盟公認の国際Aライセンス以上の取得者または、㈶日本モーターサイクルスポーツ協会公認の国際ライセンスの資格取得者で国際または国内大会で5位以内。そのほかのスポーツにおいて、日本モーターボート競走会が特に認める者。年齢に上限はなく、バイクレースで活躍していた竹内吉弘（東京）は35歳で入学。107期の一員として、2010年11月にデビューした。同期には、2008年の世界空手道選手権で優勝した藤原菜希（24歳、東京）もいる。

やまと学校

「特別枠」の1期生（106期）は、井内将太郎（26歳、広島）、葛原大陽（27歳、徳島）、谷川祐一（29歳、滋賀）の3人。いずれもバイクレースで活躍していた。
「特別枠はプロを経験しているので意欲があり、負けず嫌い。努力し、成績もいい。スピードに対する恐怖心がない」と教官の評価も高い。
1966年から2001年まで、山梨県富士河口湖の本栖湖に「本栖研修所」があった。しかし、本栖研修所は国立公園の中。将来を考えると数々の問題があるとして、関係者は新たな場所に研修所の建設を検討していた。一時期、福井県芦原町への建設が決まりかけていたが、最終的に折り合いが付かなかったという。研修所の誘致を表明した103市町村の中から、当時の福岡県大和町（現・柳川市）が選ばれた。

本栖研修所から「やまと競艇学校」へと名前が変わり、2010年からは「やまと学校」に改名された。福岡県に学校が移ってからは、同県からの応募者が急増。ボートレースが身近になり「ボートレーサーになりたい」とあこがれる若者が増えた。

昔は高額賞金にあこがれ、家族のためにというハングリー精神を持った選手も多かった。だが、最近ではレース自体のかっこよさ、アニメ「モンキーターン」（河合克敏）を読んで選手を目指したという若者も。

やまと学校は全寮制。訓練に集中できる環境が整っている。本栖研修所と大きく異なるのは、競走水面が二つあること。風向きを考えて作られているので、どちらかの水面で訓練ができる。水面が荒れてボートに乗れない日数が減った。

本栖研修所で訓練をした小畑建策（62歳、福岡）は、「自分のころは訓練期間が5か月だった。冬は水しぶきがかかると凍っていた。寒さは厳しかったし、ボートに乗れるのは風が吹かない午前中だけ。午後からは風が強く吹いて水面が荒れ、ボートに乗られなかった。訓練も厳しく、卒業する日を指折り数えていた。選手になるという大きな目標があったから耐えられた」と振り返る。

やまと学校になって乗艇時間が増えた

ボートレーサーになるまでの道のりは険しい。107期を例にすると、一次試験の応募は1350人。最終試験に合格したのは38人で、入学しても卒業したのは31人だ。およそ44倍という超難関だ。

朝から晩まで敬礼

やまと学校の校歌に「礼と節を尊び技を磨け」とある。ボートレースは「礼と節」を重んじる。入学するとすぐ、大きな声を出してのあいさつ、敬礼、行進や整列を何度も繰り返させられる。プロとして必要なのは、高度のテクニックだけではないとの考えからだ。「朝から晩まで敬礼の繰り返し。正直、きつかった」と苦い思いを振り返る若手は多い。この時点で辞める訓練生もいる。

午前6時起床。10分後の点呼までにベッドや身の回りを整理。その後、掃除や朝食を済ませ、同8時から課業が始まる。学ぶことは山とある。学科としては、モーターボート競走法を始めとする法規や、エンジンの仕組み、部品の役割だけでなく、社会人としての常識も学ぶ。

初期段階では、自分の身をゆだねるボートやエンジンを担いでランニング。エンジンを掛けるためのロープ引きや、櫂《かい》を用いてのボート操縦。体力がないと訓練にはついて行けない。

正午からの昼食をはさんで、午後1時から同4時55分までは再び課業。同5時からの夕食が終わると自習。その日に習ったことや、課題を見つめ直す。同7時から9時までは入浴を含めた自由時間だが、あっという間に過ぎる。同9時からは掃除を行い、同10時が消灯。一日中、管理される。

ボートに乗る時の
敬礼は不可欠

SG、GIレースでも活躍し、日本モーターボート選手会福岡支部長を務める藤丸光一（43歳、福岡）は話す。

「ゴルフだと、幼いころからやっていた人と高校を卒業して始めた人とではスタート時点で大きな差がある。でも、ボートレースは学校に入るときは、みんな横一線。誰もボートに乗ってレースをした経験はない。基本をみっちり学ぶことが大事。それができなければ選手にはなれない」

1年間でプロを育成しなければならないから、訓練が厳しいのは当たり前だ。ボートレーサーになる夢をかなえるために、歯を食いしばって耐える。

学校から鍛えられる「スタート」

「初めてボートに乗ったときは、めちゃくちゃ怖かった。レバーを全速で握ることなんてできなかった」。今井貴士（26歳、福岡）は、懐かしそうに振り返る。ただ、「怖かったのは最初だけ。スピードにはすぐになれました」。もちろん、対応能力には個人差がある。

操縦訓練の初期段階は、基本的な旋回方法を学ぶ。スロットルレバーの操作、ハンドルの切り方。教官からは、おかの上だけでなく、ボートに同乗しての指導も受ける。「バカヤロー」と厳しい言葉を浴びせられることもある。

スタートも徹底してたたき込まれる。ボートレースは1秒の間に、スタート地点を通過するフライングスタート方式。体内時計を養うため、9月に卒業した107期生の場合は1369本にも及んだ。

「もう、死にもの狂いでした。97期の中では、自分が一番下手だったから」と西山貴浩（23歳、福岡）。今でこそ勝率6点台と活躍している彼も、学校時代は劣等生だった。「厳しい教官だったので、よく怒られました。いつ帰らされるか分からなかったくらい。とにかく必死。水面がきれいなときに乗りたいから、同期と競って水面に飛び出していきました。昼食はいらないから、乗せて下さいと言ったこともあります」

救命胴衣を持って走る訓練生

操縦だけではなく、整備もみっちり教えられる。エンジンをばらして組み立てる。決められた時間内に戻さなければならないが、細かい部品が多く、完成したと思ってもネジが残っていることもある。もちろん、やり直しだ。

ほかにも識者によるメンタルトレーニングなどの講習も行われる。卒業が近づくと、マスコミ対応講座も開かれる。スポーツ報知の井上誠之は常連だが、私も講師として招かれたことがある。

卒業記念競走は訓練の集大成

やまと学校に入学して半年が過ぎると、1期下の後輩が入学してくる。同時に、訓練も本格化する。操縦に慣れたころ、現役選手が学校に訪れ、プロの立場からアドバイスする。あこがれの選手からの貴重な意見を、訓練生は聞き逃してなるものかと必死だ。

卒業が近づくと、実戦を想定したリーグ戦が始まる。本番レースと同じように予選、準優が行われ、優勝者を決める。これとは別に、リーグ戦の成績上位12人が、卒業式の日に開かれる「卒業記念競走」の準優勝戦に出場できる。

107期の卒業チャンピオンに輝いた佐藤裕紀（中央）と、2着の石倉洋行（左）、3着の蔦明憲（日本モーターボート競走会提供）

本番を想定してのリーグ戦だから、事故は厳禁だ。今井貴士は「フライングと転覆などの事故は、ムチャクチャ怒られました」。成績が良くても、事故率が規定を超えれば卒業記念競走の準優勝戦に出場できない。「卒業記念競走」は1年間の訓練に耐えた集大成であり、父母に自分の成長した姿を見せる晴れ舞台だ。

卒業記念で優勝した主な選手は、太田和美（37歳、奈良、69期）、横西奏恵（36歳、徳島、76期）、池田浩二（32歳、愛知、81期）、田村隆信（32歳、徳島、85期）。87期の出畑孝典（32歳、広島）までが「本栖チャンプ」。

88期からは「やまと学校」へと移った。赤坂俊輔（28歳、長崎、90期）、古賀繁輝（24歳、佐賀、94期）、篠崎仁志（23歳、福岡、101期）らは「やまとチャンプ」と呼ばれる。

ここ最近、やまと世代の活躍が光っている。山口剛（28歳、広島）が総理大臣杯、岡崎恭裕（23歳、福岡）が笹川賞、石野貴之（28歳、大阪）がオーシャンカップでそれぞれSG初優勝。新世代の活躍で、ボートレース界は戦国時代に突入した。

藤丸光一は言う。

「学校はあくまでも基本を学ぶところ。成績が良くてもデビューして活躍できる保証はない。悪くても、基本をきっちり学んでいれば、デビューしてから化ける可能性はある。当たり前だが、強い選手は努力をしている」

“苦楽をともに”同期のきずな

1年間の厳しい訓練に耐えた者だけが、プロのボートレーサーになれる。中には夢を断念した者も多い。

97期の西山貴浩は「入学したときは35人だったが、最後は19人になった。本当は選手になりたかったのに、無念の思いで帰った同期のためにも自分は頑張らないといけない」と言う。

西山は優等生ではなかった。

「成績は一番下。教官にもよくしかられた。いつ（学校から家に）帰らされるかビクビクしていた。仲間がいたから耐えられた。自分たちの訓練は厳しかったから、同期の結束力はほかの期と比べても強い。同期はきょうだい。困ったことがあったら、何が何でも駆けつける。自分がケガをしたときも、岡山に住んでいる山口達也（24歳）が車をぶっ飛ばして病院に駆けつけてくれた」

新鋭リーグ第16戦で95期対決が実現（福岡ボートレース場）

9月、福岡ボートレース場で開催されたGⅢ新鋭リーグ戦では、初日に95期対決、2日目には100期対決が行われた。6人全員が同期の企画レース。負けたくない気持ちが強く、スタートは早かった。95期対決ではフライングが出たものの、青木幸太郎（26歳、福岡）がイン逃げで勝利。100期も桐生順平（24歳、埼玉）が逃げた。

同期の活躍に刺激されるケースは多い。「王者」と呼ばれる松井繁（41歳、大阪）は、SG最年少優勝の記録を持つ服部幸男（39歳、静岡）の存在が大きい。お互いをライバルと認め、現在も切磋琢磨している。

69期は、太田和美（37、奈良）のS

G優勝を手始めに、田中信一郎（38歳、大阪）、三嶌誠司（42歳、香川）、山本浩次（37歳、岡山）がＳＧウイナー。「銀河系軍団」と呼ばれる85期は、田村隆信（32歳、徳島）、湯川浩司（31歳、大阪）、井口佳典（33歳、三重）、丸岡正典（31歳、奈良）の４人がＳＧ覇者だ。

94期の今井貴士は「笹川賞で岡崎恭裕が優勝したのはすごくうれしかった。同時に『よーしっ、負けられない。自分も続きたい』と思った。訓練の1年間は、人生の中でも大きな存在。だからこそ、同期は師匠の次に大切で気になる」と語った。

ボートレースで社会貢献

舟券が福祉車両に

ボートレースで投票した売上金は、75％が払い戻され、残り25％が収益金としていったん施行者の地方自治体に入る。施行者はこの収益金のうちまず、交付金として２・６％を日本財団、１・２％を財団法人日本モーターボート競走会、納付金として１・１％を地方公共団体金融公庫に納める。残った収益金から選手賞金などの開催費を賄う。この時点で、収益金が残れば施行者の収益となり、一般会計などに繰り入れられる。

日本財団（日本船舶振興会）は、国土交通大臣が指定する船舶等振興機関。施行者からの交付金を財源に国内外の公益事業団体を支援している。ボートレースの売り上げが、１９９１年度の2兆２０００億円をピークに年々減少。２００７年にモーターボート競走法が改正され、財団への交付金は３・３％から２・６％に引き下げられた。

財団は、①公益・ボランティア、②国際協力、③海洋関係の三つを事業の柱としている。

①は、社会福祉、教育、文化活動への支援。地域に密着した福祉車両の配備などもその一つ。街中で、日本財団のロゴの入った福祉車両をよく見かける。「１９９４年からスタート。最初は年間１００台、２００９年度は２５５４台（約36億円）。累計で２万５０００台を寄付している。高齢者

や体の不自由な方の通院やデイサービス利用などに役立っている」（日本財団広報部）

②は、海外での人道活動やその人材育成への支援。国際機関、各国政府、NGOなどと協力し、貧困、飢餓、病気などの解消を目指している。特にハンセン病制圧や社会的差別の解消には多大な貢献をしていることは知られる。また、ミャンマーには学校を100校建設した。

③は、海や船にかかわる活動への支援。アジアと中東を結ぶ海上交通の要衝「マラッカ・シンガポール海峡」の事故防止のため、灯台、航路標識の整備や海賊対策支援などだ。

同広報部によると、支援額は2009年度が約250億円、同財団が設立された1962年から2009年度まで47年間で1兆4428億円にのぼる。

楽しんで社会に貢献

ボートレースの収益金は、地方自治体の大きな収入源として、地域の振興に貢献してきた。「モーターボート競走法」にも「地方財政の改善を図るために行う」と定めている。

公営競技は、戦後の地方財政の〝救世主〟として誕生した。戦前から行われていた競馬が再開され、48年に競輪、50年にはオートレースが初めて開催された。ボートレースは、52年4月6日、大村ボートレース場で産声を上げた。

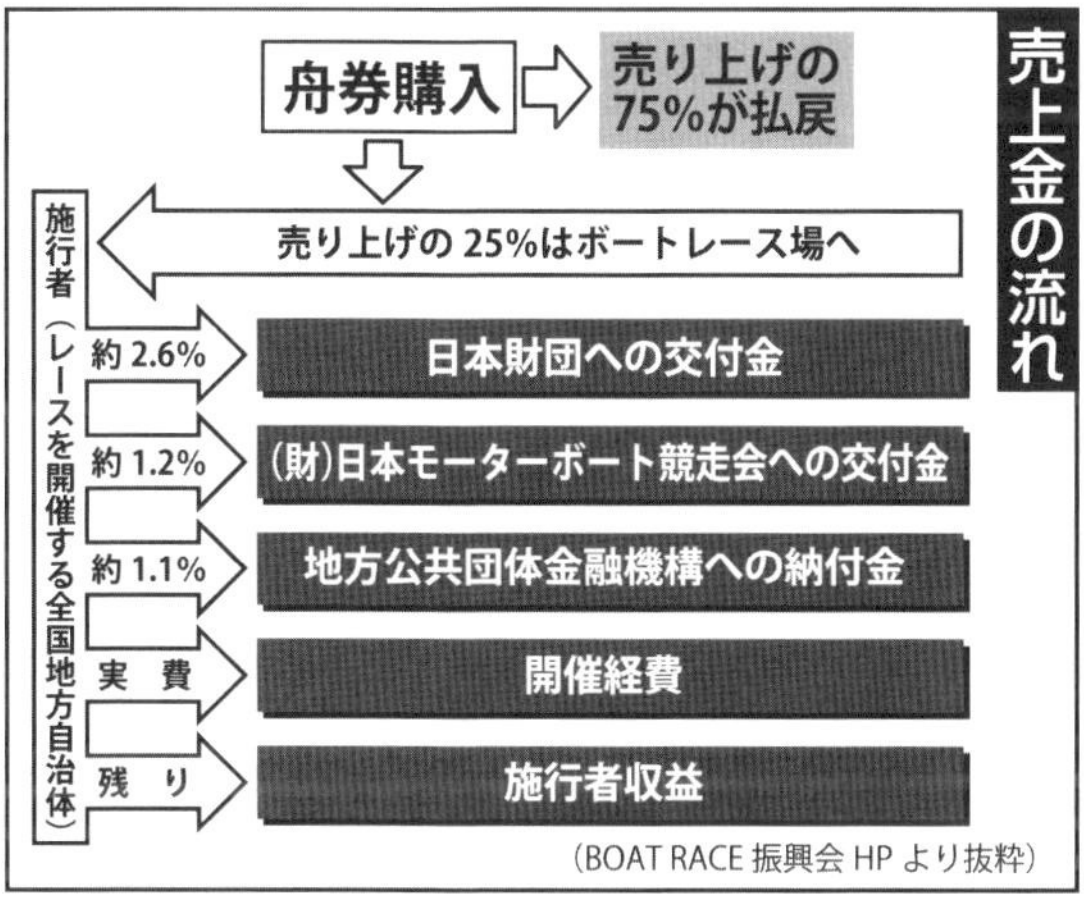

（BOAT RACE 振興会 HP より抜粋）

全国の52年度の売り上げは約24億円だったが、ピーク時の91年には2兆2000億円。ボートレースから、開催費を除いて施行者に入った金額は、2008年度まで約6兆2936億円。関係自治体の一般会計への繰入金は、3兆7928億円にのぼる。

日本財団への交付金や開催経費などを差し引いた施行者収益金の使い道は、自治体によって様々だ。土木、下水道費に充てたのが一般的だが、蒲郡ボートレース場の多くは市民病院の予算に組み入れられ、地元の人は「蒲郡競艇病院」と親しみを込めて呼んでいる。

福岡ボートレース場では、多くが教育費に回された。１９５３年の初開催から２００９年度まで一般会計に２７１０億円を繰り入れ、教育費が47・４％の１２８５億円を占める（道路などの土木費は29％）。人口増加に伴う学校建設に使われ、小学校、中学校、特別支援学校を合わせて１４６校が建設された。「ピーク時の１９９０年度は１３０億円。売り上げは減っているが、２０１０年度も10億円の収益金が福岡市の事業に使われることになる」と同市経済振興局の古賀康彦事業部長（54歳）。

バブル崩壊後、公営競技の売り上げは減少している。競輪では、一般会計への繰り入れが減少、もしくは赤字転落が見込まれ廃止に追い込まれた場もある。ボートレースでは廃止こそないものの、蒲郡ボートレース場の第２施行者だった岡崎市が２００９年度で撤退。芦屋町、岡垣町、遠賀町の「芦屋町外２か町競艇施行組合」で運営されていた芦屋ボートレース場は、２０１０年度から芦屋町単独となった。

厳しい時代だが、古賀部長は「収益が出る限りは、やっていきたい。公営競技は、収益を出して社会に貢献するのが役割。それに（福岡ボートレース場は）７００人規模の雇用の場。根強いファンも多い。ボートレース理解者を増やして、明るく、楽しい場所にしたい」と話している。

全国発売の SG・GIレース

東の横綱
3590
濱野
3 寺田
54
6 太田
5 市川
31
1 今村

総理大臣杯

ＳＧはスペシャル・グレードを略したもので、3月の「総理大臣杯」から年末の「賞金王決定戦」と「賞金王シリーズ戦」まで九つある。グレード（grade）は「等級」「段階」という意味で、賞金が高額な重賞レースを表す。1988年からＳＧ、ＧⅠ、ＧⅡ、ＧⅢ、一般戦と5段階のグレード制が導入された。

「総理大臣杯」は87年（第22回）まで、「鳳凰賞」と呼ばれていた。正式名称は「総理大臣杯争奪鳳凰賞競走」。全国モーターボート競走会連合会（現日本モーターボート競走会）会長笹川良一が、首相の佐藤栄作に下付を願い出た。第1回は66年3月の平和島ボートレース場。長瀬忠義（85歳、広島）が優勝し、賞金は150万円だった。

86年に賞金王決定戦が始まるまでは、全日本選手権、笹川賞、モーターボート記念とともに4大競走と呼ばれ、その中で最も権威があった。

第11回（76年、住之江ボートレース場）は、完全Ｖ（全部1着で優勝すること）に王手をかけていた野中和夫（歳67、大阪）が、井上利明（69歳、同）とともにＦ（フライング）。優勝戦の売り上げの88％の2億7 000万円余りが返還となった。第13回（78年、丸亀ボートレース場）では、北原友次（69歳、岡山）が優勝。彦坂郁雄（69歳、千葉）の完全Ｖを打ち破り、グ

2010年は山口が優勝（日本モーターボート競走会提供）

ランドスラム（4大競走制覇）を達成した。彦坂は、4年後の第17回（下関ボートレース場）で7連勝の完全Vを達成した。

そして、植木通彦（42歳、福岡）がモンキーターンを駆使して、SG初優勝を飾ったのも総理大臣杯（93年の第28回、戸田ボートレース場）だった。

2010年の第45回は平和島ボートレース場で開かれ、山口剛（28歳、広島）がSG初優勝を飾った。

出場資格は、前年優勝者、賞金王決定戦の優出6人、前年1－12月のSG・GⅠ・GⅡ優勝者。当年の新鋭王座、女子王座の優勝者。ほかは一般戦の優勝回数上位の計52人。優勝賞金は2012年から3500万円。

ファンが選ぶ笹川賞

2010年のSG第2弾「第37回笹川賞」は、浜名湖ボートレース場で開催された。ボートレースのオールスター戦。選出方法は、プロ野球と似ており、出場選手の大半がファン投票で選ばれる。1月下旬から約1か月間、ボートレース場などに置かれたマークシートなどで12人を選択、投票。同年は約262万票が投じられ、松井繁（41歳、大阪）が7万9870票を獲得、4年連続トップとなった。

1955年から全国を六つのブロックに分け、地区優勝と個人優勝を競った「全国地区対抗競走」が73年に廃止され、翌74年新設、第1回は住之江ボートレース場で開かれた。

2010年は岡崎が優勝（日本モーターボート競走会提供）

笹川賞といえば、〝モンスター〟と呼ばれた野中和夫が真っ先に思い浮かぶ。第1回を手始めに、3、14、17、18、20回大会の計6回優勝。第1回で優勝した年は、続くモーターボート記念、全日本選手権も優勝し、SG3連勝を成し遂げた。

全速ターンを編み出し、ボートレースに革命をもたらした今村豊（49歳、山口）も思い出は多い。デビュー1年（360日）でのSG初出場が第9回大会（82年、住之江ボートレース場）。第11回（84年、浜名湖ボートレース場）では6コースから差しでSG初優勝。22歳11か月。当時のSG最年少記録だった。92年の全日本選手権で服部幸男（39歳、静岡）に更新（21歳9か月）されたものの、デビュー2年11か月でのSG最短優勝は、いまだ破られていない。

2010年は、6号艇の岡崎恭裕（23歳、福岡）が優勝。これまで、6号艇の優勝が12回でトップ（2番目は1号艇の8回）。笹川賞のシンボルカラーは、初夏をイメージする「緑」。だから、緑色の6号艇が強い、と言うわけでもないのだが……。

出場資格は、ファン投票上位のほか、前年優勝者、賞金王決定戦の優出6人、直近SG優勝者と選考委員会の推薦。優勝賞金は2011年から3500万円。

グランドチャンピオン決定戦

「グランドチャンピオン決定戦」は、「グラチャン」の愛称でファンに親しまれている。モーターボート競走法制定40周年記念の一環として1991年、6番目のSGとして誕生。ボートレースの売り上げが、約2兆2000億円（91年度）と最高額を達成した勢いのある時期だった。

第1回は、住之江ボートレース場が舞台。当時、〝艇界の湘南ボーイ〟と呼ばれた西田靖（49歳、神奈川）が、2マーク逆転でSG初優勝を飾った。

グラチャンは九つあるSGレースの中で唯一、SG初出場がいない大会だ。それもそのはず。出場資格は、3月の総理大臣杯まで直近1年間のSGレースでの優勝戦完走者とSG予選の得点上位者。ほかに前年優勝者、賞金王決定戦の優出6人、その年のSG笹川賞優勝者。ＳＧレースで活躍した選手だけが出場し「ＳＧの中のＳＧ」と呼ばれる。ＳＧレースの中でも、特にレベルが高い。

2010年は湯川が優勝（日本モーターボート競走会提供）

　２００１年に唐津ボートレース場で行われた第11回大会では、寺田千恵（41歳、岡山）が女子選手としては初めてＳＧレースの優勝戦に進出。優勝したのは植木通彦。寺田は5着だったものの、その活躍ぶりはスポーツ紙だけでなく、一般紙でも大きく取り上げられた。２０１０年の第20回大会は、大村ボートレース場で開催された。同場でのＳＧは、１９５５年のモーターボート記念以来。半世紀ぶりにボートレース発祥の地でビッグレースが行われ、湯川浩司（31歳、大阪）が優勝した。

　過去20回を振り返ると、優勝が一番多いのは1号艇の8回。2番目は2号艇の6回。5号艇だけは優勝がない。2着は6号艇の9回が最多だ。優勝賞金は２０１１年から２５００万円。

オーシャンカップ

　「オーシャンカップ競走」は、ボートレース界に夏を告げるＳＧ。通称「オーシャン」。１９９６年、「海の日」の祝日化を記念して新設された。出場資格は、前年5月からその年の4月までのＧⅠ・ＧⅡレース優勝戦の得点累積の上位者（ＧⅡは２０１０年度から対象に加わった）。ほかに前年優勝者、賞金王決定戦の優出6人、その年のＳＧグランドチャンピオン決定戦優勝者。

　第1回は、住之江ボートレース場で開催。野中和夫が2コースまくりで優勝し、当時のグランドスラムを達成した（2年後の１９９８年に、チャレンジカップを新設）。続く第2回平和島ボートレース場では、東京支部の熊谷直樹（45歳、北海道）が同じく2コースまくりでSG初優勝。その後、松井繁、田頭実（43歳、福岡）、西島義則（49歳、広島）、石田政吾（40歳、石川）が優勝。植木通彦が若松ボートレース場で優勝した第7回までは、開催場と同じ地区の選手ばかりが優勝していた。

　２００３年、蒲郡ボートレース場での第8回からは、ナイターＳＧとして定着。仕事が終わってからも楽しめ、夕涼みがてら出かけるのもいい。２０１０年の第15回大会は、丸亀ボートレース場で開催され、石野貴之（28歳、大阪）がＳＧ初優勝を飾った。

2010年は石野がＳＧ初優勝（日本モーターボート競走会提供）

　これまで優勝が最も多いのは、7勝している1号艇。２００６年から5連勝中だ。2号艇は4回、4号艇は2回、3号艇と5号艇が各1回優勝。2着は4号艇が最多の6回。優勝賞金は２０１１年から２５００万円。

ＭＢ記念は「競艇甲子園」

SG「モーターボート記念（MB記念）」は、真夏の祭典だ。

前年優勝者、賞金王決定戦の優出6人、その年のオーシャンカップ競走優勝者の優先出場以外は、各レース場の推薦選手が出場する。推薦選手の内訳は、開催施行者の希望選手以外は、残りの23場から1人ずつ選ばれる。以前は開催場が全員選んでいたが、1995年から変わった。各ボートレース場を代表するエース級が出場。選ばれた選手は、ボートレース場の看板を背負って戦う。「競艇甲子園」とも言われている。

2010年は今村が優勝（日本モーターボート競走会提供）

MB記念は1955年、ボートレース発祥を記念して始まった。第1回の舞台は、発祥の地・大村ボートレース場。53年に始まった全日本選手権に次ぐ、歴史を持つ。第1回の優勝賞金は1万円だった。2回には3万円に増え、69年は100万円、75年には500万円。2011年から3500万円。

85年の第31回下関ボートレース場では一度だけ、サマータイムレースも行われた。出走時間を繰り下げ、最終12レースの締め切りは午後6時半だった。

2002年の第48回蒲郡ボートレース場では、ボートレース史上初のSGナイター開催となった。

翌年第49回のからつボートレース場は日中開催だったが、第50回の蒲郡から2010年の第56回まではナイター開催。2011年の福岡ボートレース場は、日中開催となる。

MB記念は、波乱の多いSGレースだ。2009年まで10年間の優勝戦の2連単平均配当は、約2000円。1番人気での決着は、関忠志（59歳、岡山）－植木通彦でワンツーだった94年の第40回までさかのぼらなければならない。

2009年まで過去10回では、優勝は2号艇の4回が最多。3号艇が3回、1号艇が2回、6号艇は1回。2着は1号艇の4回が最多。3回の6号艇が続き、2、3、5号艇は各1回。4号艇は、1着にも2着にも絡んでいない。2010年は、1号艇の今村豊がイン逃げで優勝した。

*2012年度からは、各ボートレース場からの推薦枠が二人に変更される。

ダービーは「実力日本一決定戦」

10月のSGは、ダービーだ。正式名称は「全日本選手権競走」。第1回は1953年に若松ボートレース場で開催された。九つあるSGの中で、最も歴史が古く、権威のある大会だ。

出場資格は、前年優勝者、賞金王決定戦の優出6人、その年のモーターボート記念優勝者の優先出場者以外は、前年8月1日からその年の7月31日までの勝率上位者。「実力日本一決定戦」とも呼ばれる。競馬、競輪、オートレースでも、ダービーと呼ばれる重賞レースはあり、いずれもファンの注目度は高い。

2009年は、松井繁がイン逃げで優勝。優勝者に贈呈される「ダービーブレザー」に初めて袖を通した。2010年はボートレース場としては最北の桐生ボートレース場で開催。ダービーの長い歴史の中で、初め

2010年は瓜生が優勝（日本モーターボート競走会提供）

てナイターで行われ、瓜生正義（34歳、福岡）が優勝した。

8月のモーターボート記念で優勝した今村豊は、ダービーに対する思い入れが人一倍強い。「プロとしては賞金が一番。賞金王決定戦が大事という選手は多いが、自分は勝率を重視している。一般的にはダービーと呼ばれているが、『全日本選手権』と呼んでほしい。選手権なんですよ。選手権で勝つことが目標」

広辞苑第六版（岩波書店）で「選手権」を引いてみると、「競技などの最高位者を決める試合（中略）」と書かれている。今村が初めて全日本選手権で優勝したのは、1987年に平和島ボートレース場で開催された第34回。26歳だった。「走っていて涙が出てきた」と懐かしそうに話した。翌88年、多摩川ボートレース場での第35回（多摩川）で史上初の連覇。現在まで今村しかいない。90年戸田ボートレース場での第37回も制して、最多の3回優勝。

過去10年では、1号艇の優勝が7回。2連単の千円以下は6回。圧倒的に本命決着が多い。優勝賞金は2011年から3500万円。

賞金王へチャレンジカップ

SG「チャレンジカップ」は、長期化する売り上げ低迷の打開策として、1996年のオーシャンカップに続いて、1998年9個目のSGとして誕生した。第1回は、平和島ボートレース場で開催。売り上げは約208億円。期待とは裏腹に、目標の約80％だった。

出場資格は、1月1日から10月31日までの獲得賞金上位52人。ただし、全日本選手権が10月31日を超えて開催される場合は、同競走が終了する日まで。前年優勝者、賞金王決定戦の優出6人といった優先出場枠はない。優勝賞金は2011年から2500万円。

チャレンジカップは、暮れの「賞金王決定戦」への出場権をかけた勝負駆けだ。賞金王決定戦の優勝賞金は、日本プロスポーツ最高の1億円。夢のような大会に出場できるのは、チャレンジカップ終了時点での獲得賞金ランク上位12人。

毎年、悲喜こもごもの勝負駆けが繰り広げられる。

13位以下から優勝したのは、これまで５人。第１回の江口晃生（45歳、群馬）は18位から、第３回の浜野谷憲吾（37歳、東京）は19位から、第６回の烏野賢太（43、徳島）は24位から、第９回の三嶌誠司（42歳、香川）は36位、２００９年の原田幸哉（35歳、愛知）は42位からの大逆転で、賞金王決定戦への出場権を獲得した。

2010年は今垣が優勝（日本モーターボート競走会提供）

ボーダー付近にいる選手の攻防も見どころだ。賞金王決定戦へ〝当確〟の出ていないボーダーすぐ上の選手は、下位から逆転されないためにも頑張らなければならない。

思い出されるのが、２００３年びわこボートレース場での第６回大会だ。優勝戦で２号艇だった原田幸哉は、５着以内なら賞金王決定戦に出場できた。結果は６着。同期で仲良しの瓜生正義が12位を守ることになり、初の出場権を得た。結果的に原田は14位となったが、瓜生との差は32万４０００円。13位山本浩次（37歳、岡山）と瓜生の差は22万５０００円だった。

２０１０年の第13回は、からつボートレース場で開かれた。優勝したのは今垣光太郎（41歳、石川）。優出３着だった菊地孝平（32歳、静岡）が12位で滑り込んだ。13位赤岩善生（34歳、愛知）との差は、29万６０００円だった。

ボートレースの1年を締めくくるSG「賞金王決定戦」。出場資格は、11月のSG「チャレンジカップ」終了時点での獲得賞金上位12人。優勝賞金は1億円。覇者はボートレース界最高の栄誉を得る。

第1回の「賞金王決定戦」は、1986年、住之江ボートレース場で開催された。ボートレースの話題性とステータスを高め、優勝賞金は当時の日本プロスポーツ界最高の3000万円。彦坂郁雄が2コース差しで優勝し、初めて1億円レーサーが誕生した。その後、優勝賞金は上昇。第4回は3300万円、第5、6回は4000万円、第7、8回は5000万円、第9、10回は6000万円、第11回が8000万円。97年の第12回から、1億円となった。

2009年は松井が優勝（日本モーターボート競走会提供）

これまで3回が最多優勝記録で、野中和夫、松井繁、田中信一郎（38歳、大阪）、植木通彦の4人。地元大阪の強さが際立つ。

ほかのSGと比べても、ピット内はピリピリとした雰囲気が漂っている。経験を積まないと、雰囲気にのまれて実力を発揮できない。初出場よりも、経験を積んだ選手が有利だと言われる。

同時開催の「賞金王シリーズ戦」は、賞金ランク12位から60位までが出場。当初は一般戦だったが、その後、GⅡ、GⅠと格上げされ、97年の第12回からSGレースになった。13回からは優勝賞金1600万円。2010年は、山崎智也（36歳、群馬）が豪快な4コースまくりを決めて優勝した。

女子王座決定戦

最もグレードの高いSGレース以外に、注目を集めて、SGと同じように全国で場外発売する特異なGⅠレースが年間3つある。若手の登竜門と呼ばれ、選手登録6年未満の若手が出場する「新鋭王座決定戦」。選手48歳以上が出場できる「名人戦」。そして、女子ナンバーワンを決める「女子王座決定戦」だ。

女子王座が始まったのは、1987年12月の浜名湖ボートレース場。2000年にはGⅡからGⅠに格上げされた。優勝賞金は2011年から1000万円。

第1回はボートレース界の百恵ちゃんと呼ばれた鈴木弓子（50歳、愛知）が優勝。2回目からは3月開催となり、ボートレース界では女子王座が春の季語となった。23回目だった2010年は下関ボートレース場で開催され、寺田千恵が優勝した。

競馬に女子ジョッキーはいても、公営競技でオール女子戦を行っているのはボートレースだけだ。業界の売り上げは伸び悩んでいるが、女子戦は好調だ。選手数が165人と少なく覚えやすく、コース取りも分かりやすいのが人気の理由という。

男子と女子は体力、筋力の差があるので実力差があるのは否めない。しかし、中には男子のトップレーサーと対等に戦っている選手もいる。1999年の四国地区選手権で山川美由紀（44歳、香川）が女子として

2010年は寺田が優勝（日本モーターボート競走会提供）

は42年ぶりにGIで優勝。２００1年の「グランドチャンピオン決定戦」（ボートレースからつ）で寺田千恵が女子初のSG優出を果たした。同年には大島聖子（46歳、静岡）が１２２勝で年間最多勝利のタイトルを獲得。女子選手が大活躍した1年だった。

そして、２００9年は平山智加（25歳、香川）が女子としては初めての最優秀新人選手（選手登録された翌年から3年以内の選手が対象）に輝いた。女子がSGレースで優勝するのも決して夢ではない。彼女たちの走りを見て勇気づけられ、ボートレーサーを目指す女性も少なくない。

＊２０１２年度からは8月へ移され、12月に「賞金女王決定戦」（優勝賞金１０００万円）が新設される。

ベテランの争い名人戦

「若いもんがなんぼのもんじゃい」。なんともインパクトのあるキャッチコピーだった。

若手のナンバーワンを決める「新鋭王座決定戦」、女子には「女子王座決定戦」がある（ともにGIレース）。それなら、ベテランのナンバーワンを決めるGIレースがあってもいいのではないか。そんな声に応えるように、２０００年から50歳以上の勝率上位の選手が出場できる「名人戦」が始まった。ゴルフで例えるなら、シニア戦だ。

第1回は、住之江ボートレース場が舞台。ポスターのメーンビジュアルには、ボートレース好きで有名だった漫才師の横山やすしを起用。オールドファンは、往年の名選手が集まるレースに沸いた。売り上げも、目標としていた１３０億円を大きく上回る１４３億円と好調だった。成功した陰には、ベテランの意地もあった。その大会の選手代表を務めた長嶺豊（67歳、大阪）は「どうしても成功させたい。だから参加選手の皆さんは、マスコミの取材に協力してコメントをしてください」と、普段はコメントを拒むような選手にも頭を下げて協力を求めた。選手が一丸となって、名人戦を盛り上げ、成功へと導いた。

その第1回で優勝したのは、SGレースで活躍して

2010年は西島が優勝（日本モーターボート競走会提供）

いた高山秀則（62歳、宮崎）。8連勝の完全優勝だった。

第2回も住之江ボートレース場で行われ、野中和夫が優勝。高山の2連覇を阻んだが、第3回（住之江）で高山が再び、頂点に立った。ＳＧやＧＩの出場機会が減っても、「名人戦という目標ができた」と話すベテランが多い。

第4回からは出場基準が48歳以上に緩和された。11回目の2010年は、徳山ボートレース場で開催された。全速ターンを編み出してボートレース界に革命を起こした今村豊が名人戦デビューを果たしたのを始め、西島義則、日高逸子（49歳、福岡）らが新規参入。西島が今村らを破って、初の名人戦優勝を飾った。優勝賞金は2011年から1000万円。

若手の登竜門　新鋭王座決定戦

1986年に始まった「新鋭王座決定戦」と「新鋭リーグ戦」が、若手とベテランの間でのコース取りを変えた。

「新鋭戦」は、当初選手登録7年未満が対象だったが、現在は6年未満。①優秀新人の発掘、育成、②力量近似の伯仲戦で魅力あるレースをファンに提供、一般競走の活性化、③若年層ファンの拡大などを狙った。

「第1回新鋭王座決定戦」は同年12月、平和島ボートレース場で行われた。11戦のリーグ戦から成績上位46人が出場し、初代チャンピオンは山室展弘（49歳、東京）。２０１０年は毒島誠（26歳、群馬）が優勝した。

ボートレースは「10年で一人前」と言われ、若手のスターがなかなか育たなかった。しかし、新鋭戦が始まったのを境に、スターが次々に誕生。新鋭王座で優勝、その後にＳＧを勝ったのは山室を始め、今村豊、西島義則、長岡茂一、上滝和則（42歳、佐賀）、烏野賢太、市川哲也（42歳、広島）、服部幸男、原田幸哉、瓜生正義、田村隆信（32歳、徳島）、２０１０年の「総理大臣杯」を制した山口剛、「グランドチャンピオン決定戦」で優勝した石野貴之の13人。

2010年は毒島が優勝（日本モーターボート競走会提供）

同世代で戦うメリットは、普段は外のコースでも新鋭戦では内に入りやすく、内コースのレースを覚えること。ベテラン選手が交じったレースで実戦すると、スピードで勝る若手が活躍するようになった。若手は自信をつけ、「ベテランが内、若手は外」の進入図式が大きく崩れた。

新鋭戦で「インの鬼」と呼ばれた上滝は、ビッグレースでも枠が悪いときにピット離れや前づけでインを狙った。当時の上滝は「若手の中で誰かがやらないと『若手は外』のまま。誰もやらないのなら、自分がする」と話していた。現在のボートレースは、デビュー2、3年の選手でも「1号艇ならイン」という選手が増えた。その流れを作った先駆者が上滝と言っても過言ではない。

＊２０１２年度から「新鋭王座決定戦」は1月から9月に移行。優勝賞金は１０００万円。

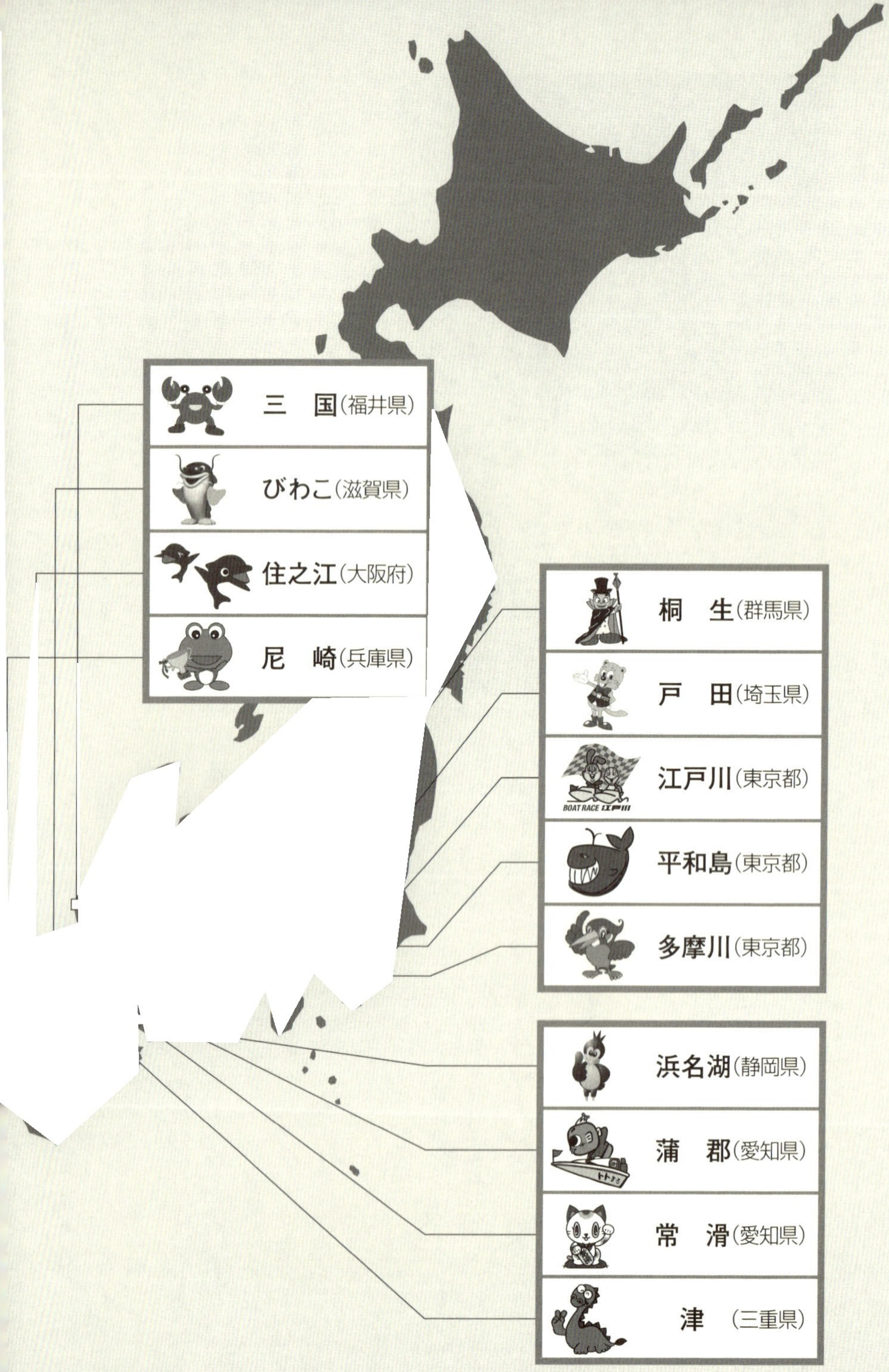

三　国（福井県）
びわこ（滋賀県）
住之江（大阪府）
尼　崎（兵庫県）
桐　生（群馬県）
戸　田（埼玉県）
江戸川（東京都）
BOAT RACE 江戸川
平和島（東京都）
多摩川（東京都）
浜名湖（静岡県）
蒲　郡（愛知県）
常　滑（愛知県）
津（三重県）

ボートレース場へ行こう

鳴　門（徳島県）

丸　亀（香川県）

児　島（岡山県）

宮　島（広島県）

徳　山（山口県）

下　関（山口県）

若　松（福岡県）

芦　屋（福岡県）

福　岡（福岡県）

からつ（佐賀県）

大　村（長崎県）

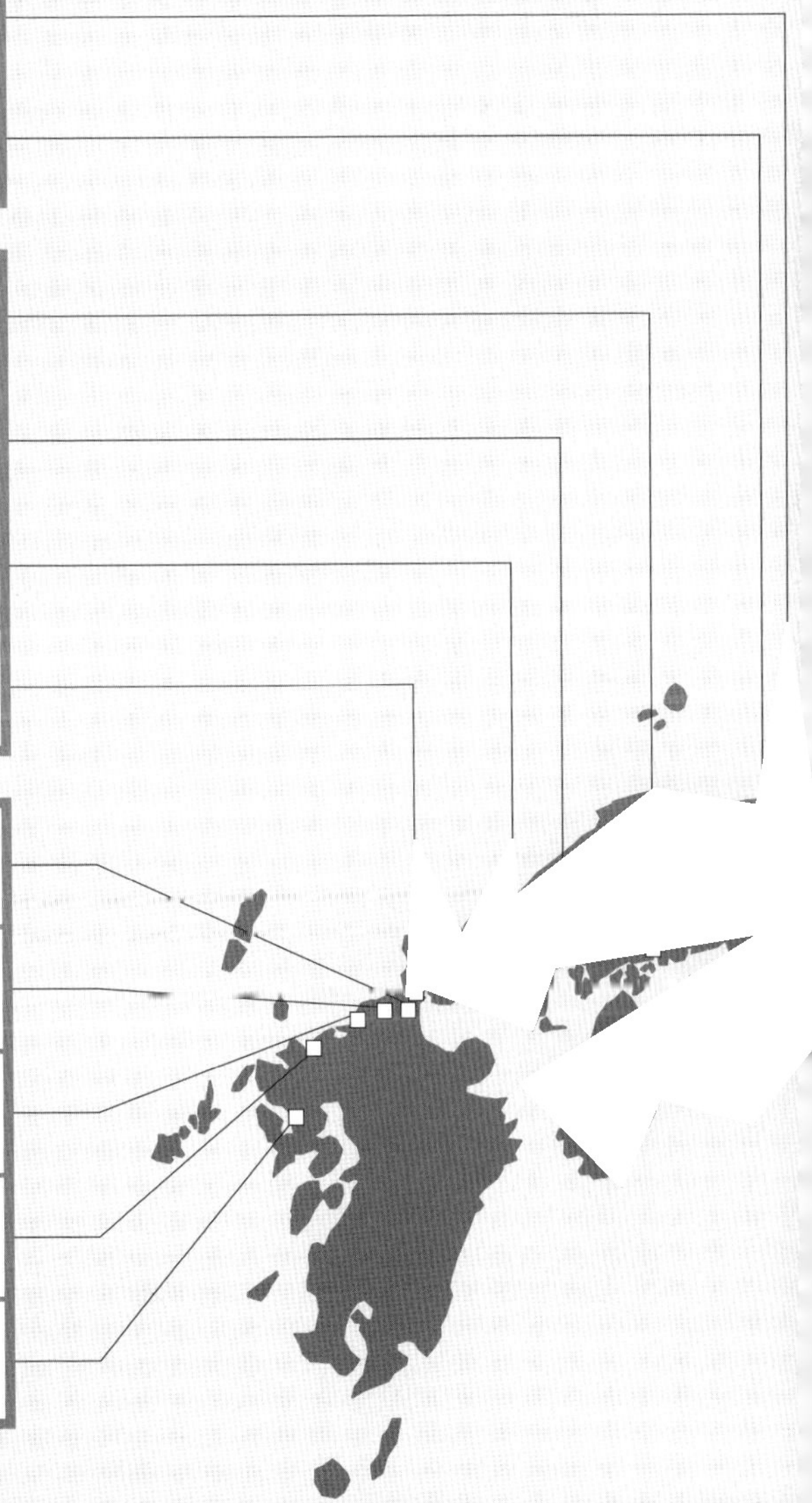

桐生 ナイター発祥の地

ドラキリュウ

1997年、全国初めてナイターで開催した。最北のボートレース場で、標高もおよそ130メートルと高い。12月ごろから3月までは昼間レースだったが、2011年度から四季を問わずナイター開催になった。他のレース場に比べ、気圧が低く空気が薄いため、エンジンの出力が弱く、かつてはイン受難、まくり天国だった。ところが、2006年に1マークをバックストレッチ側に5メートル移動。すると、1コースの1着率が上昇し、全国平均（38・7％）に近づいてきた。田中堅（23歳、群馬）に聞いた。

水面

「冬は赤城おろしと呼ばれる強い風が吹き、常にホーム追い風。スタートが難しいことと、水面が荒れて乗りにくい。安定板が装着される日が増える。夏はホーム向かい風が多いので、4コースからのまくりが決まりやすい。桐生は季節に関係なく、イン対カドのレース傾向と考えていい」

ポイント

コース別入着率（%）						
コース	1	2	3	4	5	6
1着	37.4	18.4	16.1	16.4	9.3	3.7
2着	20.9	21.4	18.8	16.5	14.8	9.0

決まり手					
逃げ	まくり	まくり差し	差し	抜き	恵まれ
33.2	21.2	15.8	15.7	13.2	0.9

水質	淡水	チルト角度	-0.5	0	0.5	1

算出期間2009年10月－2010年9月（以下同）

桐生水面図

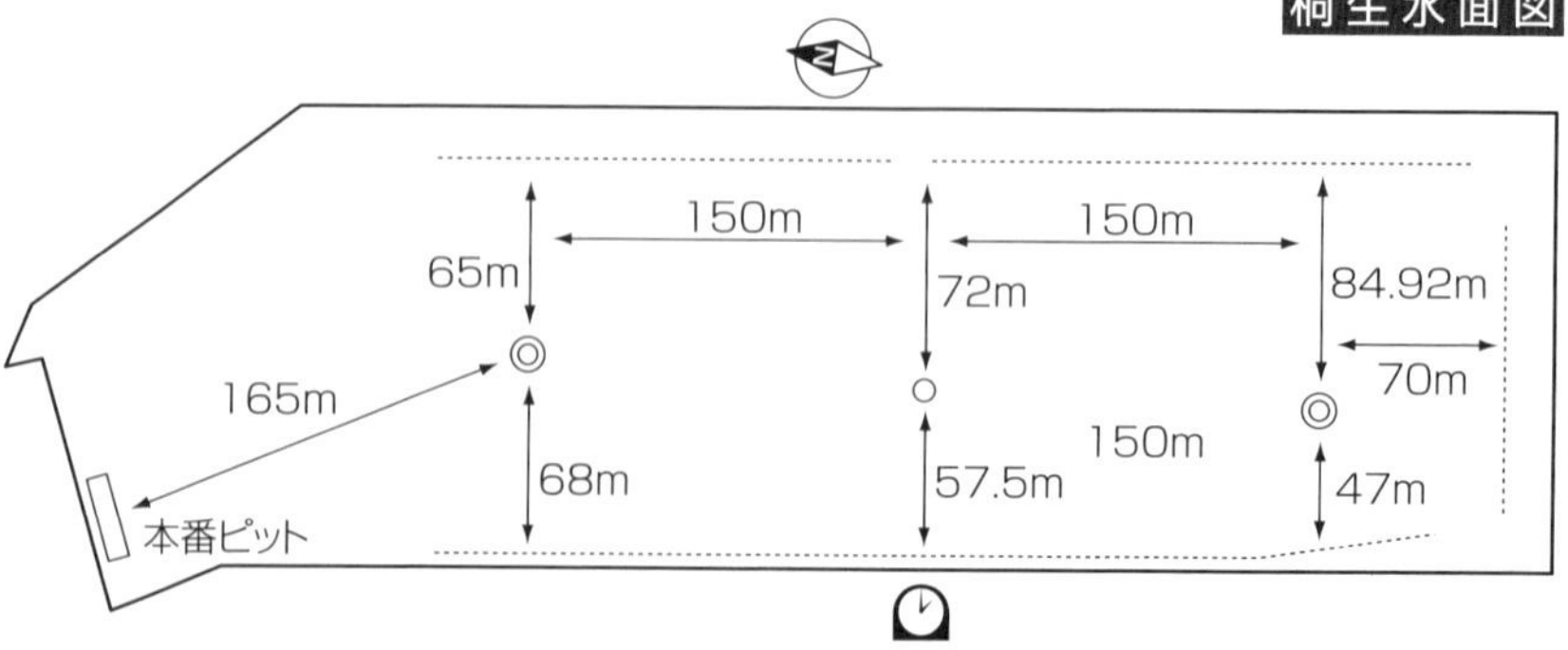

「エンジン差は感じる。トップ5は、誰が乗っても出る印象。展示タイムは手動計測。ばらつきはあるが、良いときは信用する。桐生では展示タイムのほかに、独自の『まわり足タイム』、『半周ラップタイム』、『直線タイム』を発表している。トータルでトップなら、エンジンの動きが良いと判断していいと思う。ナイターのときは気温差もあるから、ペラ調整が難しい。やはり、地元が有利な面は多い」

オススメ

「有名なのはソースカツ丼。桐生うどんも。施設がすごくきれいなので、カップル、家族連れにもオススメ。ぜひとも本場に訪れて楽しんで」

戸田 イン受難、センター有利

ウインビー

競走水面は、東京五輪のボート競技の会場だった。コース幅は107・5メートル。全国24場の中でもっとも狭い。1コースの1着率は29・6%。全国平均を大きく下回る。4コースは21・8%、3コースが16・4%と高く、イン受難、センター有利の水面だ。

桐生順平（24歳、埼玉）に聞いた。

コース別入着率(%)						
コース	1	2	3	4	5	6
1着	29.6	16.9	16.4	21.8	11.7	5.0
2着	18.6	20.6	17.1	19.1	14.6	11.5

決まり手					
逃げ	まくり	まくり差し	差し	抜き	恵まれ
26.2	36.0	15.9	11.1	9.9	0.9

水質	淡水	チルト角度	-0.5	0	0.5

戸田水面図

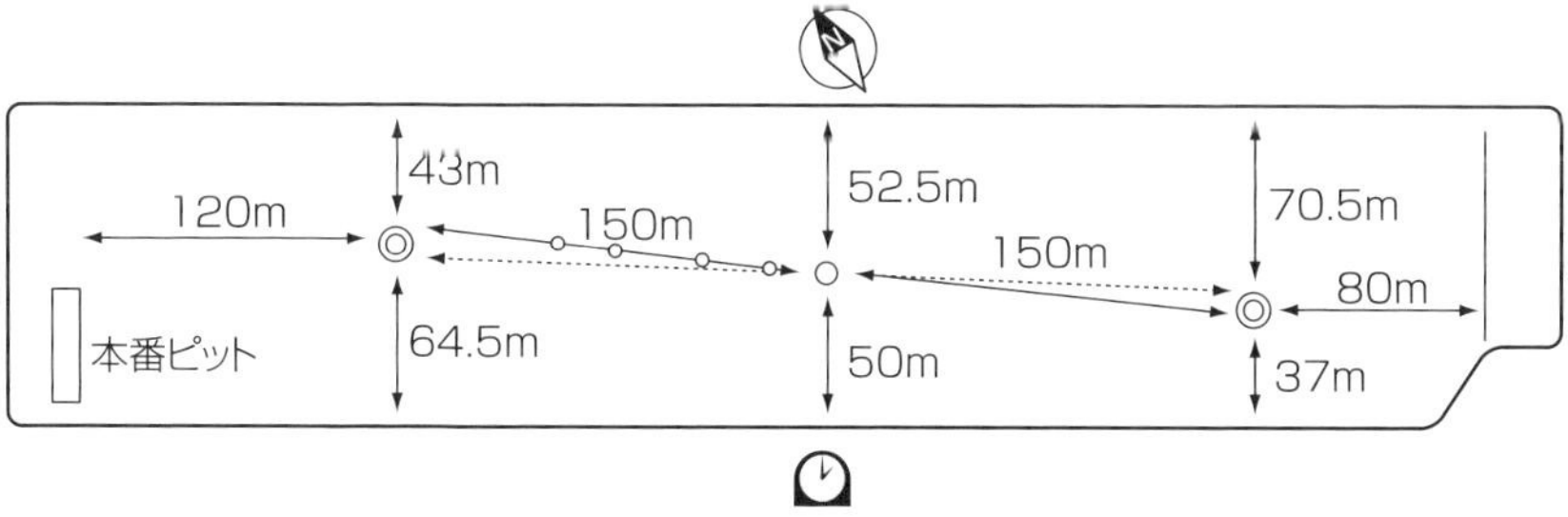

水面

「日本で一番狭いレース場。チルトは最大で＋0・5度まで。1マークをスタンド側に振って（寄せて）いる（2マークと比較すると27メートル）ので、1コースは右斜めに走らなければならない。4コース辺りから真っすぐのところに1マークがある。1コースは1マークで窮屈な形になるし、行き足が来てスタートが決まらないと逃げるのは難しい。センターが強く、まくり水面。4コースがまくって、5コースが差して追走という展開が多い。風向きは、夏が向かい、冬は追いが基本。水が硬いので乗りづらい」

ポイント

「1マークも難しいが、2マークの走り方も難しい。スタンド側の壁が近いので、うまく回らないとぶつかりそう。地元選手は2マークの走る位置を知っているから有利。1マークでだめでも、2マークで勝負できるから逆転は多い。展示タイムは手動計測。参考程度だけど、飛び抜けて良いタイムなら信頼していい」

ここだけの話

「風が回りやすいので、スタートが難しい。空中線の内側と外側の旗の向きが違うこともある。そんなときは、レース場から少し離れたところにある選手宿舎に張られている空中線を見て確認。ピットに向かう途中に見えるから、風向きを確認してレースへ」

江戸川 川の流れと風向きがカギ

全国唯一の河川コース。江戸川の支流の中川をコースとして利用している。東京湾の河口に近く、満潮に向かうと2マークから1マークへ水が流れる「上げ潮」。干潮に向かうときは1マークから2マークへ水が流れる「下げ潮」。江戸川が難水面と言われるのは、川の流れと風がぶつかり、水面が荒れるからだ。スタートも難しい。かつてはインが強い水面だったものの、2010年6月から減音型エンジンに変更されると、レース傾向に変化が見られてきた。大池佑来（24歳、神奈川）に聞いた。

水面

「水面は、常に悪いと思っていい。潮の流れと風がぶつかり合うときに荒れる。2マーク側の先が海。江戸川では、1秒間に80センチほどの流れがある。風が秒速1、2メートルなら大丈夫。3、4メートルだと

コース別入着率（%）						
コース	1	2	3	4	5	6
1着	37.5	21.9	14.8	14.9	8.5	4.5
2着	19.9	21.4	18.1	18.4	13.5	10.7

決まり手					
逃げ	まくり	まくり差し	差し	抜き	恵まれ
31.3	19.9	13.3	18.9	15.2	1.4

水質	汽水	チルト角度	-0.5	0	0.5	1	1.5	2

江戸川水面図

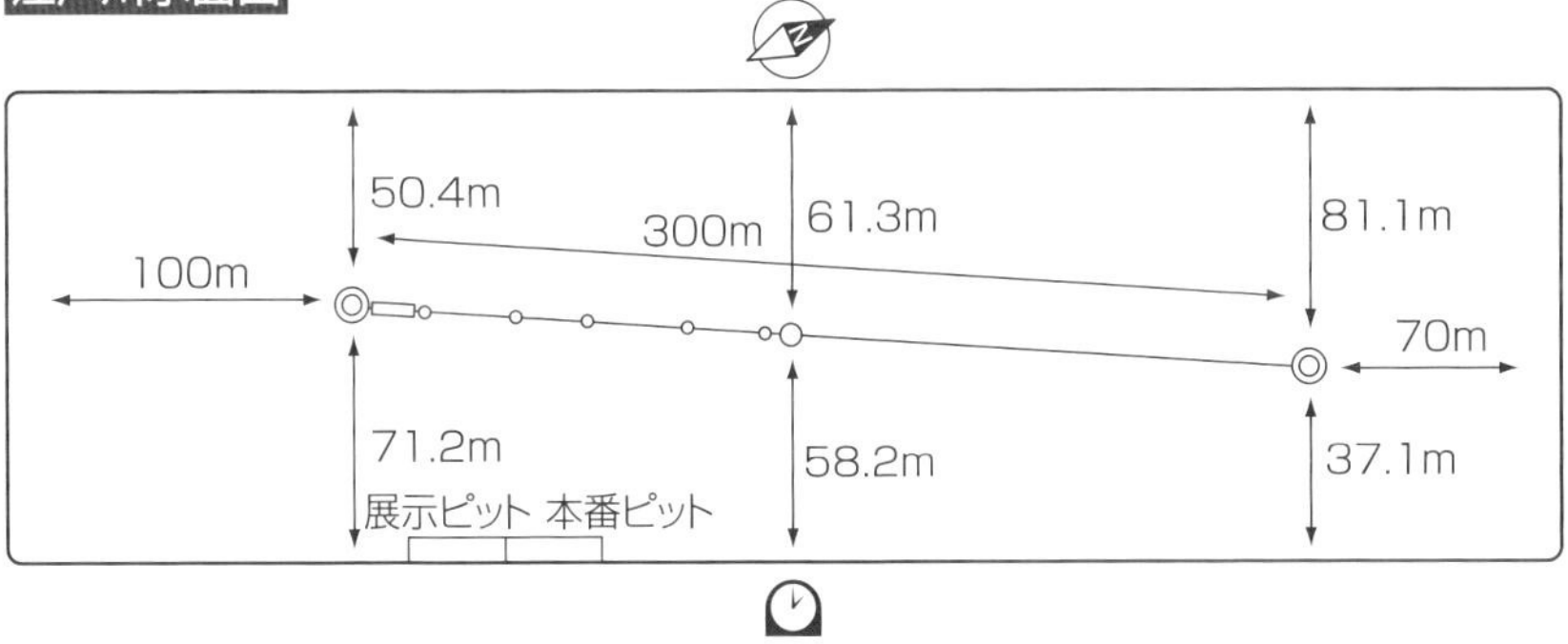

ポチャつく。5、6メートル吹けば、安定板を装着しなくては乗れない。チルトはプラス2度まで。上げ潮の追い風ならインが強く、下げ潮の向かい風ならアウトが強い」

ポイント

「減音エンジンになってからは、以前よりもインは弱くなった。スタートをするときの反応が鈍く、まくりが決まるようになった。展示タイムは手動計測。水面が悪いときはあまり参考にならないかも。水面がいいときはほかのレース場と変わらないから参考になる。ただ、好水面が少ない。ピットの位置は変則。前づけはオーケーだけど、枠なり進入が多いのが特徴」

オススメ

「江戸川は人が温かく、雰囲気も良くて過ごしやすい。話題の東京スカイツリーが見える。場内には、ハズレ舟券を食べるヤギロボット（マッシロ―という名前）がいる」

平和島　差しが決まる

対岸には高層マンションが建ち、都心からも近い。

ＳＧ開催も多い関東を代表するレース場。２マークからスタンドまでは62メートルと幅が広いものの、１マークはスタンドまで37メートルと狭い。１コースの１着率は30％以下と低い。６コースの１着率６・３％は、全国１位。

中野次郎（29歳、東京）に聞いた。

水面

「１マークはスタンド側に振って（寄せて）いるから、１コースは右斜めに走らなければならない。エンジンは伸びの差が大きいので、インはまくられることが少なくない。また、バックストレッチは内が伸びるのが最大の特徴。まくる選手の右隣にいる選手が差して、２マーク先取りという展開が多い。風向きは、夏が向かい、冬は追い。対岸にあるマンションの間を風が吹き抜け、２マークのターンに入るところで突風が吹くことがある」

ポイント

「展示タイムは手動計測だから参考程度。伸び型にするとタイムは出やすいが、伸び型にすると出足がひどくなる。出足型にしていてタイムがいいときは、完全に仕上がっていると判断できる。インが弱いところ

コース別入着率（%）						
コース	1	2	3	4	5	6
1着	28.9	19.5	18.5	18.5	10.3	6.3
2着	19.2	20.3	17.4	17.7	16.3	10.8

決まり手					
逃げ	まくり	まくり差し	差し	抜き	恵まれ
25.5	26.4	17.0	19.8	9.9	1.4

水質	海水	チルト角度	-0.5	0	0.5	1	1.5	2	3

平和島水面図

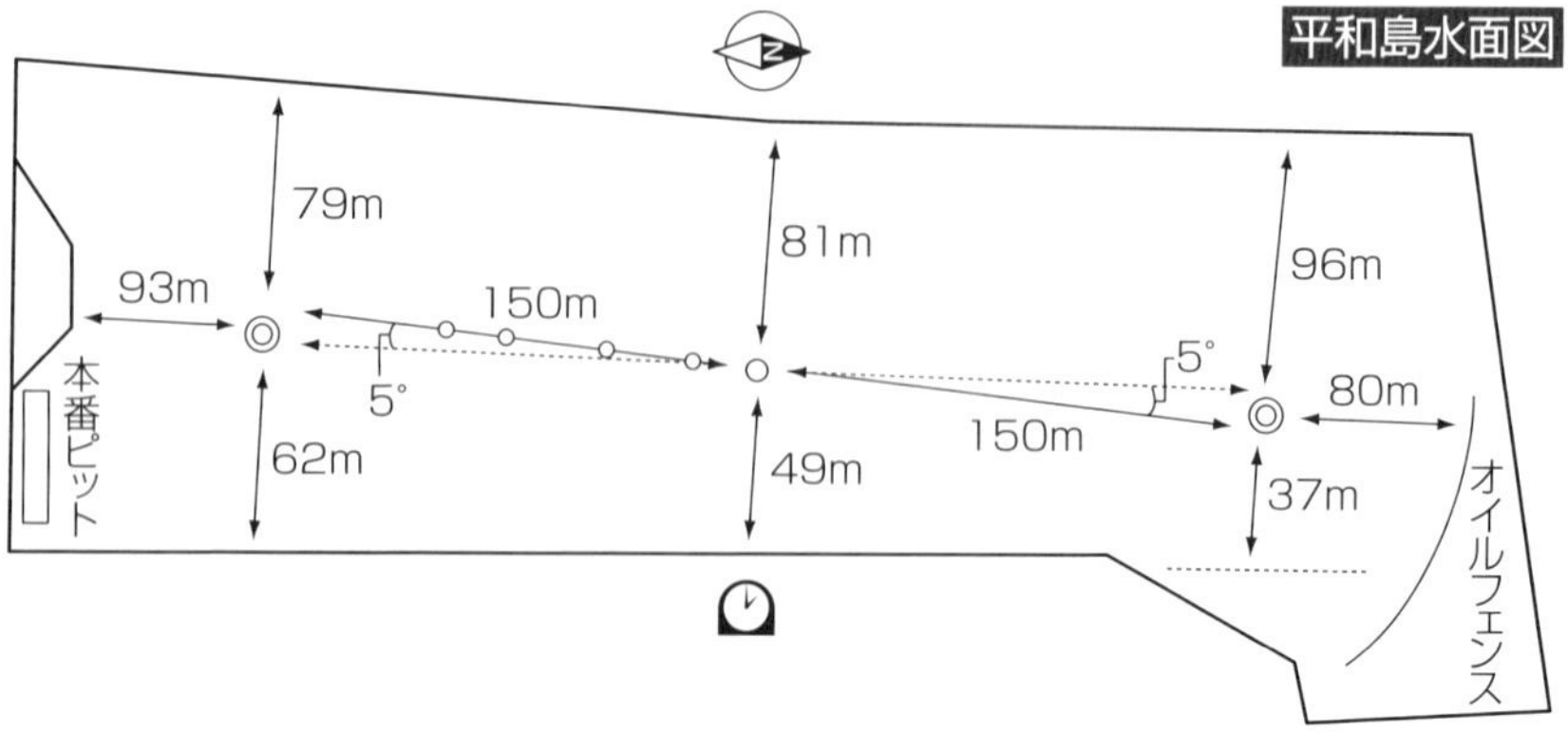

だから、前づけをする選手は少ない。深い起こしになると、まくられてしまうから」

舟券のコツ

「伸びていくので、まくりは決まる。しかし、バックは内伸びするから差しが有利。最近、水位が高いような気がする。昔は乗りやすかったが、今は乗りにくい。舟足で重視するのは行き足。福岡の調整と似ているから、平和島用のペラが福岡で使える。もちろん、福岡用が平和島でも使える」

オススメ

「場内ではモツ煮込みが有名。あと、チルトサンド（チルト3度にかけたカツサンド）。品川からも羽田からも近いから、九州・山口からも便利。ファンサービスにも力を入れている」

多摩川　全国一の静水面

ウエイキー

四方すべてを植樹で囲む。風の影響が少なく、「日本一の静水面」と呼ばれる。プロペラの基準が変わる前の2001年1月、今坂勝広（34歳、静岡）が1分42秒7の日本最速タイム（当時）を記録、水面の良さ

コース別入着率（%）						
コース	1	2	3	4	5	6
1着	31.6	17.9	18.7	18.6	10.1	4.5
2着	20.3	21.6	18.1	19.4	14.6	7.4

決まり手					
逃げ	まくり	まくり差し	差し	抜き	恵まれ
27.8	28.1	17.4	15.8	9.9	0.9

水質	淡水	チルト角度	-0.5　0　0.5　1　1.5　2　3

多摩川水面図

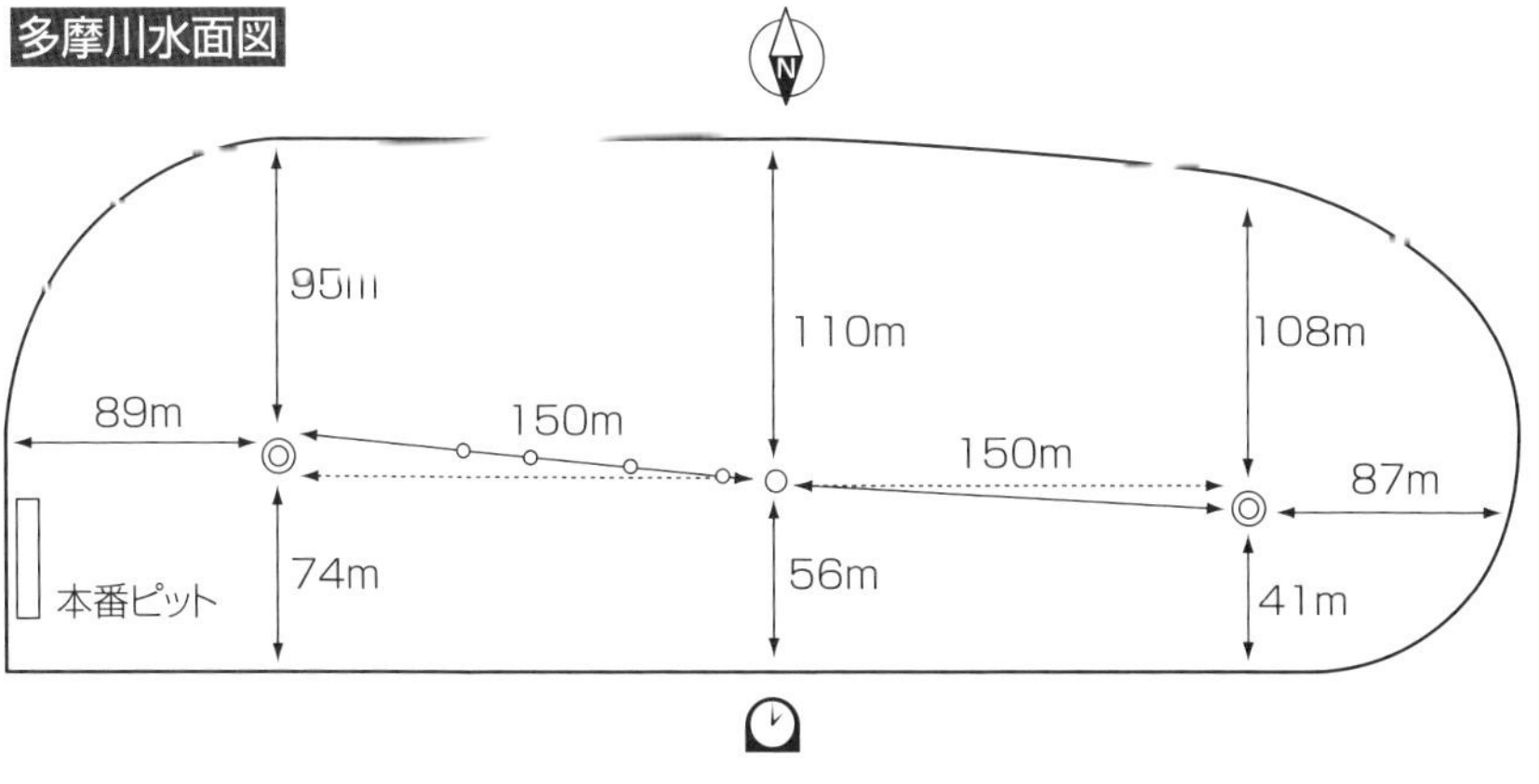

を裏付けた。1コースの1着率は全国平均以下の31・6%。3コースは18・7%、4コースが18・6%と高い。スピード勝負のレース場だ。

村田修次（37歳、東京）に聞いた。

水面

「水面が荒れるのは珍しい。台風が来ても、同じ東京の平和島や江戸川がレース中止になったとしても、多摩川では開催できるほど。向かい風もあるが、1年を通して追い風が多い。といっても、スタンドも風を防ぐので影響はあまりない。淡水で水が硬く、プロペラがマッチしないと乗りづらい。合ったときは、水面がいいからものすごく乗りやすい。マッチングが重要。レーススタイルは、イン対カドの争い。1マークからスタンドまでの幅が狭いから、インはスタート先行が絶対条件」

ポイント

「水面がいいから、スピードを保ったまま回らないと勝てない。スピードを落として差すような2コースは勝てない。攻めるのは3コース。3コースがまくって、4コースが差し抜ける展開が多い。舟券で言えば、3＝4とか、インが残して1＝4というが多いのでは。エンジン差は大きい。出足ではなく、伸びの差が大きいのも特徴。展示タイムは手動計測で、あまりあてにならない」

オススメ

「府中の近くにある大国魂《おおくにたま》神社。正月とかレースに行く前にお参りしている。食なら、深大寺そば。多くのそば屋が味を競っている」

浜名湖 風の影響、広い水面

スワッキー

ボートレース場屈指の広い水面。1マーク周辺も広いから、スピードを落とさずにターンができる。1コースの1着率は40%と圧倒的。2－4コースの1着率は大差なく、5、6コースは1けた台と急激に落ちる。風向き次第では、レース傾向に大きな変化が見られるのも特徴。追い風ならイン有利だが、向かい風ならセンターからのまくりも決まる。

谷野錬志（26歳、静岡）に聞いた。

水面

「とにかく広い。6コースから行くと、1マークを回るときにすごく遠く感じる。エンジンが標準型だっ

コース別入着率（%）						
コース	1	2	3	4	5	6
1着	40.0	16.1	15.7	17.2	8.1	4.2
2着	19.2	20.7	19.6	18.4	14.1	9.4

決まり手					
逃げ	まくり	まくり差し	差し	抜き	恵まれ
36.3	19.4	18.5	14.9	9.8	1.0

水質	汽水	チルト角度	-0.5 0 0.5 1 1.5 2 2.5 3

浜名湖水面図

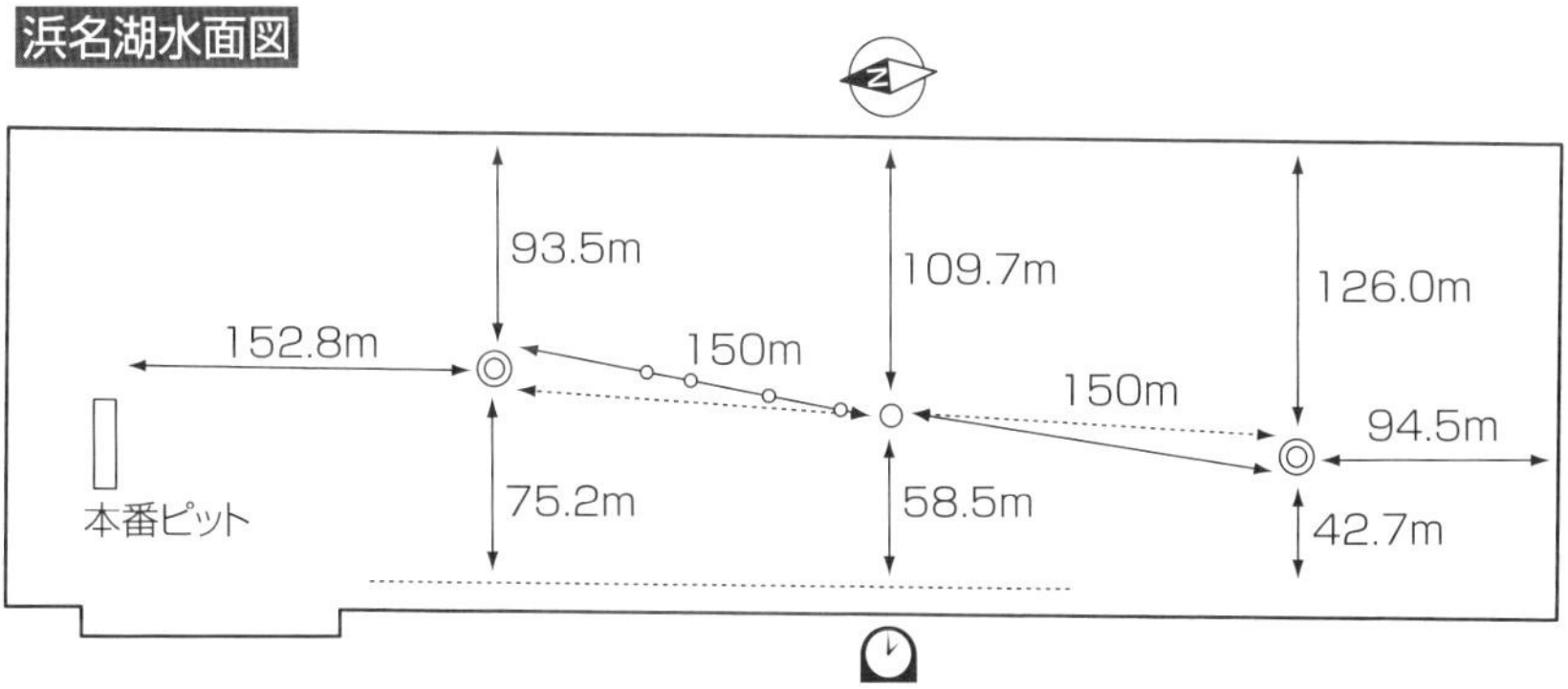

たときほどではないが、基本的にインが強い。風は年中吹いている印象。風向きは、夏が向かい、冬は追いが基本。冬は風が強くなり、荒れ水面の日が多くなる。チルト3度は使用できるが、水面が荒れると威力を発揮できないでしょう」

ポイント

「風の強さが2、3メートルまでなら、スピードを落とさずに握って回れる。イン有利だけど、外からのまくり差しも決まる。条件として一番いいのが、2、3メートルの向かい風。汽水だが、塩分濃度は高いと思う。レースが終わってプロペラを見ると、塩がくっついていることも珍しくない。水が軟らかいから乗りやすさもある。干満の差は、あっても50センチくらい。ただ、（福岡などは干満で上下するが）空中線が固定式なので、スタートの見え方が違ってくる。風向きはコロコロ変わり、強弱の差も激しい。1日中同じ条件というのが少ないから、スタートが難しい。スタートについては、地元有利と思う。展示タイムは手動計測で参考程度。それでも、良いときはやはり安心する」

オススメ

「やはり、ウナギ。おいしいですよ。冬場に空気が澄んでくるときは、レース場から富士山が見える。スタンドもきれいだ」

蒲郡　四季を通してナイター

トトまる

1マークから対岸までは156メートルと広い。1コースの1着率は40％と高い。2、3コースよりも、4コースが約18％と高いのも特徴だ。四季を問わず一年中、ナイター。番組は電話投票を強く意識し、利用者が増える後半になるほど本命傾向。2008年には、住之江を抜いて売り上げトップになった。

谷本幸司（39歳、愛知）に聞いた。

水面

「全国の中でも広く、インが強い。番組も、インから買いやすいように作っている。干満の差はなく、乗りやすい。スタートをつかんでいない初日は、アウトからの攻めも狙える。冬は向かい風（北西）。強くてもスタンドがガードし、水面は悪くならない。夏は追い風だが、風は弱い。注意しているのは風より湿度だ。夏場は7、8レースには気温が下がり、回転は上がる。10、11レースとなると湿気が出て水面が白くもやっと

コース別入着率（%）						
コース	1	2	3	4	5	6
1着	40.4	15.5	15.2	17.8	8.8	3.5
2着	18.4	22.1	19.3	18.0	15.2	8.2

決まり手					
逃げ	まくり	まくり差し	差し	抜き	恵まれ
36.3	23.8	16.7	13.1	9.7	0.5

水質	汽水	チルト角度	-0.5　0　0.5　1　1.5　2　3

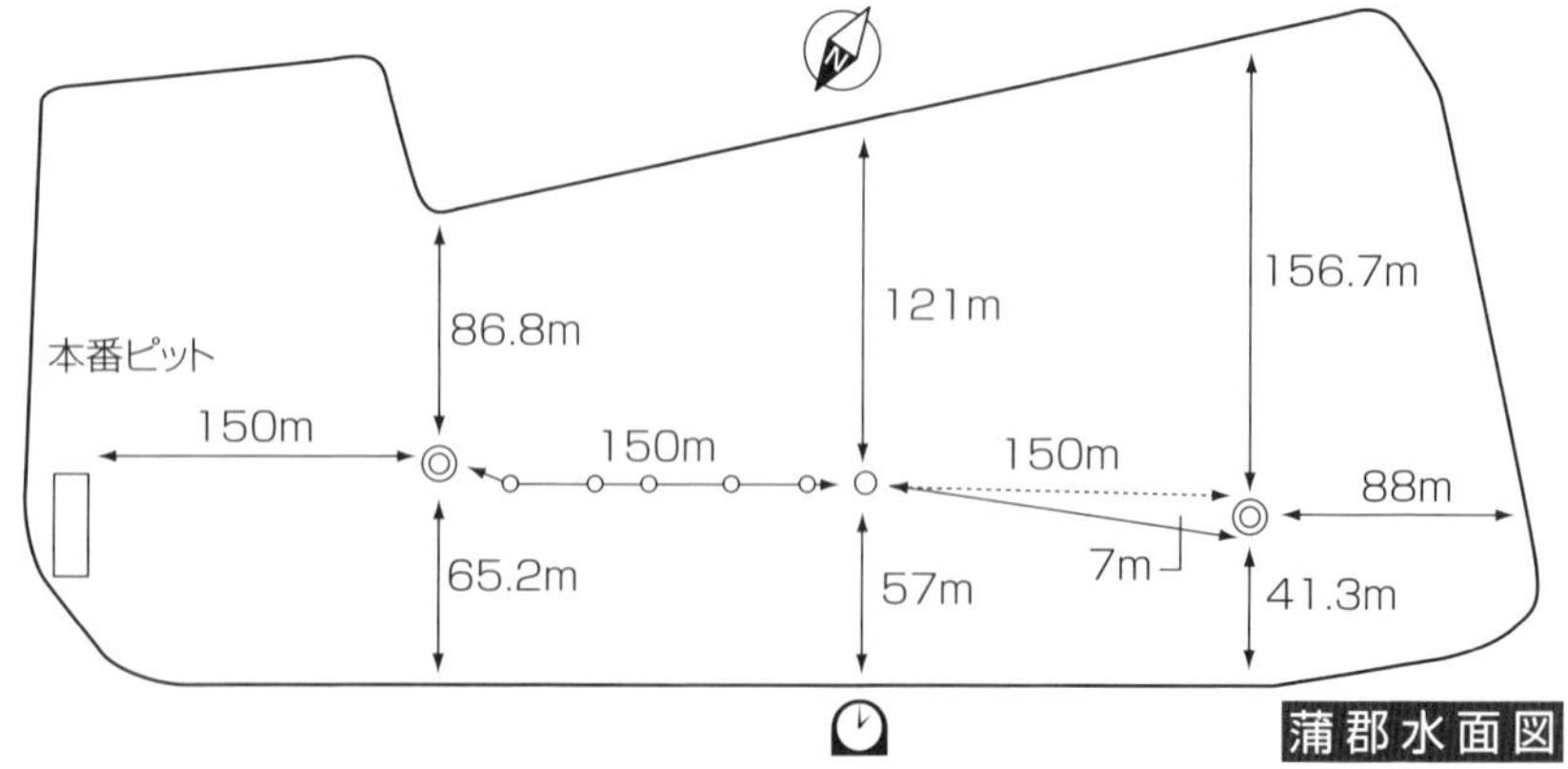

蒲郡水面図

して、回転の上がりは当然悪くなる。時間帯によって、プロペラを調整しなければならない」

ポイント

「展示タイムは手動計測で、あてにならない。ファンが参考にしてほしいのは、エンジン勝率と選手のコメント。レースや展示をしっかり見て、動きを見極めてもらいたい。成績に関係なく、動きのいい選手を発見してほしい。エンジン差は大きい。伸びている選手がセンターにいると、インが抵抗してアウトからの差しも決まる。西日がきついときは水面がまぶしく、スタートは決めにくい」

オススメ

「場内のアーケードでは、ビッグレースのときに出店などのイベントを開催している。暖かい土地柄なので、蒲郡ミカンも有名。あとはエビせんべいかな。忘れてはならないのが、実況だ。熱く、面白い」

常滑　伊勢湾からの風がカギ

とこタン

中部国際空港セントレアから近く、伊勢湾からの風が強い。1マーク側には防風ネットが設けられている

コース別入着率（%）						
コース	1	2	3	4	5	6
1着	38.5	17.7	15.3	16.9	8.8	3.8
2着	19.9	22.0	19.0	17.8	13.5	8.9

決まり手					
逃げ	まくり	まくり差し	差し	抜き	恵まれ
35.1	24.3	15.6	14.8	9.6	0.6

水質	海水	チルト角度	-0.5　0　0.5　1　1.5　2　3

常滑水面図

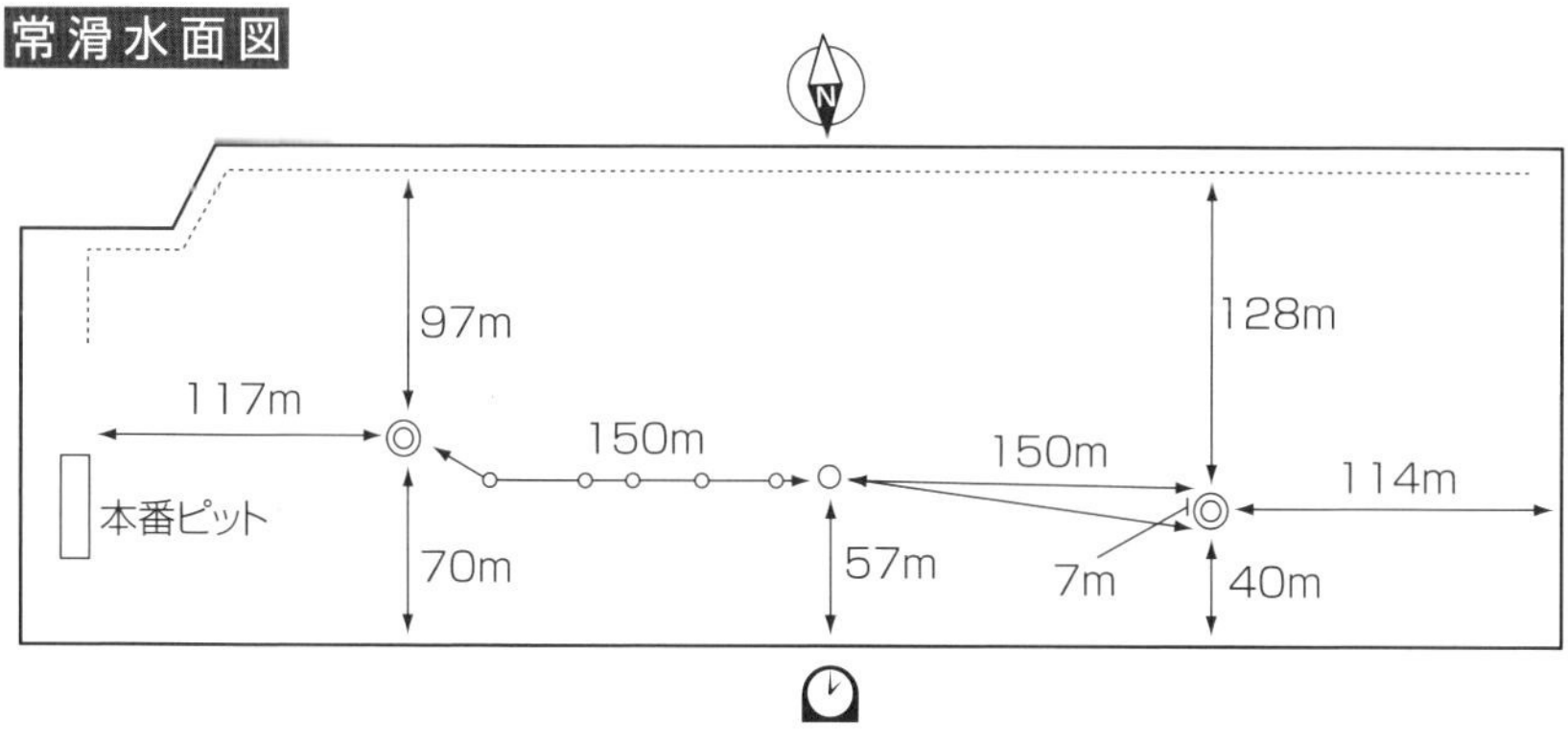

ものの、風の強弱がレースを左右する。風が弱いときは、乗りやすい水面として知られる。減音エンジンになってから40%を超えていた1コースの1着率は少し下がり、38・5%と全国平均並み。

永井聖美《まさみ》（31歳、愛知）に聞いた。

水面

「海水面だが、水門で潮をせき止めているから干満の影響はない。広い水面だから、風さえ吹かなければ、すごく乗りやすい。印象としてはインが強い。チルトは3度まで使える。ダッシュは助走距離が長く取れるから、向かい風のときは威力を発揮、狙える。風向きは、夏が緩やかな追い、冬は強い向かいが吹く。冬は風が強く、荒れ水面になることも珍しくない」

ポイント

「自分では日本一乗りやすい水面と思っている。だから、遠征陣でも走りやすい。その点では、地元が絶対に有利ということはない。もちろん、プロペラが合わないと乗りにくい。うまく合わせるのがカギ。展示タイムは手動計測であてにならないし、全然気にしていない。減音エンジンになってからは、以前よりエンジン差が大きくなった」

オススメ

「場内では、牛すじを甘辛く煮込んだドテ丼。競艇ラーメンもおいしい。詳しい？ 選手を目指していた頃、当時の彼氏とボートレース場でよくデートしていたから（笑い）。常滑焼のキャラクター『トコタン』の大きな招き猫が出迎えてくれる。ボートレース場からも近いところに『やきもの街道』がある。デートにはぴったり。レースを楽しんだあとは、ぜひ行ってみて」

津　水面良くイン圧勝

ツッキー

モーターボート競走法が施行され、国土交通省（当時は運輸省）からボートレース場として最初に公認された。1マークの周辺が広く、スピード勝負が展開される。1コースの1着率は42%。2コースが18・6%で続き、インの強いレース場として有名だ。伊勢湾や鈴鹿山脈から吹く風の影響を受ける。

桐本康臣（31歳、三重）に聞いた。

水面

「インがめちゃくちゃ強い。水面が広いから、内からスピードを落とさずに外を張り（牽制《けんせい》）ながら回れるからだと思う。風向きは、夏が追い風、冬は向かい風。強く吹く冬は水面が荒れて、2マークで着順が入れ替わることも珍しくない。海水だったのが、だんだん真水が入ってきた。今では海水と淡水が半々くらい。水は硬くないから、ほかのレース場と比べても乗りやすい」

ポイント

「まくりもそれなりに決まるが、舟券はやはりイン主体の組み立てになると思う。今のエンジンはパワーがあるので、深い進入になってもインから逃げられる。コース取りはピット離れ勝負。エンジン差はあって、伸びの差が大きい。仕上げで重要視しているのは行き足と伸び。展示タイムは手動計測。あまり信用していない。もちろん、いいのに越したことはないけど。地元有利な部分は、番組でしょう。全国的に見ても、地元優遇の番組が多い」

オススメ

「夏なら、レース場から歩いて10分ほどの海水浴場。潮干狩りで取ったハマグリやアサリを炭火で焼いてくれる。練習後に寄ることも多い。舟券で勝ったら、松

コース別入着率（%）						
コース	1	2	3	4	5	6
1着	42.0	18.6	15.4	14.3	8.1	3.3
2着	18.8	22.4	19.4	19.1	12.7	9.3

決まり手					
逃げ	まくり	まくり差し	差し	抜き	恵まれ
38.2	17.6	17.3	15.7	10.2	1.1

水質	淡水	チルト角度	-0.5	0	0.5	1	1.5	2	3

津水面図

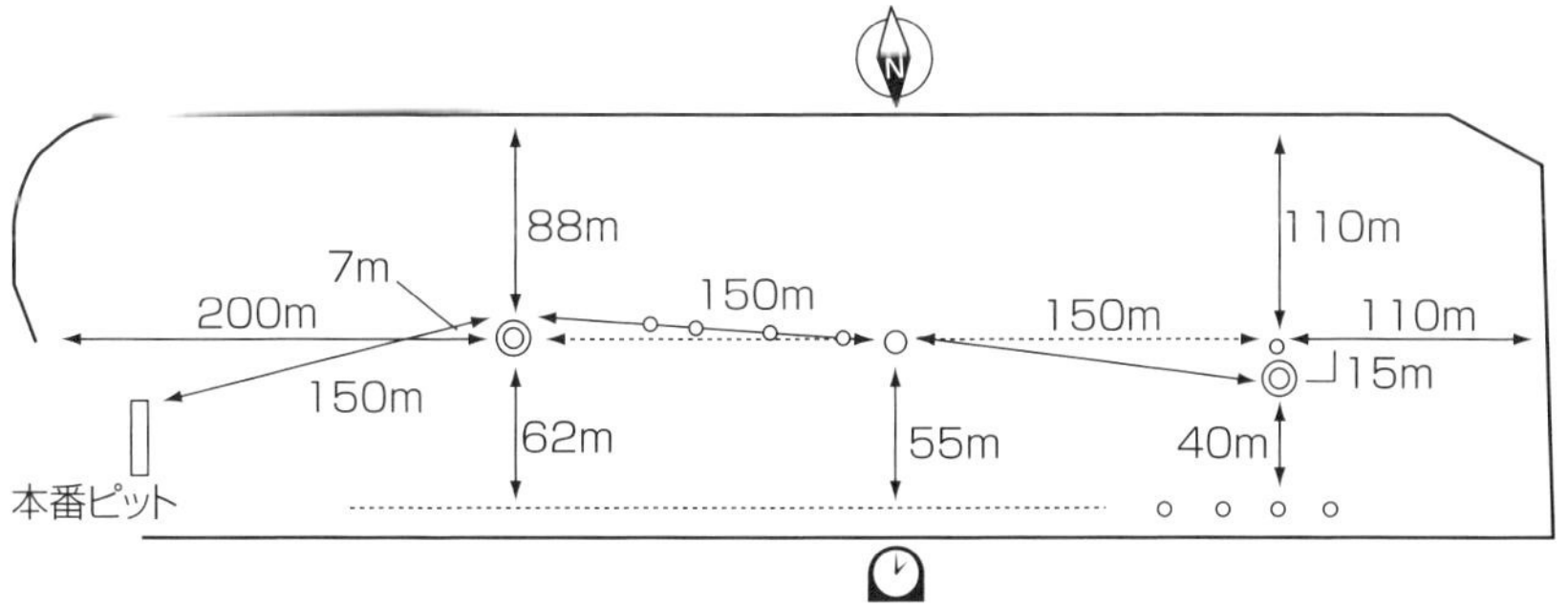

阪牛でしょう。選手の中にも、たたきを買って、帰りの電車の中でつまんでいる人もいる。津のホームページで三重支部の若手が中心となって『津ッ輝ー隊（ツッキータイ）』ブログを書いているので見てほしい」

三国　狙い目は2コース差し

カニ坊

日本海側にあり、冬の冷え込みは厳しいが、通年で開催している。冬季は風が強く、荒れ水面の日が多くなる。1コースの1着率は、全国平均レベルの約38%。まくりは決まりにくく、差しの出現率が高いのも特徴。追い風が強い日は、2コース差しが絶好の狙い目。ピットから2マークまでの距離は150メートルと長く、ピット離れの優劣が分かる。

松村康太（27歳、福井）に聞いた。

水面

「淡水で広い。水が硬いのが特徴。全国24場の中で唯一、日本海側にある。基本的に年間を通して追い風の日が多い。冬は追い気味の強い北風が吹く。水面が荒れると、内寄りのコースが強い。寒いから、回転の上がりは速いという声をよく聞く。昔は全体的にイン

コース別入着率（%）

コース	1	2	3	4	5	6
1着	37.6	18.0	15.6	17.3	10.0	2.8
2着	20.9	22.1	18.8	18.4	13.4	7.6

決まり手

逃げ	まくり	まくり差し	差し	抜き	恵まれ
34.5	17.6	16.8	21.9	8.4	0.8

水質	淡水	チルト角度	-0.5	0	0.5	1	1.5	2	3

三国水面図

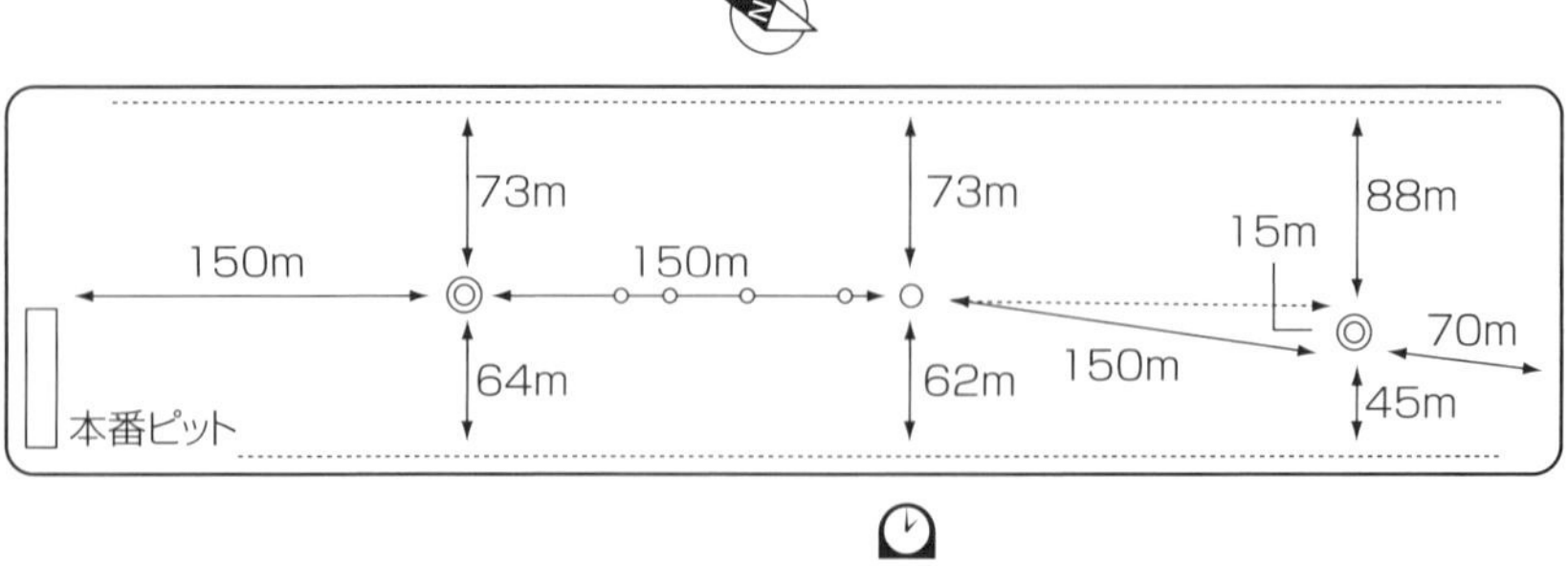

が強いイメージがあったが、最近は2コースから差しての1着も多い。まくり水面ではない。スタートが同体なら、アウトの出番は少ない」

ポイント

「プロペラが（水面とエンジンに）合う範囲が狭く、調整が難しい。出足と伸びも大事だが、それ以上に乗り味が重要。水面としては、同じ淡水の芦屋ボートレース場と似たような感じ。外からは展開待ちの状態で、1、2着は少ない。エンジンは、出足も伸びも差が大きい。展示タイムは手動計測。良ければいいかなというぐらいで、あまり気にしていない」

オススメ

「ソースカツ丼。桐生にもあるが、元祖は三国でしょ。タマゴカツ丼と言わないと、九州で食べるようなカツ丼は出てこない。観光地では東尋坊かな。冬はカニ。ソースカツ丼とカニを食べて、ボートレースで遊んでくれれば三国は満足できる」

びわこ うねる1マーク

ビナちゃん

日本最大の湖、琵琶湖の南端にある。標高は85メー

コース別入着率（%）						
コース	1	2	3	4	5	6
1着	32.2	18.7	17.9	18.8	9.8	3.9
2着	16.6	20.7	18.7	19.8	15.8	9.6

決まり手					
逃げ	まくり	まくり差し	差し	抜き	恵まれ
28.6	24.9	18.6	17.6	9.7	0.6

水質	淡水	チルト角度	-0.5	0	0.5	1	1.5

びわこ水面図

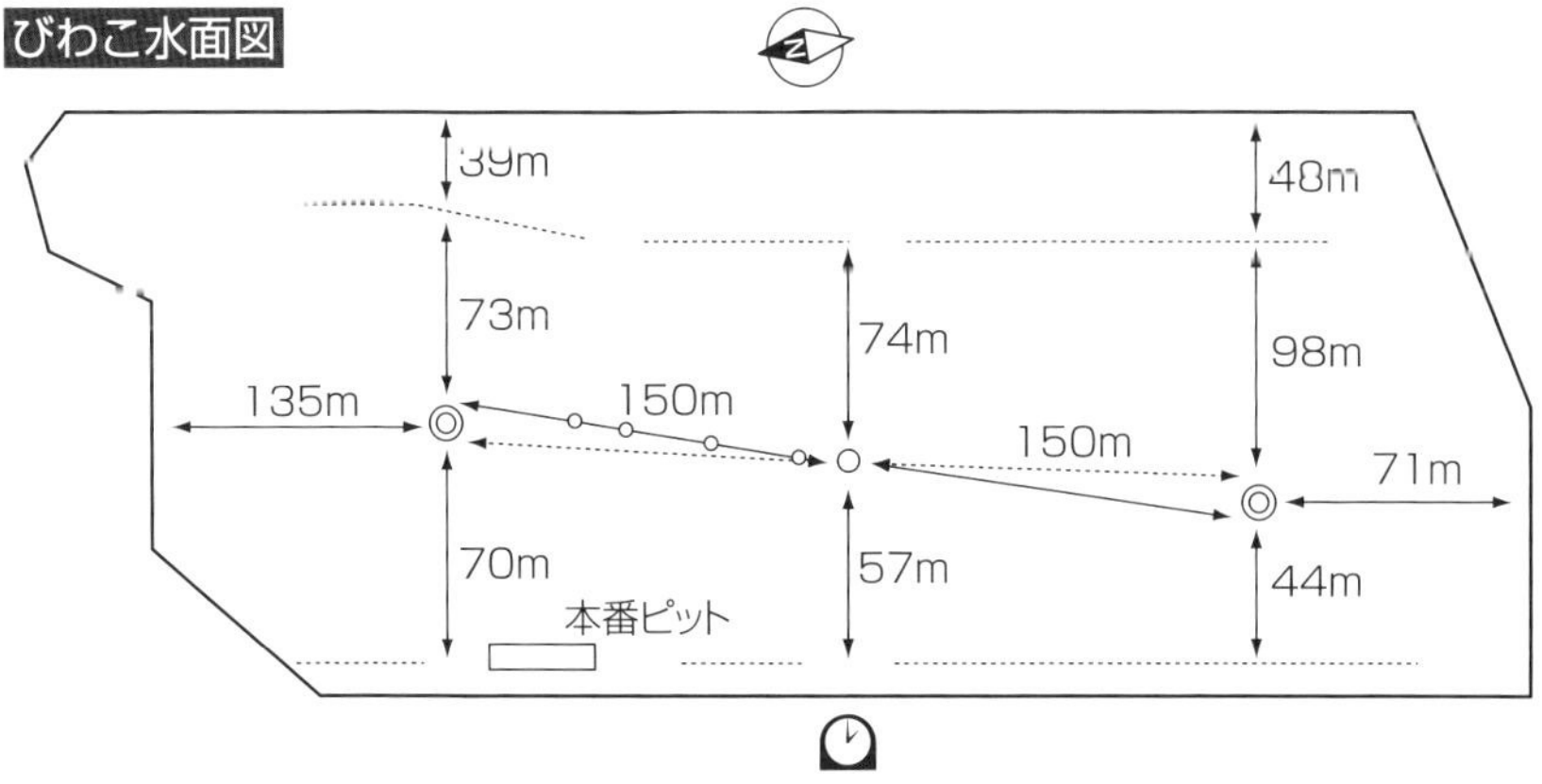

トルと高く、他のレース場に比べ、気圧が低く、エンジンの出力が弱い。水位が高くて、風が強く吹くと、大きなうねりが発生する。選手泣かせの水面だ。1コースの1着率は全国平均を下回っている。逃げとまくりの比率差は4％ほどと大差がない。差し、まくり差し出現率が高い。

茶谷信次（34歳、滋賀）に聞いた。

水面

「風が吹くと、うねる。琵琶湖全体の水位が低くなると乗りやすいが、大雨が降って高くなると乗りづらい。雪解け水が流れ込む春も水位が高い。夏は向かい風が多いが、突然、強い追い風に変わることもある。冬は、ほとんどが追い風。1マーク付近は広いが、2マーク周辺は狭い。1コースの1着率は低い。減音エンジンになってから、その傾向は強くなった」

ポイント

「インは、差されることが多い。ほかのレース場と同じようにターンをすると、差されてしまう。びわこの走り方がある。展示タイムは手動計測。あまりあてにならない。ファンは乗りやすそうにしているか、出足がしっかりしている選手を探してほしい。びわこといえば、うねり。福岡もうねるが、それ以上にすごい。ピットはスタンド側にある。2マークまで70メートルと短いから、ピット離れで抜け出すのは難しい。一つでも内が欲しいときは起こしが深くなるリスクを負っての前づけになる」

オススメ

「琵琶湖そのものがオススメ。レース場の近くを走る遊覧船『ミシガン』も楽しい。だが、ミシガンは選手泣かせ。出港した5分後に大きなうねりが入ってくる。まくりに行くのをやめようと思うほどですよ」

住之江　今年も賞金王決定戦を開催

ジャンピー

集客力、売り上げともにトップを誇る。賞金王決定戦、笹川賞など数多くのＳＧレースを開催してきた。２０１１年もＳＧ「賞金王決定戦・シリーズ戦」を行う。コンクリートで固められた淡水プール。ボートが通ってできる返し波の影響が大きく、乗りづらいという声が多い。２００６年7月からはナイターを始めた。

北村征嗣（31歳、大阪）に聞いた。

水面

「特徴は三つ。①インが強い、②水が硬い、③風が回る。エンジンはパワーがあって、回転がよく上がる。エンジンが出ていれば、100メートルの起こしはまったく問題ない。2マークは、スタートをするときにできる返し波が残って、すごく乗りにくい。風は基本的に向かい風。強くてもスタンドや周りにある建物がガードしてくれるから、荒れる日は少ない。しかし、風向きは変わりやすく、難しい。ほかのレース場と同じようにスタートすると、フライングになりやすい」

ポイント

「エンジンが出ている出ていないよりも、乗りやすさのある方がレースでは通用する。記念を走る選手でさえも難しいと言うし、地元有利ということはない。以前はボートの前方にFKS（フライング警報装置）が付いていたが、外れたことによってボートのバランスが良くなった。それにより、2マークを全速で回ることができるようになった。展示タイムは手動計測だから、多少気にする程度。最終日になると、なぜかエンジンの回転がグンと上がる。プロペラが回り過ぎるので、最終日の調整が一番難しいという選手は多い」

コース別入着率（%）						
コース	1	2	3	4	5	6
1着	42.0	18.1	15.7	14.7	7.5	3.7
2着	20.0	22.2	19.2	17.4	13.9	8.9

決まり手					
逃げ	まくり	まくり差し	差し	抜き	恵まれ
37.9	19.7	15.2	15.9	9.7	1.6

水質	淡水	チルト角度	-0.5	0	0.5	1	1.5

住之江水面図

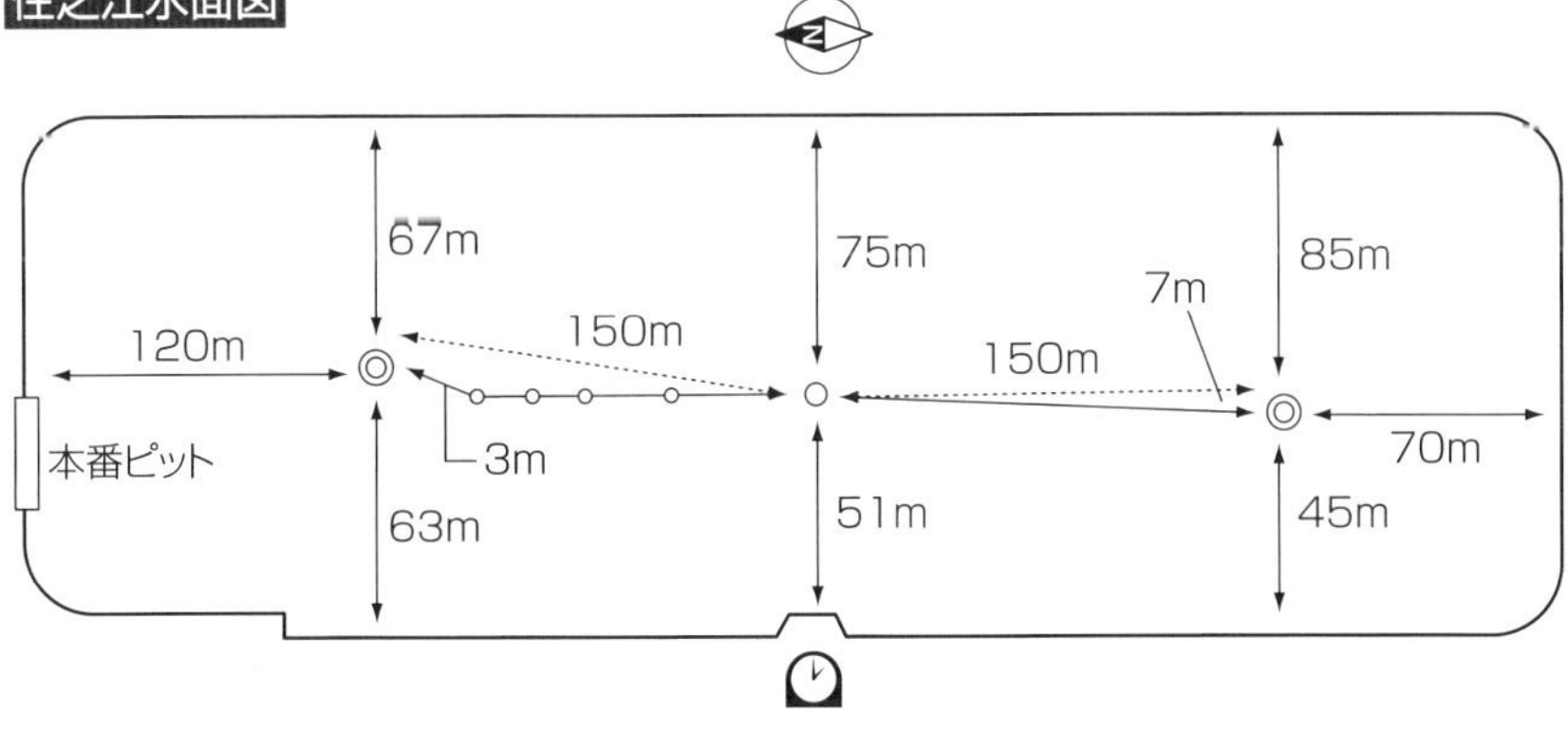

オススメ
「住之江と言えば、賞金王決定戦でしょう。大阪はやはり粉モン。お好み焼き、焼きそば、うどん。何でもおいしい。それにおでんも」

尼崎　愛称が駅名に

センプル

ホーム向かい風が吹く日が多い。甲子園球場でもおなじみの通称「浜風」だ。1マークは思い切って握って回れる。かつては、センターからのまくりや差しがよく決まり、最寄り駅名にも使われている「センタープール」の愛称で親しまれている。最近は1コースの1着率が42％と全国平均を超える。しかし、カマシに絶好の緩やかな向かい風が吹くと、今でもセンター勢は脅威の存在だ。

吉田俊彦（32歳、兵庫）に聞いた。

水面
「標準的なプール。1マークも振って（スタンド側に寄せて）いない。1年を通して、向かい風が多い。ペラが薄かった昔は、センターからのまくりがよく決まっていた。自分のイメージとしては、今でもイン絶

コース別入着率（%）						
コース	1	2	3	4	5	6
1着	42.1	18.2	15.0	14.7	8.2	3.4
2着	19.4	22.1	17.6	20.4	13.0	9.0

決まり手					
逃げ	まくり	まくり差し	差し	抜き	恵まれ
39.4	18.6	8.8	27.1	7.2	0.8

水質	淡水	チルト角度	-0.5	0	0.5	1	1.5	2	3

尼崎水面図

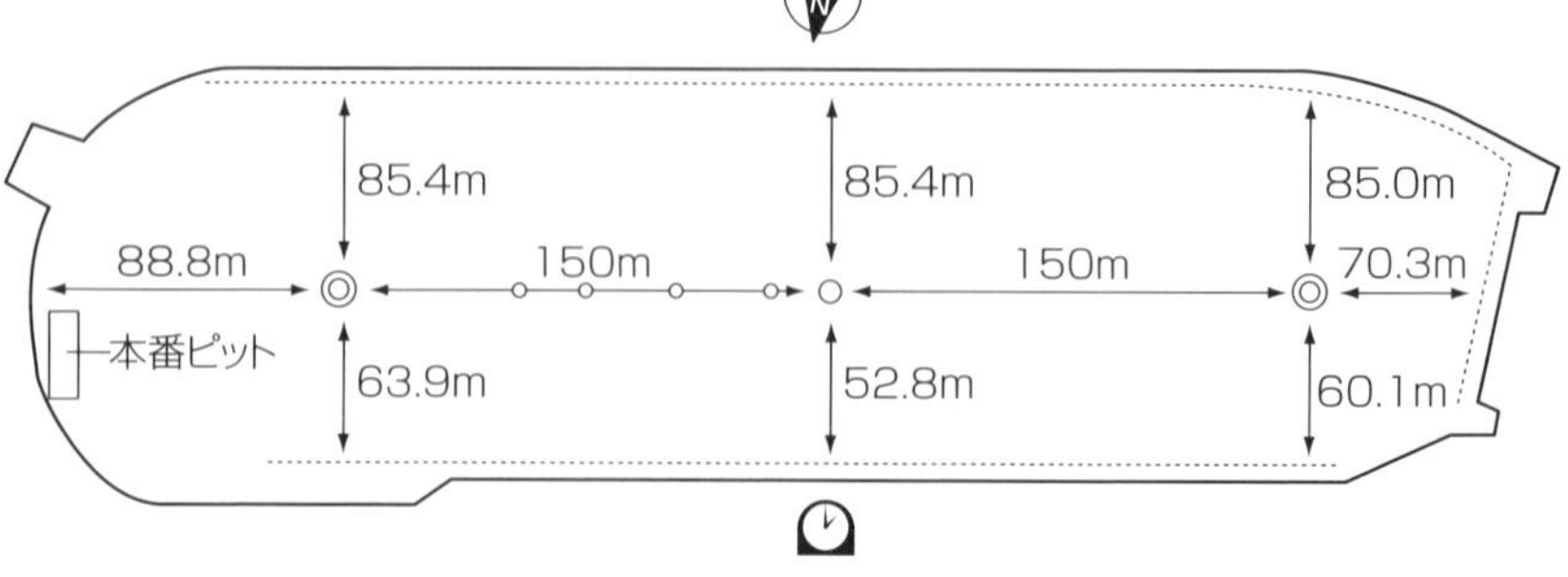

対ではない。センターの出番は十分にある。コースに関係なく戦えるので特徴がないのが特徴と言えるかも。減音エンジンになってからも傾向は変わらない。回転の上がりは良く、夏場も気にならない」

ポイント

「2マークを、いかにうまく回れるかが大事。ほかの選手に聞いても『尼崎の2マークは難しい』という声が多い。まくりに行くと、飛ぶことが多い。（消波装置に激突して）死亡する事故もあった。乗りやすいように調整しなければならない。回転の上がりがいいので、『調整に困ったときは、ペラで回転を止めろ』と自分に言い聞かせている。展示タイムは手動計測。バックストレッチの走る位置によってタイムの良しあしが出るから、あまりアテにならない。3、4号艇はピット離れがあまり良くない」

オススメ

「場内では、タコの代わりにコンニャクが入った多幸焼きが有名。春になると武庫川の桜がきれい。実況が正確でうまい。目を閉じて聞いていても、情景が浮かぶ」

鳴門　近くで渦潮見学も

小鳴門海峡に架かる「小鳴門橋」の横にある。水面は戸田ボートレース場に次いで狭い。1コースの1着率は、全国平均を下回る。風の弱い日はまくりがよく決まり、出現率は西日本トップクラス。ただ、風が強い冬場は状況が異なる。追い風が強く、水面が荒れる日が多いため、内が圧倒的に有利。まくりは流れて、差しが決まる。

横西奏恵（36歳、徳島）に聞いた。

水面

「拡張工事が行われて対岸までの距離は少しは広くなったが、全国的に見れば狭い。逃げばかりでなく、まくりもよく決まる。特に向かい風の多い夏は、3、4コースからのまくりが決まりやすい。冬は基本的に追い風だからレース傾向が変わる。強い中、全速で握って回れば、ターンは流れて返ってこない。差しが決まりやすくなる。潮の流れが早い小鳴門海峡に面しているが、堤防があるので潮流の影響は小さい。最近感じたのは、以前よりも潮が高いこと。地球温暖化の影響なのかなあ。満潮時は、乗りにくい」

ポイント

「展示タイムは自動計測。すごく参考になる。選手も気にしているし、舟券を購入するときは、ぜひとも参考にしてほしい。インが絶対ではないのは、スタートが早く感じて難しいのも一因だと思う。減音エンジンだから、全速でスリットを通過できないと逃げられない。コンスタントに決まっている選手が狙える。風が強いときや潮が高いときに大きな波が発生する。そのときは内が有利。でも、福岡のような大きなうねりはない」

オススメ

「鳴門海峡の近くだから魚がおいしい。鳴門ワカメも。これを食べたら、ほかの産地のワカメが食べられないほど。歯ごたえ、味ともにいい。レース場の近くでは、有名な鳴門の渦潮が見られる」

丸亀 干満差と気温差に注意

スマイル君

２００９年４月からナイターを始めた。全国５番目、中、四国では初めて。昔から、インの強いレース場と

コース別入着率（%）						
コース	1	2	3	4	5	6
1着	33.8	19.3	16.1	18.3	9.8	4.1
2着	21.2	19.9	19.1	17.4	15.4	8.4

決まり手					
逃げ	まくり	まくり差し	差し	抜き	恵まれ
29.1	25.1	16.0	17.0	12.3	0.7

水質	海水	チルト角度	-0.5　0　0.5　1　1.5　2　3

鳴門水面図

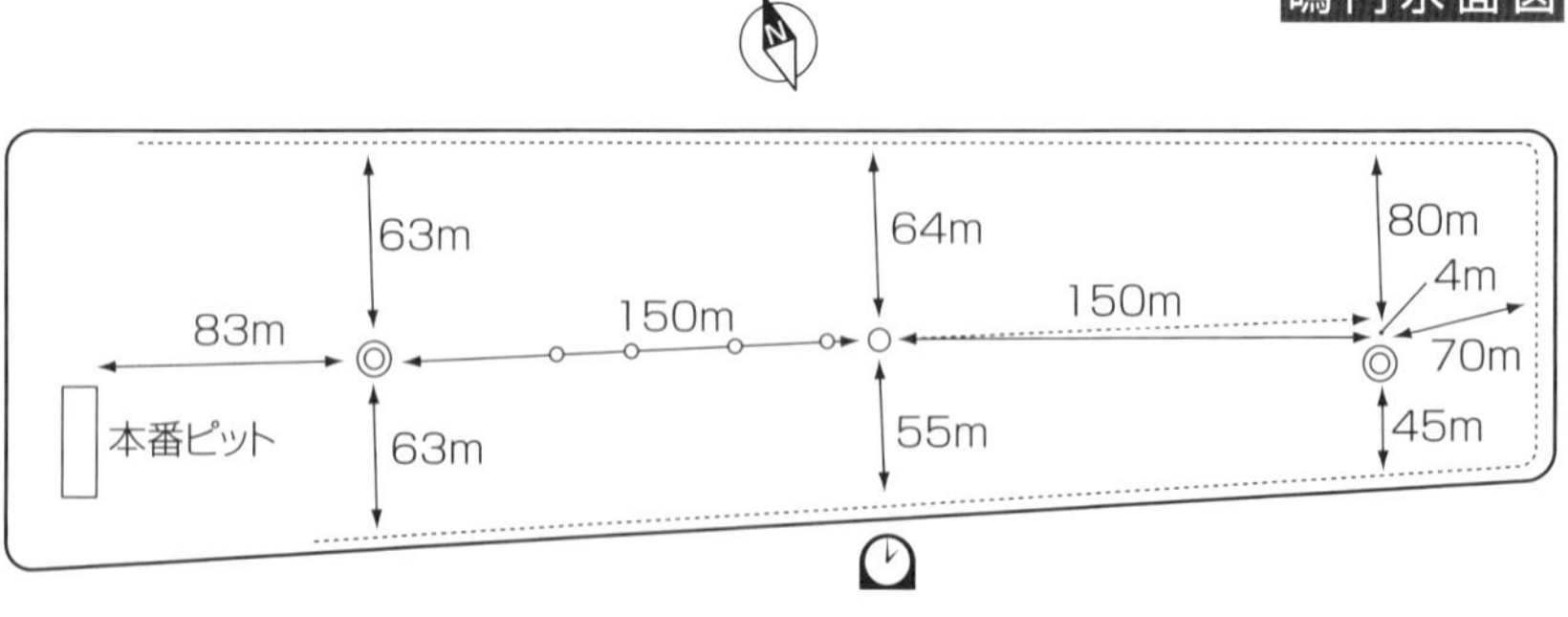

して知れ渡っている。ナイター開催が決まって減音エンジンが導入されたが、インの強さは変わらない。1コースの1着率は40%を超える。瀬戸内海に面するレース場なので、干満の差が大きい。

重成一人（32歳、香川）に聞いた。

水面

「インが強い。先に回った者が勝ち。横一線のスタートになれば、その傾向は強くなる。もちろん、スタートを決めないと逃げられない。1マークからスタンドまでの幅は狭くないから、インはスタートで遅れると残しにくく、まくられる。干満の差、昼と夜の気温差も考えなければならない。それに応じたプロペラ調整が重要だ。冬は強い向かい風だが、夏は静水面が多い」

ポイント

「エンジンは、それほど伸びの差がない。出足勝負のレース場。干潮時と満潮時では、プロペラを交換したいほど乗り心地が変わる。満潮時は、波に負けない出足や掛かりが必要。選手の技術が問われる。満潮時は内有利だが、干潮時にはまくり差しが狙える。内が強いレース場なので、無理をせず内のコースが取れる

コース別入着率（%）

コース	1	2	3	4	5	6
1着	40.7	16.0	15.1	16.2	9.3	4.1
2着	20.5	21.8	19.1	17.9	14.3	7.7

決まり手

逃げ	まくり	まくり差し	差し	抜き	恵まれ
36.0	20.5	17.4	14.7	10.5	0.8

水質	海水	チルト角度	-0.5	0	0.5	1	1.5	2	3

丸亀水面図

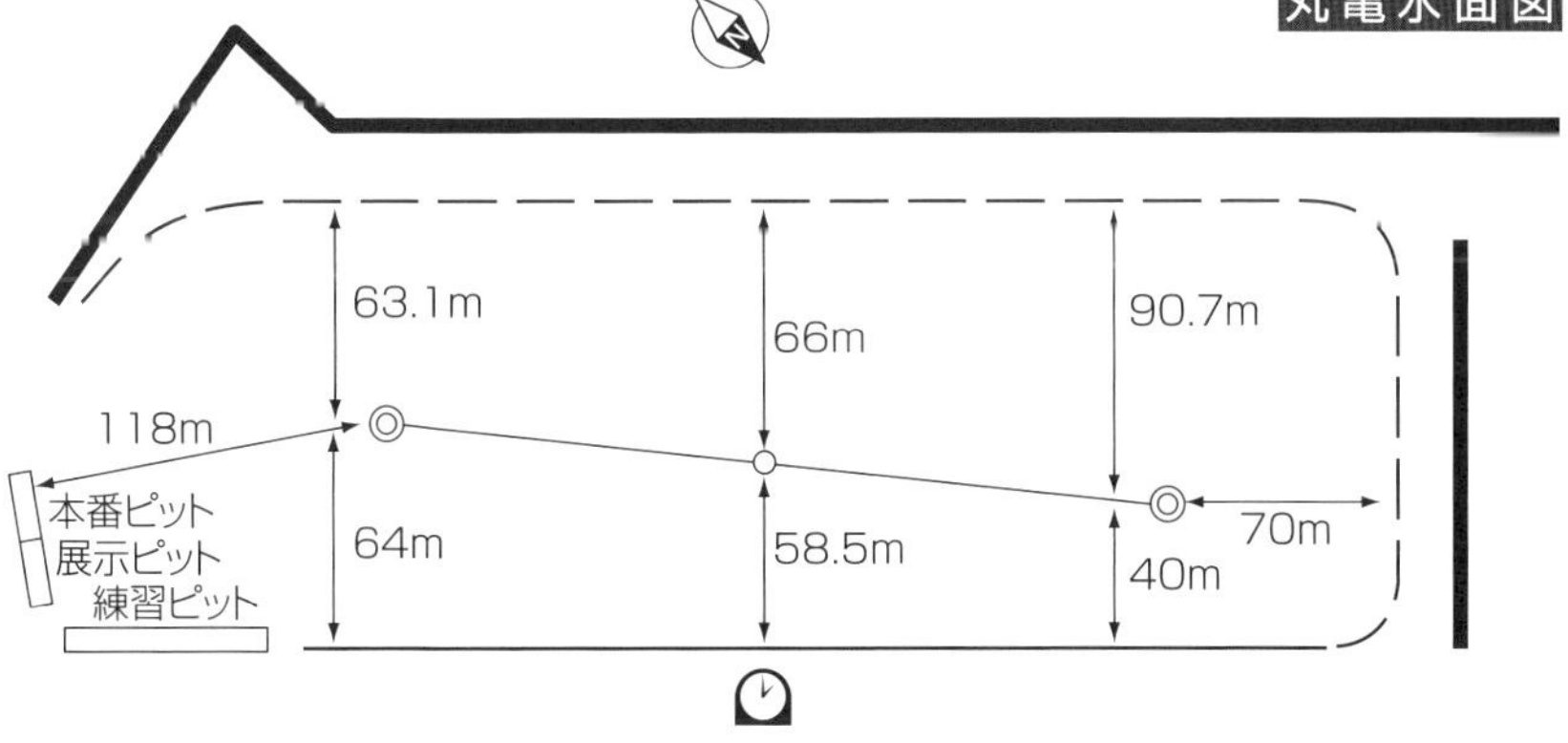

ピット離れが重要。木村光宏さん（39歳）、中岡正彦さん（33歳、以上香川）や、大嶋一也さん（52歳、愛知）のようにピット離れで一気に飛び出して、出足を良くするタイプが理想。一般戦では特に、ピット離れの良しあしが現れる。展示タイムは手動計測。あてにならない。展示の見た目と、タイムを比較しながら舟券を買うときの参考にしてほしい」

オススメ

「魚もおいしいが、しょうゆかな。名物の讃岐うどんに掛ける『ダシしょうゆ』。店によって、いろいろな味が楽しめる」

児島　クセのない水面

ガァーコ

スタンドの目の前には瀬戸内海が広がり、後ろは国立公園の鷲羽山がそびえ立つ。風光明媚なレース場だ。干満の差は大きい。満潮時は乗りにくいものの、他場と比べると乗りやすいと言われている。1コースの1着率は全国平均並み。逃げ以外では、まくり、まくり差し、差しの出現率に大差はない。地元の選手でさえも、クセがないオーソドックスなレース場と表現する。

コース別入着率（%）						
コース	1	2	3	4	5	6
1着	38.4	17.4	16.0	16.7	9.7	3.0
2着	21.0	19.5	17.1	21.0	14.9	7.9

決まり手					
逃げ	まくり	まくり差し	差し	抜き	恵まれ
35.2	19.2	19.2	17.2	8.3	0.8

水質	海水	チルト角度	-0.5　0　0.5　1　1.5　2　3

児島水面図

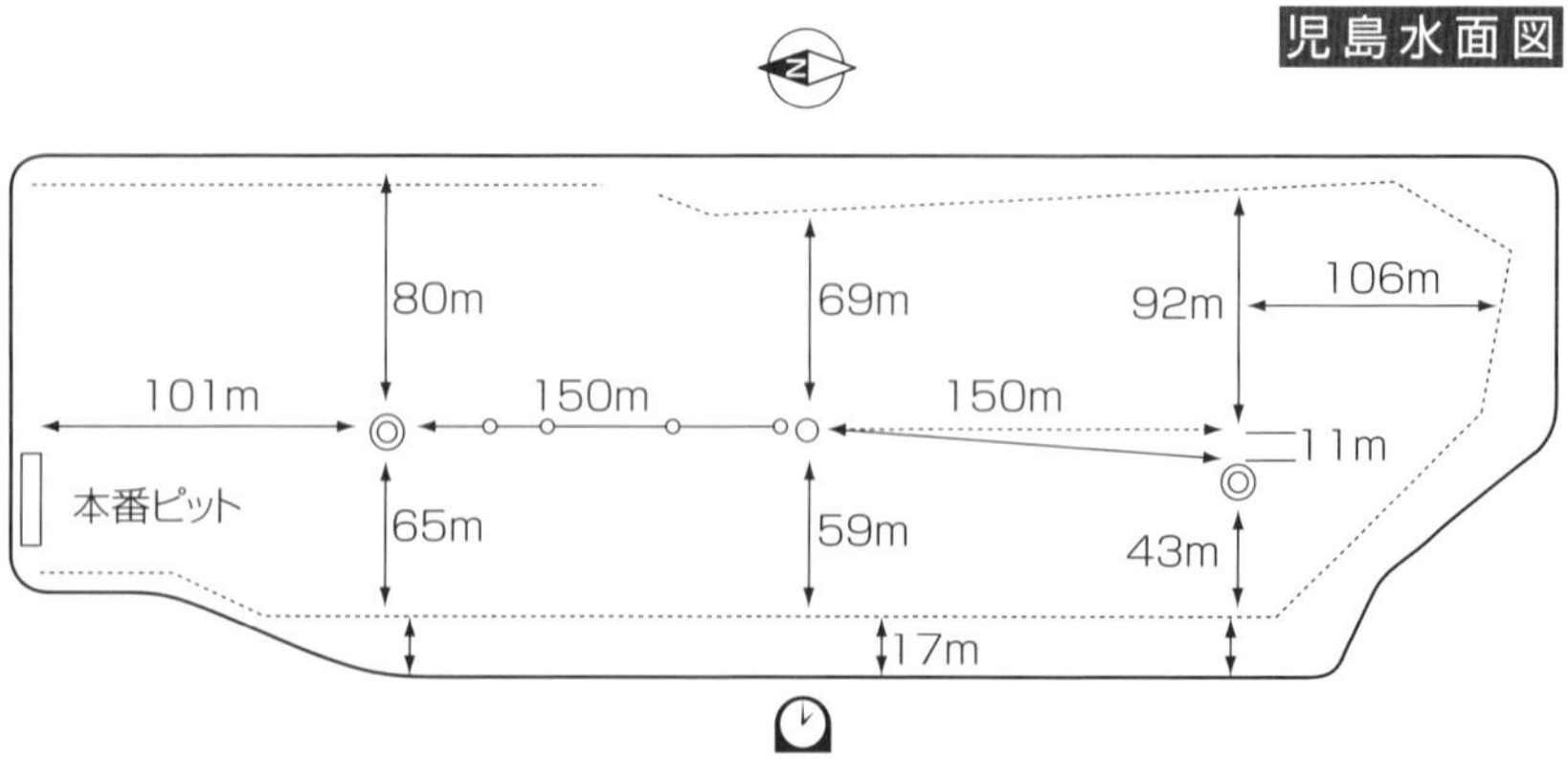

平尾崇典（38歳、岡山）に聞いた。

水面

「景色がきれい。瀬戸内だから干満の差は大きい。当たり前だが、潮が高いと波が出て乗りにくい。でも、満潮以外なら乗りやすい。山に囲まれているから、風の影響は小さい。台風が来てもレースができるぐらい。『晴れの国おかやま』だから、水面がむちゃくちゃ荒れることは少ない。夏は、風があまり気にならない。冬は、追い風が強い。それでもほかの海水のレース場と比べたら、大荒れはない。インコースは強い。自分の中では、2コースが難しい。それでも、全体的に見れば、どのコースからでも勝負できる標準的な水面。チルトは3度まで使えるが、助走距離が短いから、あまり威力を発揮できない」

ポイント

「比較的乗りやすい水面だが、12Rは『瀬戸の夕なぎ』と言われるように風がやみ、特に乗りやすい。水面の特徴があまりないから、風向きは重要。向かい風のときに4コースだったら、やる気満々になる。エンジン差は少ない。目に見えてグイグイ伸びていくことはあまりない。ほかのレース場と比べたら、回転の上がりは良くない。展示タイムは手動計測だから、あてにはならない。ファンは足合わせや、スタート展示でスリット付近の動きを見てほしい」

オススメ

「魚がうまい。タコ飯が有名だとガイドブックにも書いてあった。瀬戸大橋と、遊園地の鷲羽山ハイランドが近い」

宮島 世界遺産をバックに走る

モン太

日本三景の一つ「安芸の宮島」が目の前にあり、世界文化遺産の厳島神社もレース場から見える。干満の差が大きく、レースにも大きな影響がある。２０１０年9月に減音型エンジンを導入、全国24場すべてが減音型になった。これまで1コースの1着率は40%を超えていたが、レース傾向が変化するかもしれない。

市川哲也（42歳、広島）に聞いた。

水面

「厳島神社が見える景色のいいレース場。瀬戸内海特有の干満の差が大きく、大潮のときは3メートルを超える。満潮時はすごく乗りづらいが、干潮時は乗りやすい。二つの顔を持っている。インは強かったが、減音型エンジンに変わってからは、インの弱さが出てきたみたい。風向きは、夏が向かい、冬は追い。追い風はスタンドから吹くので、あまり影響はない。波はもちろん乗りにくいが、福岡のうねりと比べればかわいいもの。水は軟らかく、乗りやすさがある」

ポイント

「干満だけでなく、風向きと気温も重要。向かい風が強くて気温が高いときは、インはスタートで立ち遅れることが多く、弱い。冬は気温が下がってエンジンがパワーアップ。インが強くなる。大村が全国で一番インが強いと言われているが、自分の中では宮島の方が強く感じる。展示タイムは手動計測。ほかと同じで、あまりあてにはならない。展示航走やレースでの動きを見たり、選手のコメントを読んで判断してほしい。正月、お盆や観光シーズンになると、宮島を往復するフェリーが増便される。便数が増えると、うねりが入ってくる頻度が高くなるので気になる」

オススメ

「宮島と言えば、アナゴ丼でしょう。JR宮島口のそばにある、うえのの『あなごめし』が有名。持ち帰

コース別入着率（%）						
コース	1	2	3	4	5	6
1着	40.7	16.3	15.9	14.9	9.3	4.6
2着	20.0	21.5	19.5	19.2	13.5	7.8

決まり手					
逃げ	まくり	まくり差し	差し	抜き	恵まれ
36.5	19.7	17.4	16.1	9.8	0.6

水質	海水	チルト角度	-0.5　0　0.5　1　1.5　2　3

宮島水面図

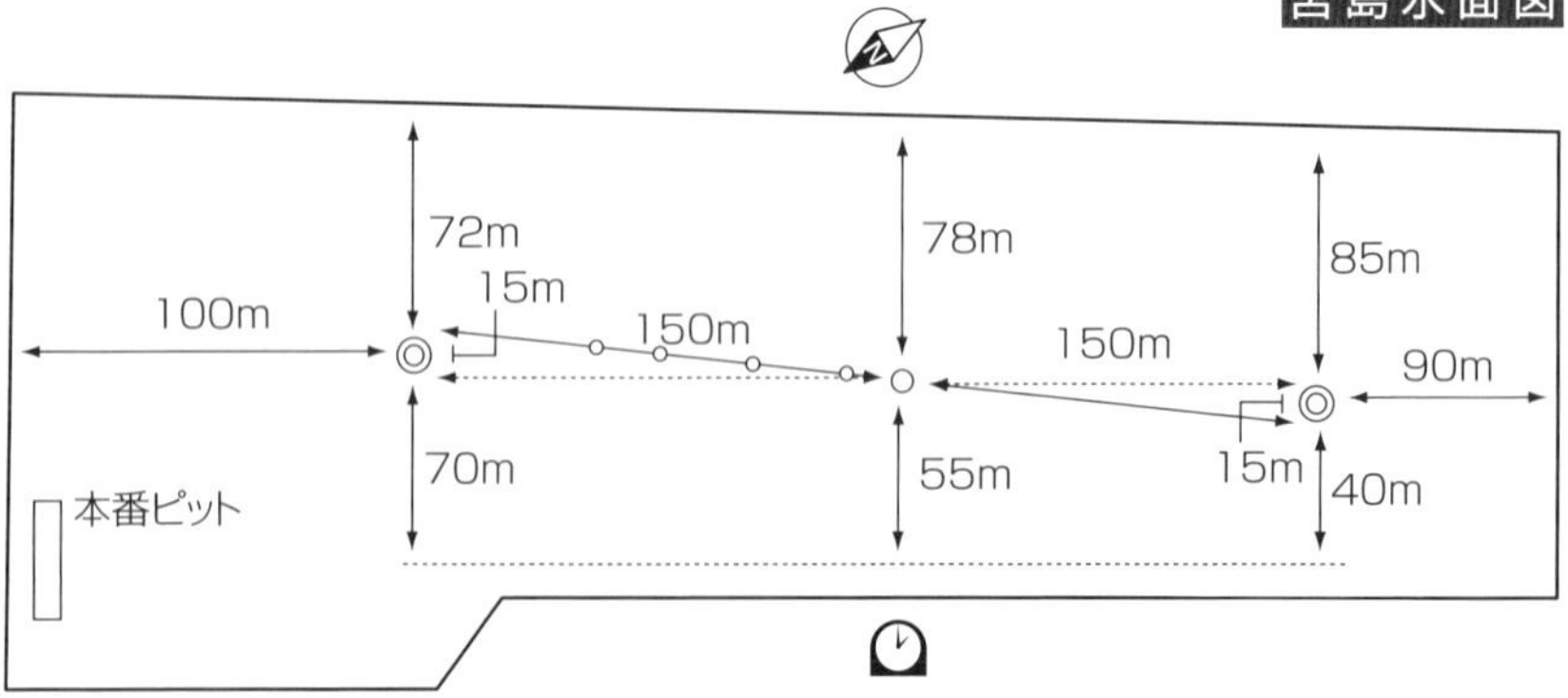

りもできる。焼きたてのモミジマンジュウも最高」

徳山　多い2マーク逆転

すなっち

全国24場の中で、対岸に大型映像装置がないのは、徳山と江戸川だけ。水面は元々広いが、圧迫感がないのでさらに広く感じる。風は、年間を通して追い風。1マークの奥に太華山がそびえ、向かい風が吹く日は少ない。1コースの1着率は40％と高いものの、スタートが難しいという声が多いので過信はできない。スタートに慣れている地元勢が有利だ。

2010年10月まで山口支部に所属、結婚して福岡支部に移った魚谷香織（25歳、福岡）に聞いた。

水面

「すごく広く感じる。実際、1マークは広くて走りやすい。その代わり、2マークは難しく、着順が入れ替わることが多い。『ほかのレース場と比べて2マークの位置が、対岸に振って（寄せて）いるように感じる』という選手が多い。慣れないと難しい。バックは内側の方が伸びる。差した方が有利。干満の差は大きい。ピットに下りていく階段が、満潮と干潮では角度

コース別入着率（%）						
コース	1	2	3	4	5	6
1着	40.0	18.9	14.1	16.0	8.3	3.7
2着	20.6	20.7	17.2	19.6	15.7	7.2

決まり手					
逃げ	まくり	まくり差し	差し	抜き	恵まれ
35.3	18.6	12.1	12.0	21.5	0.5

水質	海水	チルト角度	-0.5　0　0.5　1　1.5　2

徳山水面図

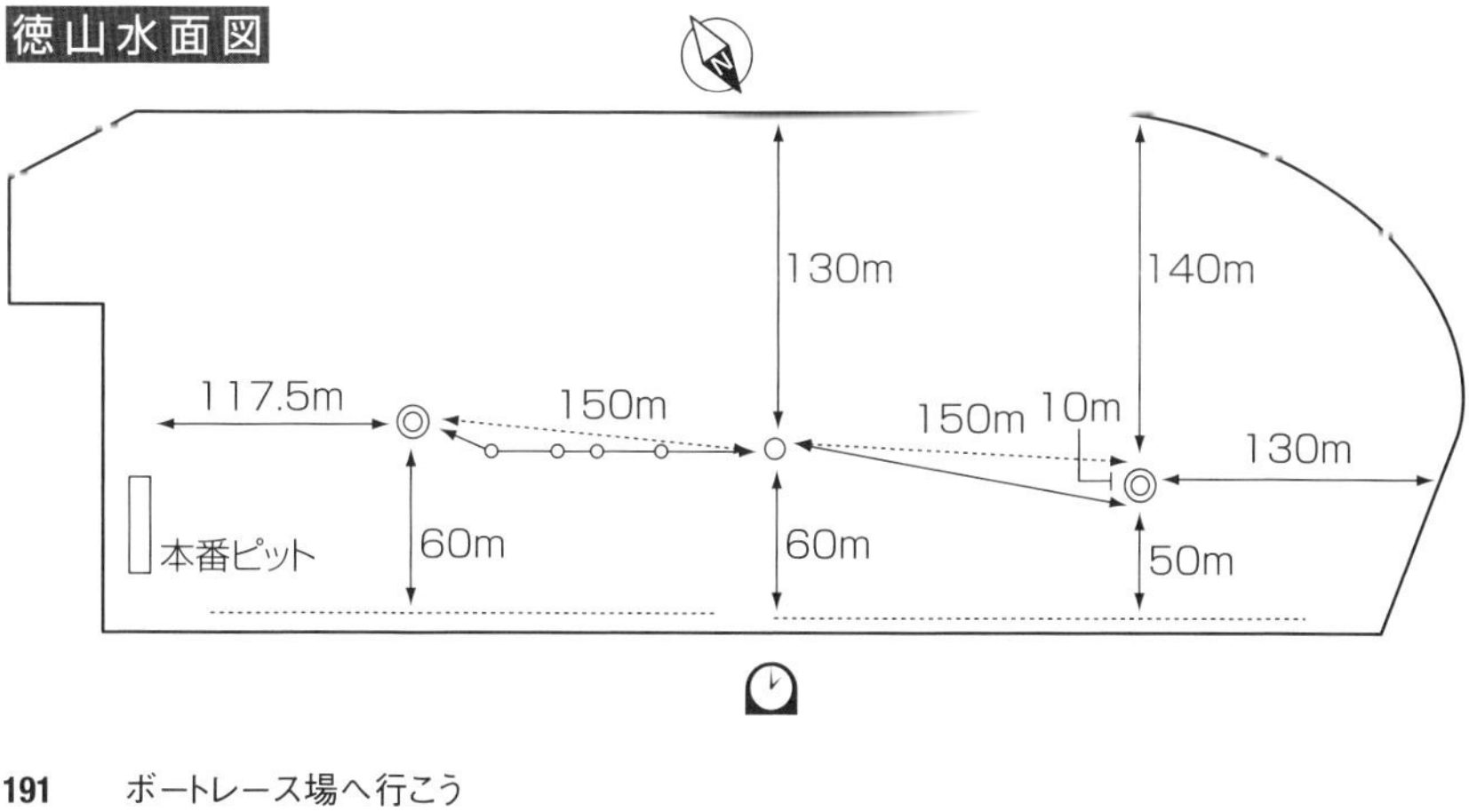

が違ってびっくりする。満潮時は乗りにくく、干潮時は乗りやすい。大型映像装置や周りに高い建物がないから、風の影響は大きい。強く吹くと荒れる」

ポイント

「進入の判定が厳しい。特に1コースの幅については厳格。展示で2回違反をすると待機行動違反を取られてしまう。展示タイムの計測は特殊。1周目のホームストレッチでスリット写真を撮影し、そこから速度を割り出して150メートルのタイムに換算して発表している。タイムが良いときは参考にするくらい。スタートが難しいので、地元が有利だと言われている」

オススメ

「たまに、スナメリが出現するみたい。わたしは見たことないけど、出現すると大穴が出るって言われているとか。徳山のキャラクターは『すなっち』ですから。場内の食堂もおいしいと聞きます。レース場以外では、魚もおいしいけど、中でもヒラメがオススメ。下松市の笠戸島ハイツでヒラメを食べて、お風呂につかって、きれいな夜空を見るのがいいですよ」

下関　大・中潮には注意

シーボー・シーモ

潮の流れが速い関門海峡に面する。護岸を整備しており、潮流や干満の影響は小さい。うねりが入ってくるのは、大潮や中潮の満潮時だけ。水面は広く、思い切って握って回れる。レースに影響を与えるのは風向きだ。第2次オイルショック後で1日10レースだった1983年、1レースの締め切りが午後2時、最終同6時半の「サマータイムレース」を公営競技で初めて行ったことで知られる。

今村豊（49歳、山口）に聞いた。

水面

「防波堤で囲まれているが、大潮などで水位が3メートルを超えると外海からの潮が流れ込む。そのときは、1マークがうねって、すごく乗りづらい。3メートル以下なら潮が入ってこないから影響ない。潮位が重要。風向きは、夏が向かい、冬は追い。インは弱くはないが、減音エンジンに変わってからは、スタートを全速で決めないとだめだ。様子を見ながらレバーを放ると、外に伸びられる。どこも同じだが、減音エンジンは加速性は悪いが伸びていく。助走距離を長くして、カマした方が威力を発揮する。チルトは最大3度。もちろん3度は威力はあって伸びるが、競り合いには弱い」

ポイント

「潮が3メートル未満で風が弱いときは、すごく水面がいい。比較的、波が発生しにくいレース場。ところが、潮が高くて流れ込み、風が強く吹くと、ものすごく乗りにくい。良いときと悪いときのギャップが激しい。中途半端なときがない。気象状況に大きく左右される。展示タイムは手動計測。タイムがいいのに越したことはないが、そこまで気にしない。舗装された路面を走るオートレースと違って、ボートレースは水面の良しあしが影響する。ファンは、展示の見た目を重視してほしい」

オススメ

「フク（下関ではフグと濁らない）。カワハギ、サバの刺し身。アンコウも有名。山口県といえば金太郎（正式名称はヒメジ。スズキ目ヒメジ科、全長20センチ）でしょう。ほかでは食べられない。煮付け、干物が最高」

コース別入着率（%）						
コース	1	2	3	4	5	6
1着	42.4	16.6	14.5	14.9	8.8	3.9
2着	18.9	22.6	18.6	18.5	13.9	8.9

決まり手					
逃げ	まくり	まくり差し	差し	抜き	恵まれ
37.5	19.3	14.6	15.5	12.6	0.7

水質	海水	チルト角度	-0.5	0	0.5	1	1.5	2	3

下関水面図

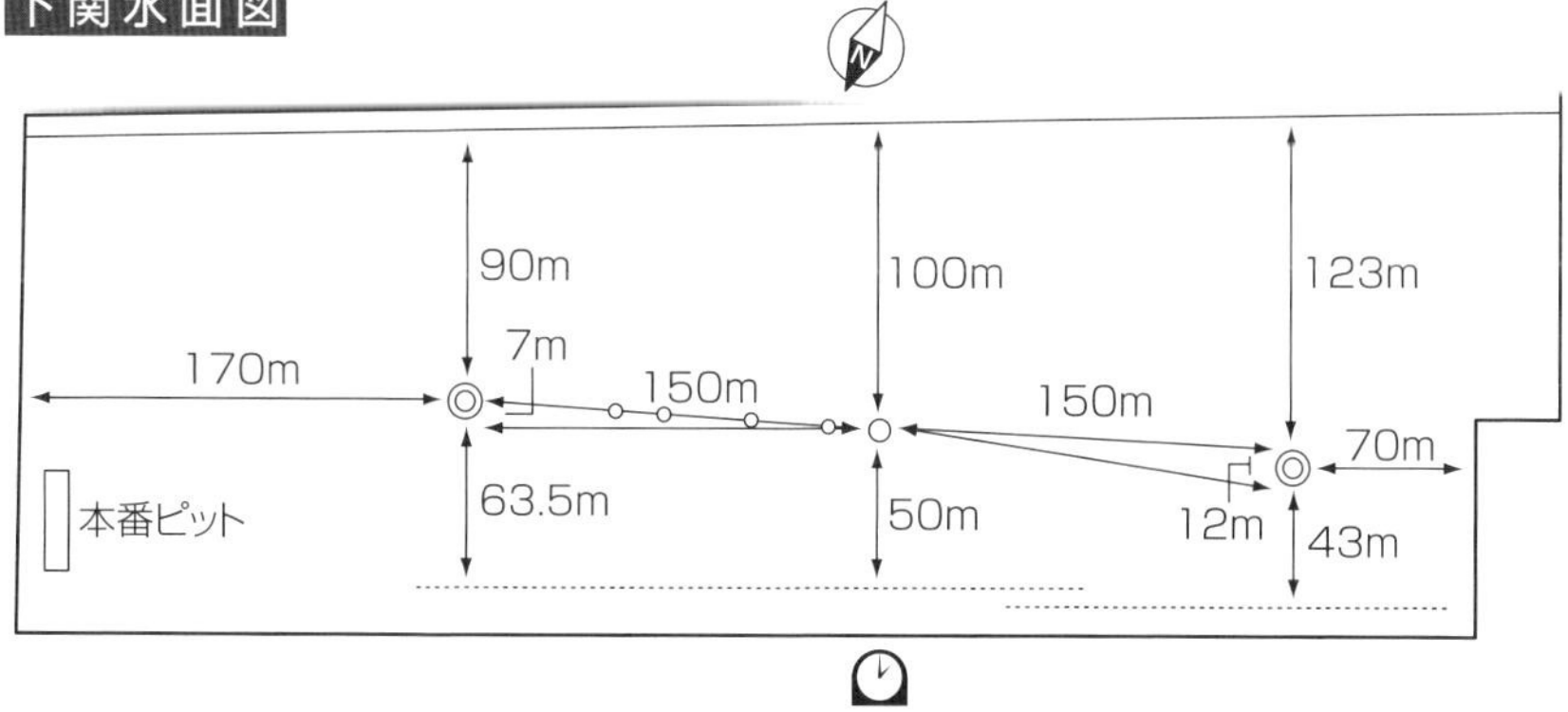

若松 九州で唯一のナイター

かっぱくん

2004年から、九州で初めてナイターレースを開催。かつてはインが強かったものの、減音エンジンに変わってからインが弱くなった。カドからのまくりが決まり、レースは面白い。高配当が出ることが多く、2003年12月には、ボートレース界の3連単最高配当53万7990円が飛び出した。場内には、2007年に引退し、「艇王」と呼ばれた植木通彦（42歳、福岡）の功績をたたえる記念館「フェニックスホール」が設けられている。

田頭実（43歳、福岡）に聞いた。

水面

「以前から2マークは難しかった。最近は潮が入ってきて、さらに難しく感じる。満潮時は乗りにくい。風向きは、夏が追い、冬は向かい。向かい風は波が立つので、2マークが特に難しくなる。最近はイン絶対ではない。弱くなっている。レーススタイルは、インとカドの争い。若松はスタートが難しい。インが逃げるには、自分もしっかりスタートを決めないとならな

コース別入着率（%）						
コース	1	2	3	4	5	6
1着	37.2	18.5	16.1	17.4	8.8	3.5
2着	20.5	20.4	20.0	17.8	14.1	8.8

決まり手					
逃げ	まくり	まくり差し	差し	抜き	恵まれ
33.3	23.1	16.6	14.7	11.4	0.8

水質	海水	チルト角度	-0.5	0	0.5	1	1.5

若松水面図

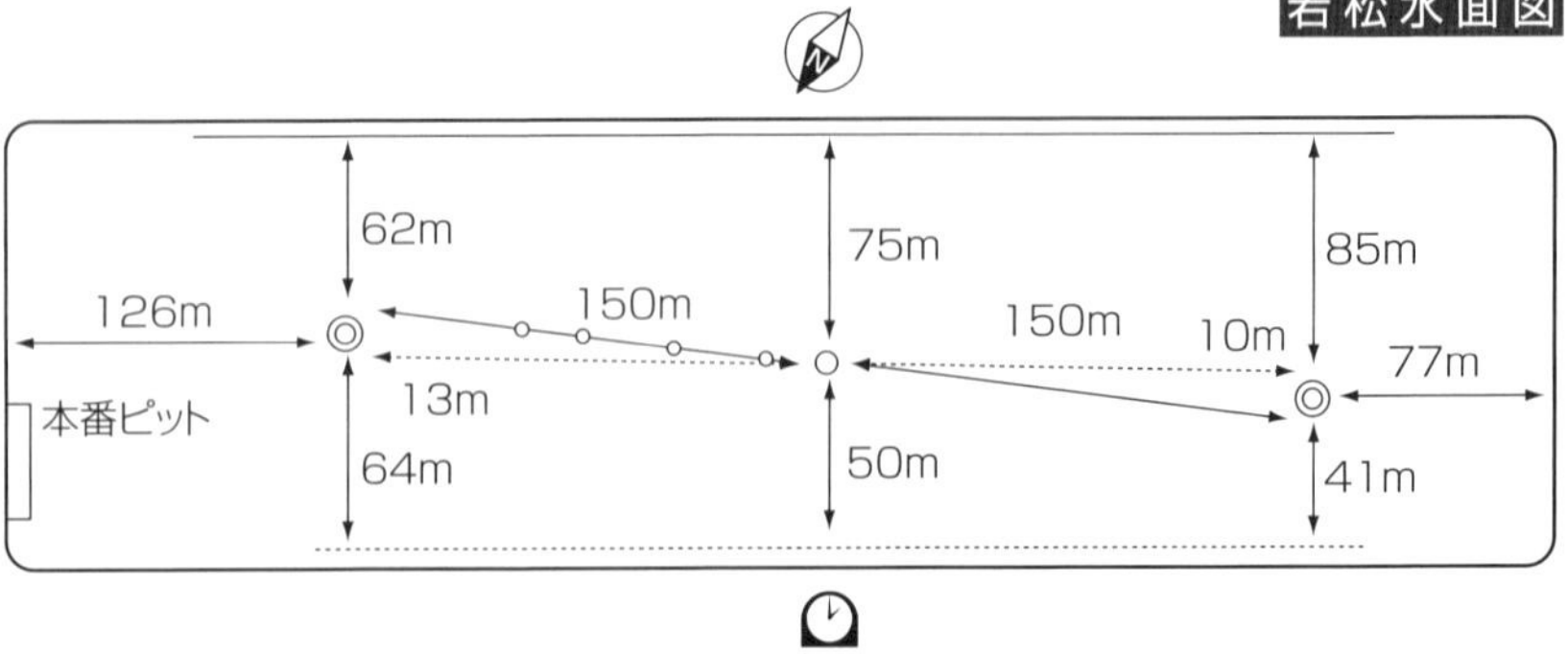

いし、2、3コースが遅れず壁役になってくれないとだめ」

ポイント

「潮の流れは、水面が荒れる荒れないだけでなく、スタートにも大きく影響する。2マークから1マークに流れる追い潮（上げ潮）のときは、スタートが早くなって難しい。風の向き、強弱も重要。1マークは追い風が4、5メートル吹けば乗りにくい。向かい風だと、そうでもない。追い風が強いときは、インに入りたくない。ターンが流れて、差されてしまうから。展示タイムは自動計測。アテになるし、気にしている。出足型でタイムがいいときは、結構仕上がっている証拠。エンジン差は大きく、良いエンジンほど伸びる。グイッと伸びる選手がダッシュにいると脅威」

オススメ

「場内のホルモン焼きが有名。食べたことはないが、おいしいという話は良く耳にする。海の近くだから、やはり魚もおいしい」

芦屋　早朝レースが好評

アシ夢

広大な淡水プール。1マークは対岸に茂った葦《あし》が波消しの役目を果たし、返し波の影響はほとんどない。スピードを落とさずターンができる。以前はインが圧倒的に強かったが、減音エンジンに変わってから、ダッシュ勢の出番も増えている。第1レースの発売開始は午前9時7分。公営競技の中で、もっとも早く始まる「サンライズレース」がファンの間で好評だ。

今井貴士（26歳、福岡）に聞いた。

水面

「水が硬い。プロペラがマッチすればムチャクチャ乗りやすいが、合わないとムチャクチャ乗りにくい。調整が難しい。1マークはスタンド側にあまり振って（寄せて）いないから、コースとしてはインが有利。減音エンジンになったばかりの時はインが弱くなった。でも、基本的に広い水面は、インがスピードを落とさず握って回れる。まくりは決まりにくい。4、5コースからでも差しが狙える。夏も冬も追い風が多いから、スタートが早くなって難しい」

ポイント

「淡水なので、気にするのは風の向きと強弱。追い風が5メートル以上だと、インはキツイ。ターンが流れて、差される。2、3メートルくらいが一番逃げやすい風。展示タイムは自動計測。アテになる。エンジンが出ている人は、タイムがいい。飛び抜けて良いタイムが出れば、自信を持っていける。ピット離れは重要。悪いと置いていかれて外に出される。3、4号艇のピットは、両サイドから水を巻き込んで出遅れることもある」

オススメ

「スタンドがきれいで立派。多目的ホール夢《ゆめ》リアにある地上45メートルの展望タワーからの眺めが最高。普段味わえない景色が見える。魚がうまい。芦屋のイカは有名。レースが終わってからの打ち上げでは、魚を食べに行くことが多い」

福岡 有数の難水面

ペラ坊

1マークは、福岡市の歓楽街・中洲に通ずる那珂川の河口。川の流れと博多湾の潮流がぶつかる。これに海から吹く北風が加わると、大きなうねりが発生する。全国有数の難水面だ。2マークも特殊。助走距離が短く、200メートルの標識がないのは全国でここだけ。

コース別入着率（%）

コース	1	2	3	4	5	6
1着	39.6	15.6	13.7	17.7	9.5	5.0
2着	18.6	19.7	18.9	18.9	15.9	9.1

決まり手

逃げ	まくり	まくり差し	差し	抜き	恵まれ
35.6	23.7	16.5	13.3	10.2	0.7

水質	淡水	チルト角度	-0.5	0	0.5	1	1.5	2	3

芦屋水面図

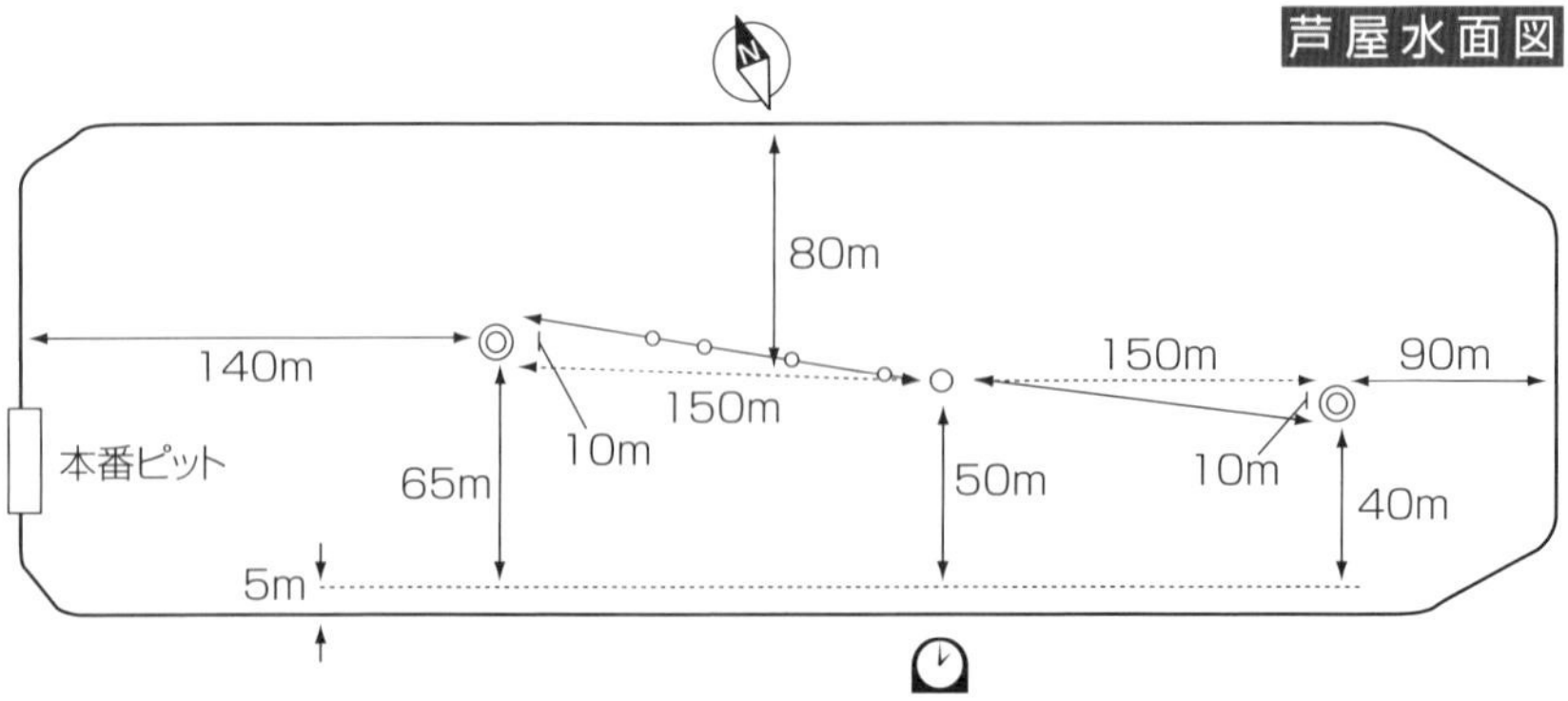

慣れないとスタートが難しい。ピットアウトの位置が対岸にあるのも、全国でただ一つ。

瓜生正義（34歳、福岡）に聞いた。

水面

「やはり、うねり。風向きによって発生する。北や北西の風が吹くと大きい。スタートラインに対して左横風や、左斜め追い風。大潮の満潮時に、この風が吹くと厄介。普通の感じでは回れない。スピードを落として回っても、うねりに負ける。ターンの感覚が他のレース場と違う。乗りにくいイメージは強いけど、昔は干潮で波がないときは日本一乗りやすいと思っていた。最近は、いつもうねっている」

ポイント

「スタンド側から吹く南風は、2マークに影響を与える。風が吹き抜けるから、進入のときにボートが横を向き、スタートが難しくなる。気温や湿度が高いときは、行き足が仕上がりにくい。インは弱い。特に夏は、行き足を仕上げきる人が少ない。冬は大丈夫。パワーアップしますから。うねり克服は、運次第って言ったら怒られるかな。運が良ければスムーズに回れるし、運が悪ければ引っ掛かってしまう。展示タイムは

コース別入着率（%）						
コース	1	2	3	4	5	6
1着	35.0	21.3	18.6	16.3	7.5	2.7
2着	19.8	21.9	21.1	17.9	14.1	6.7

決まり手					
逃げ	まくり	まくり差し	差し	抜き	恵まれ
31.4	26.0	15.1	16.9	9.5	1.1

水質	汽水	チルト角度	-0.5	0	0.5	1	1.5

福岡水面図

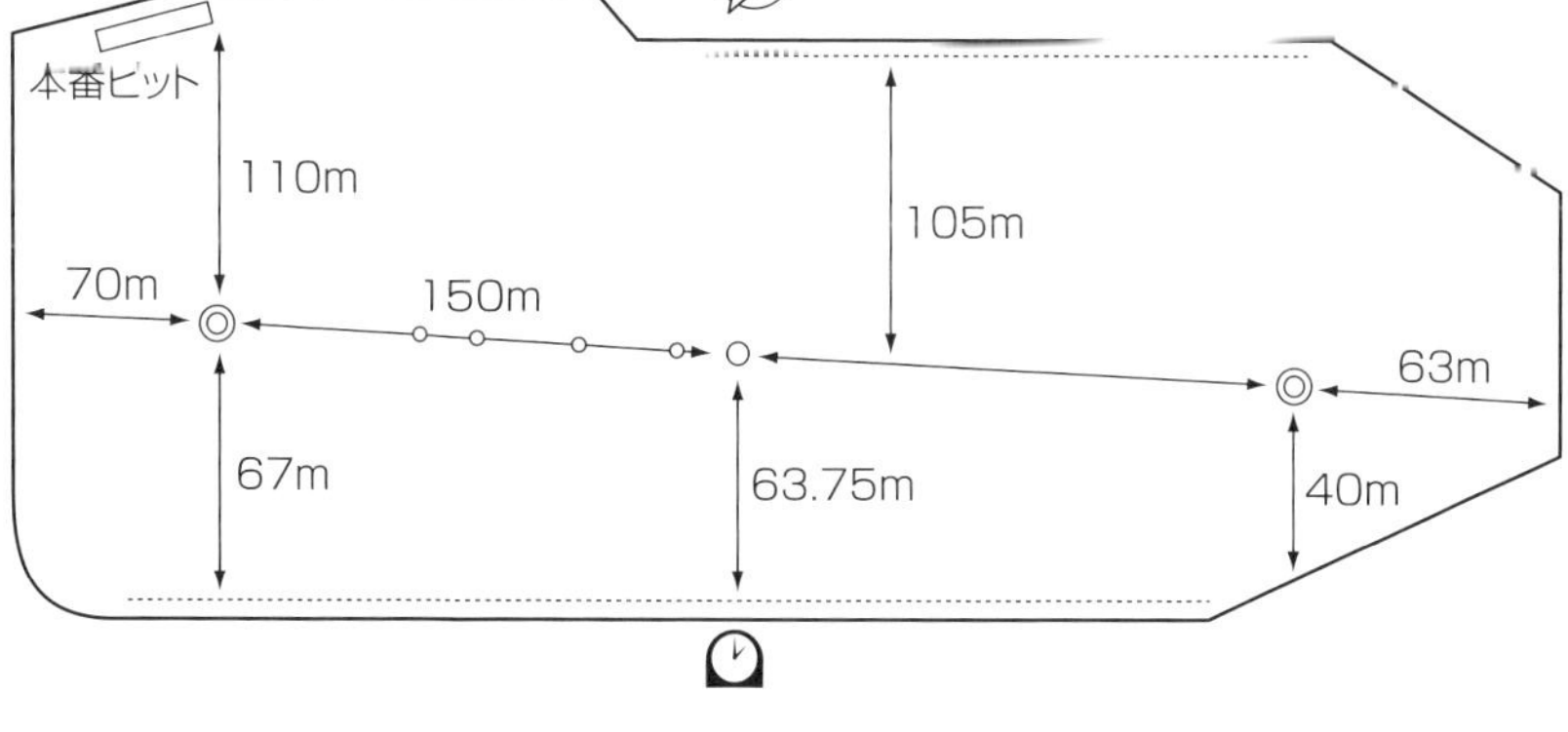

自動計測。福岡3場はアテになる。福岡は、ターンの立ち上がりから150メートルを計測。レース足の良しあしが現れる。エンジン差はあるが、昔と比べたら小さい。良いプロペラを持っていれば、よほどの低調機でない限り出る。冬の12レースは、2マークが西日でまぶしい。ヘルメットのシールドをスモークに換えるほど。2マークの助走距離は確かに短いが、150メートルの標識を通過するタイミングがなぜか早い。スタートが難しい。2マークからスタンドまでは、全国で一番広い」

オススメ

「おいしくて有名な店が多い。魚、ラーメン、モツ鍋、水炊き……。数え切れない。観光に来た人は、迷うでしょうね」

からつ　まくりが決まらない

からっキー

2マークのピットから1マーク対岸までが580メートルと全国有数の広さを誇る淡水プールだ。四方は植樹で囲まれ、森の中でレースが繰り広げられる。1コースの1着率は、全国平均を上回る42%。特筆すべ

コース別入着率（%）						
コース	1	2	3	4	5	6
1着	42.1	21.7	3.8	13.4	7.6	2.6
2着	21.7	23.9	18.4	17.4	13.2	6.9

決まり手					
逃げ	まくり	まくり差し	差し	抜き	恵まれ
37.1	16.0	14.4	20.3	11.2	1.0

水質	淡水	チルト角度	-0.5	0	0.5	1	1.5	2	3

からつ水面図

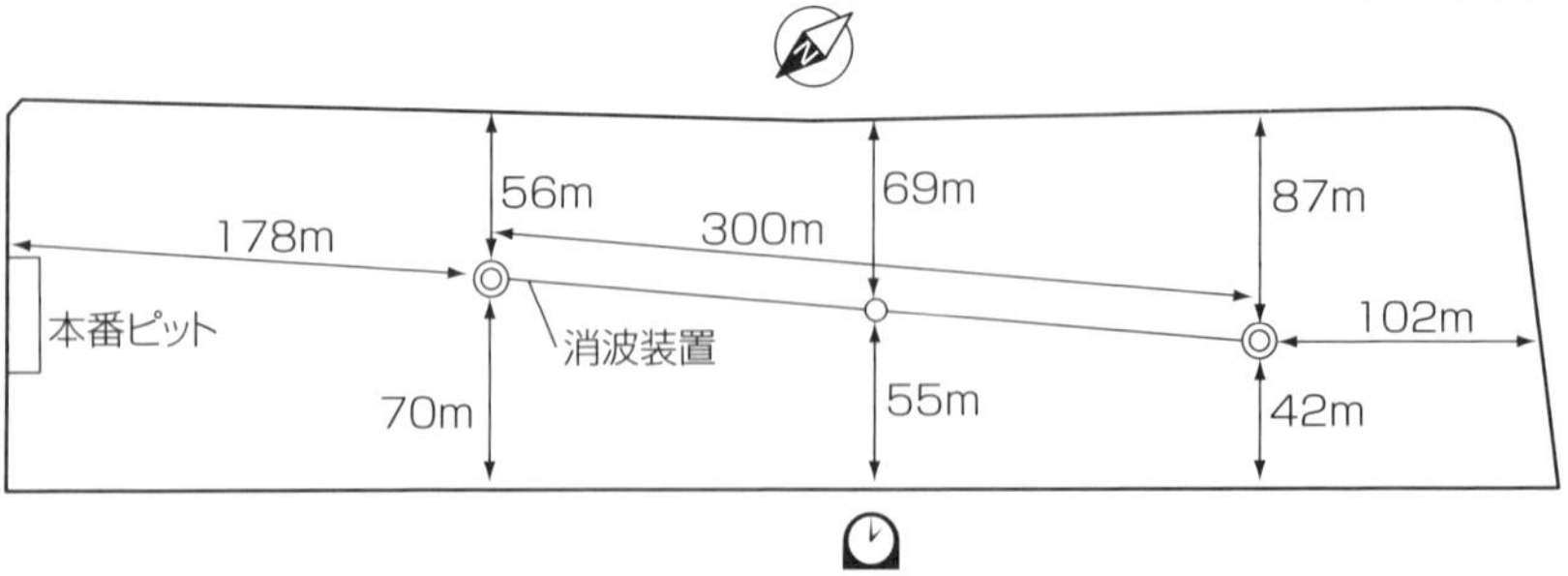

き点は、まくりの出現率が全国で一番低いこと。レース傾向は逃げか、差し。外向け発売所「ドリームピット」には、車から降りずに舟券が購入できる全国初のドライブスルー窓口がある。

森永淳（29歳、佐賀）に聞いた。

水面

「広い。ピットから2マークまでは、178メートルもある。この距離は、全国で一番長い。風向きは、夏が向かい、冬は追い。それでも、一日の中で風向きが変化することは珍しくない。朝は向かい風でも、夕方は追い風という具合に。風向きが一定しないとスタートが難しくなる。追い風が5、6メートルまでなら逃げは決まりやすいが、それ以上だとターンが流れる。基本的に、逃げか、差し。まくりは決まりにくい」

ポイント

「2010年7月から減音エンジンに変わった。まだ詳しいデータはないが、ノーマルエンジンのときよりもカドが利きだしたように感じる。良いエンジンは、回転の上がりがスムーズ。パワーがある。深い起こしになっても、スタートさえ決まれば逃げる。カマシに有利な向かい風でも、外が伸びるイメージはあまりない。伸びるといえば、バックストレッチは内側が伸びる。これも差しが決まりやすい理由の一つ。エンジンが出ていれば、直線で逆転することは多い。展示タイムは手動計測だが、アテになる。エンジンが出ていないと、良いタイムは出ない。ピットからの距離が長いから、ピット離れの良しあしは重要」

オススメ

「からつバーガー。すっかり有名になった。イカもおいしい。県外からの観光客は、身が透き通ったイカを見てびっくりするとか」

大村　ボートレース発祥の地

ターンマーク坊や

1952年4月6日、大村で初めてボートレースを開催した。1コースの1着率は、全国平均を大きく上回る52％。日本一インが強い。早くから電話投票ファンの獲得に力を注ぎ、分かりやすい本命番組を全面に打ち出した。その結果、売り上げは大きく増えた。場内には、初出走のボート、出走表などを展示した「発祥の地記念館」が設けられ、歴史に触れることができる。

飯山晃三（33歳、長崎）に聞いた。

水面

「対岸に見える長崎空港、臼島からの横風が強い。2マーク付近には防風ネットを設置しているが、強風のときは1マークも2マークも荒れる。横風の影響を一番受けるのが2マークだ。まくりは流れて、差しが決まる。インが圧倒的に強い」

ポイント

「進入コースが決まると艇をスタートラインに真っすぐ向けなければならないが、横風が強い大村では、そのままだとコースの幅（インだとターンマークから3艇身以内）からはみ出てしまう。その対策として、左斜めに艇を向けるのを認められている。スタートするときには艇を正面に向ける動作が加わるから、慣れていないと難しい。エンジン差は大きいが、整備士さんが親身になって整備をしてくれる。部品を交換した後も、動きを見守ってくれるから心強い。整備が当たって、良くなることが多い。展示タイムは手動計測。計測時に横風の影響を受けるから、あまりアテにならない。スタート展示で行き足をチェックしてほしい」

オススメ

コース別入着率（%）						
コース	1	2	3	4	5	6
1着	52.3	13.8	14.3	11.9	6.6	2.4
2着	16.4	23.0	20.7	19.2	14.3	7.6

決まり手					
逃げ	まくり	まくり差し	差し	抜き	恵まれ
48.2	17.2	12.3	12.0	9.6	0.7

水質	海水	チルト角度	-0.5	0	0.5	1	1.5

大村水面図

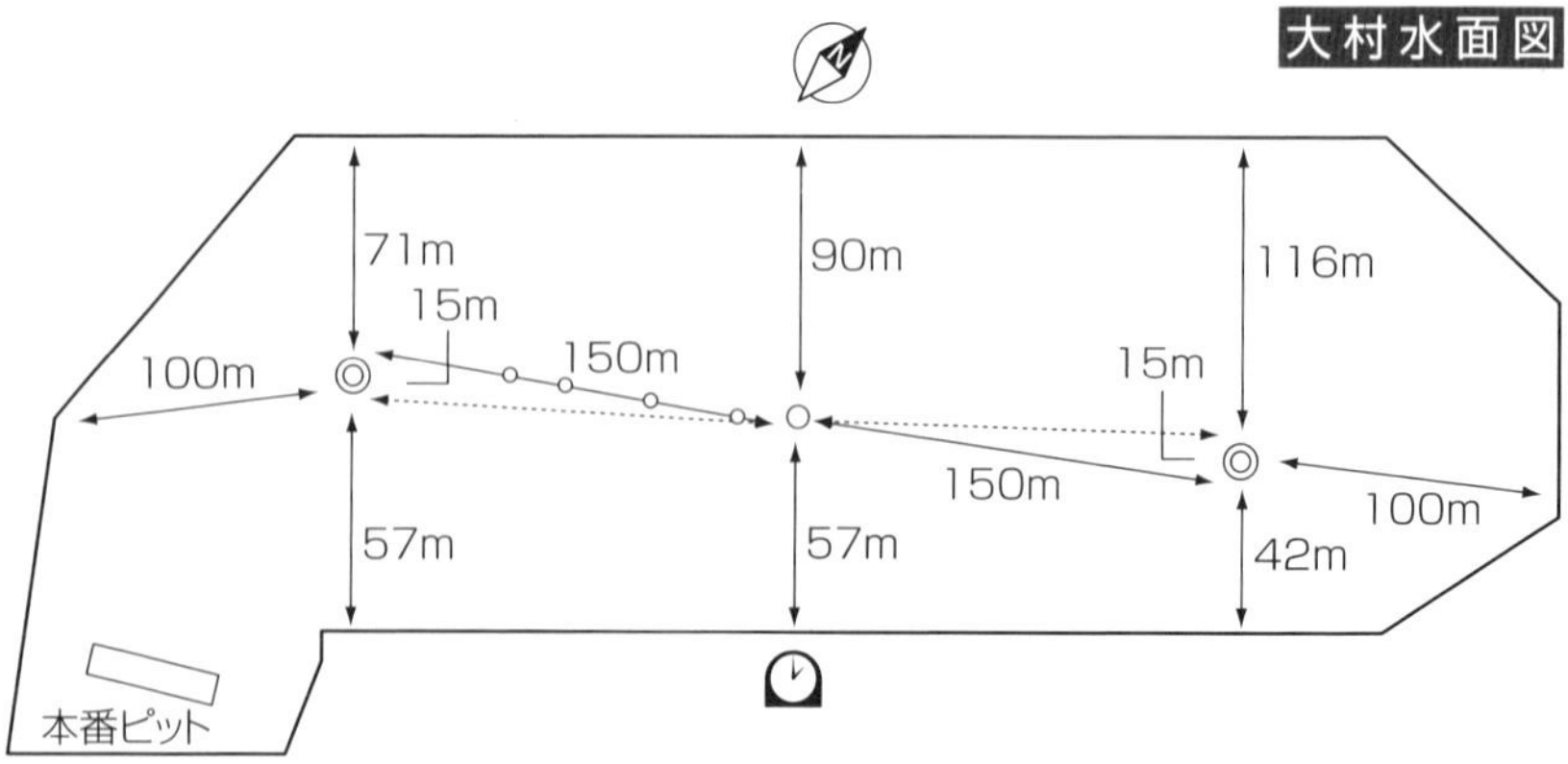

「場内のフードコートは、チャンポン、皿うどん、佐世保バーガーなどメニューが充実。家族連れも多い。新規ファンの獲得に力を注いでいるレース場。長崎といえば、やはりカステラ。選手食堂の話だが、他のレース場の昼食は定食かパン食の二つから選択するが、大村はパンではなくカステラが出る。文句を言う選手はいない。みんなカステラが大好き」

関東	桐　生 01#	群馬県みどり市笠懸町阿左美2887 http://www.kiryu-kyotei.com/	☎0277-76-2411
	戸　田 02#	埼玉県戸田市戸田公園８-22 http://www.toda-kyotei.jp/	☎048-441-7711
	江戸川 03#	東京都江戸川区東小松川３-１-１ http://www.edogawa-kyotei.co.jp/	☎03-3656-0641
	平和島 04#	東京都大田区平和島１-１-１ http://www.heiwajima.gr.jp/	☎03-3768-9200
	多摩川 05#	東京都府中市是政４-11 http://www.tamagawa.com/	☎042-369-1811
東海	浜名湖 06#	静岡県湖西市新居町中之郷3727-７ http://www.hamanako-kyotei.com/	☎053-594-7111
	蒲　郡 07#	愛知県蒲郡市竹谷町太田新田１-１ http://www.gamagori-kyotei.com/	☎0533-67-6606
	常　滑 08#	愛知県常滑市新開町４-111 http://www.tokoname-kyotei.gr.jp/	☎0569-35-5211
	津 09#	三重県津市藤方637 http://www.tsu-kyotei.com/	☎059-224-5105
近畿	三　国 10#	福井県坂井市三国町池上80-１ http://www.mikuni.gr.jp/	☎0776-77-3131
	びわこ 11#	滋賀県大津市茶が崎１-１ http://www.biwako.gr.jp/	☎077-522-1122
	住之江 12#	大阪市住之江区泉１-１-71 http://www.suminoe.gr.jp/	☎06-6685-5112
	尼　崎 13#	兵庫県尼崎市水明町199-１ http://www.amagasaki.gr.jp/	☎06-6419-3181
四国	鳴　門 14#	徳島県鳴門市撫養町大桑島字濘岩浜48 http://www.naruto-kyotei.gr.jp/	☎088-685-8111
	丸　亀 15#	香川県丸亀市富士見町４-１-１ http://www.marugame-kyotei.jp/	☎0877-23-5141
中国	児　島 16#	岡山県倉敷市児島元浜町６-３ http://www.jaja.co.jp/kojima/	☎086-472-5051
	宮　島 17#	広島県廿日市市宮島口１-15-60 http://www.boatrace-miyajima.com/	☎0829-56-1122
	徳　山 18#	山口県周南市大字栗屋1033 http://www.tokuyama-kyotei.jp/	☎0834-25-0540
	下　関 19#	山口県下関市長府松小田東町１-１ http://www.shimonoseki.gr.jp/	☎083-246-1161
九州	若　松 20#	北九州市若松区赤岩町13-１ http://www.wmb.jp/	☎093-701-0400
	芦　屋 21#	福岡県遠賀郡芦屋町大字芦屋3540 http://www.ashiya-kyotei.com/	☎093-223-0581
	福　岡 22#	福岡市中央区那の津１-７-５ http://www.fukuoka-kyotei.com/	☎092-771-6061
	からつ 23#	佐賀県唐津市原1116 http://www.karatsu-kyotei.jp/	☎0955-77-1311
	大　村 24#	長崎県大村市玖島１-15-１ http://www.omurakyotei.jp/	☎0957-54-4111

賞金王決定戦観戦記

1995年のSG「第10回賞金王決定戦」が私の運命を大きく変えた。「ボートレースにかかわる仕事がしたい」。植木通彦（42歳、福岡）と中道善博（61歳、徳島）の手に汗握るデッドヒート。周回ごとに順位が入れ替わる。植木のスピード、中道の技の応酬に、一瞬たりとも目が離せなかった。ほぼ同時にゴールしたが、数十センチの差で植木が勝った。艇史に残る名勝負は、ファンの間で語り継がれている。あれから15年。住之江ボートレース場で、「第25回賞金王決定戦」（2010年）の取材をした。幸せだ。

ピットで植木と会った。賞金王決定戦で3回優勝した艇王の目に、今回のレースはどう映ったのか。TR2回戦。初出場の岡崎恭裕（23歳、福岡）が、強烈な3コースまくり差しで1着。これまで、初出場で優勝は、第1回の彦坂郁雄（69歳、千葉）と第22回の吉川元浩（38歳、兵庫）の2人だけ。多くがプレッシャーに押しつぶされ、実力を発揮できずに終わった。植木も⑤②③⑤だった。「すごいね。最近の若い選手は宇宙人だよ」

2010年、頂点を決める決定戦のメンバーは、

◎①浜野谷憲吾（37歳、東京）
○②中島　孝平（31歳、福井）
▲③石野　貴之（28歳、大阪）
　④今垣光太郎（41歳、石川）
　⑤湯川　浩司（31歳、大阪）
△⑥岡崎　恭裕（23歳、福岡）

中島、石野、岡崎の3人が初出場組だ。

断然人気は、1号艇の浜野谷。インが強い住之江なら、当然のことだ。前検から乗り心地に自信を持っていた

し、F持ちでもSは的確。減量に取り組み、足負けはない。「先に回れば勝てる自信があります」と宣言した。スポーツ紙のほとんどは、浜野谷が本命だった。第1回の彦坂以来、24年ぶり関東勢の優勝に注目が集まった。

決戦の時刻が迫る。場内のファンの歓声が、ピット内にも届いた。

ピット離れは互角だ。進入に大きな乱れはない。ゆったりとした枠なり進入だが、浜野谷が舳先を向けるタイミングが少し早い。大丈夫か？　不安がよぎった。100メートル少し手前からの起こし。2コース中島は130メートル辺りか。石野までがスローで、ダッシュは今垣、湯川、岡崎の3人。さあ、注目のスタートだ。

「オーッ」と悲鳴にも似た声がファンから発せられた。イン浜野谷が、まさかのスタート遅れ。8年前の第17回。同じく1号艇だった浜野谷は、インからコンマ22のタイミングで遅れ、4コース植木のまくりに屈した。そのときよりも遅い、コンマ26のタイミング。

2コース中島は迷うことなく、まくった。その年のモーターボート記念での教訓を牛かした。あのとき中島は、3コースからスタートを決めたものの、1マークはまくろうか、差そうか迷った。中途半端なターンになり、今村豊に逃げられたレースを思い出した。1マークで浜野谷の姿が消えた瞬間、レバーを握ったままの全速まくりだ。誰も追いつけなかった。石野、今垣、湯川が激しい2、3着争いを行っている中、悠々と先頭でゴールを駆け抜けた。初出場での初優勝は3人目。中島は黄金のヘルメットをかぶり「重いですね。また、来年（2011年）もこの舞台に戻って来られるように頑張りたい」

2着に石野、3着には今垣が入って、2連単②③は4000円（16番人気）、3連単②③④は1万6070円（56番人気）だった。

1番人気に応えられず、栄冠を取り逃した浜野谷は顔面蒼白《そうはく》。「スタートをためすぎたこともあるけど、（進入で）水をもらったのが気になって……。（スタートタイミングは）26ですか……」と答えるのが精いっぱい。

勝者と敗者は、あまりにも対照的だった。

2010年賞金王決定戦初出場での初優勝を決めてガッツポーズをする中島孝平（右）と、その激闘を見守る篠崎元志（下左）と今井貴士

あとがき

「楽しい競艇」の連載の提案を受けたのは、その前の年の9月のことだった。

「ビギナーが読んで納得して、舟券を買うことができるとともに、うんちくも披露できる読み物にする」。これまで短い連載を担当したことはあったが、長期にわたるものは初めてだった。年間連載なら単純計算でも150回ほど。ゴールは果てしなく遠い。だが、予想の◎や○を打つのも大事な仕事だが、それだけではない。「もっと多くの人に知ってもらい、ファンを拡大するのも重要な仕事だ」と思った。

2010年、連載を続けている途中で呼称が「競艇」から「ボートレース」に変わった。もっと多くの人に楽しんでもらうための変更だった。振り返れば、この連載の趣旨と一致しているように思った。

初心者向けに書くことは容易ではなかった。デスクからは「オマエの常識は一般的な常識ではない。初心者は『ツケマイ』などの専門用語は分からない」「エピソードを加えろ。これまでの取材を生かせ。もっと取材しろ」。自分を見直すいい機会にもなった。恥ずかしながら、知らないことも多かったからだ。改めて、ボートレースは面白い、奥が深いと実感した。

単行本の刊行に当たっては、連載では掲載できなかった2010年の賞金王決定戦競走（住之江）の結果を補ったり、テーマごとにさらに読みやすくまとめたりするなどの加筆修正を行った。なお、敬称は略させていただいた。

また「BOAT RACE 振興会」「財団法人日本モーターボート競走会」「社団法人日本モーターボート選手会」「一般社団法人全国モーターボート競走施行者協議会」「全国モーターボート競走施設所有者協議会」の全面的な協力をいただいた。深い感謝の気持ちでいっぱいです。

2011年3月

スポーツ報知西部本社編集部　**長谷昭範**

長谷昭範（はせ・あきのり）

1972年、山口県下関市生まれ。98年、スポーツ報知西部本社に入社。編集部に配属され、ボートレース担当となる。現在はボートレース福岡を主に担当し、九州・山口のボートレース場も取材する。本紙予想とともに、「困った時の長谷頼み」で万舟券を当てることが生きがいで、舟券も穴狙いが中心。取材理念は「選手とファンの太いパイプ役になりたい」

協力

BOAT RACE 振興会
財団法人　日本モーターボート競走会
社団法人　日本モーターボート選手会
一般社団法人　全国モーターボート競走施行者協議会
全国モーターボート競走施設所有者協議会

長《は》谷《せ》昭範《あきのり》の楽《たの》しい競艇《ボートレース》

■

2011年4月10日　第1刷発行

■

編　者　スポーツ報知西部本社
発行者　西　俊明
発行所　有限会社海鳥社
〒810-0072　福岡市中央区長浜3丁目1番16号
電話092（771）0132　FAX092（771）2546
印刷・製本　大村印刷株式会社
ISBN 978-4-87415-813-5
http://www.kaichosha-f.co.jp
［定価は表紙カバーに表示］